新潮文庫

ツァラトストラかく語りき

上巻

ニーチェ
竹山道雄訳

目次

第一部

第二部

ツァラトストラかく語りき

上巻

第一部

ツァラトストラの序説

一 (1)

ツァラトストラ齢《よわい》三十の時、故郷と故郷の湖を去って、山に入った。ここに、彼はみずからの精神と孤独を享受《きょうじゅ》して、十年にして倦《う》むことを知らなかった。さあれ、ついに彼の心は一転したのである。——ある朝、彼は暁の朱《あけ》と共に起き、太陽の前に歩み出《い》で、かく語りかけた。

「なんじ大いなる天体よ！ もしなんじにして照らすべきものなかりせば、なんじの幸福はそもいかに？(2)

なんじ、ここに十年の間、わが洞穴をさして昇りきたった。もしこのわれなかりせば、又わが鷲《わし》と蛇(3)なかりせば、なんじはおのれの光に厭《あ》き、おのれの軌道に倦んだであったろう。(4)

さあれ、われらはなんじを朝毎《あさごと》に待ちうけた。そうして、なんじの過剰を吸収し、之《これ》に酬《むく》いんとてなんじを祝福した。

みよ！　いまわれはわが智慧《ちえ》に飽満した。さながらに、かの蜜蜂《みつばち》があまりにも多くの蜜を集めたに似ている。いまは、これを乞《こ》わんとして差し延ぶる手がなくてはならぬ。

われは贈りあたえ、頒《わか》ちあたえん、と念願する。かくて冀《ねが》う、――人間の中の賢き者がふたたびその痴愚を喜び(5)、貧しき者がいま一度その富を喜ぶにいたらんを。

このために、われもまた底窮《そこひ》に降りゆかなくてはならぬ。さながらに、なんじが、いま一度下界に光を齎《もた》らさんとて、夕べ、海の彼方《かなた》に沈みゆく時のごとくに――。おお、なんじあまりにも豊かなる星辰《せいしん》よ！

われもまた、なんじの如《ごと》くに降りゆかなくてはならぬ。これをしも、いまわれがその所へ降り行かんとする人々、名づけて没落(6)と呼ぶ。

なんじ安らかなる瞳《ひとみ》よ(7)、こよなく大いなる幸福をも妬《ねた》みなく眺めうる眼よ、さらば、われを祝福せよ！

いまや溢《あふ》れんとするこの盞《さかずき》(8)を祝福せよ。この水がその中より黄金(9)に流れ出ずべく、はた、いたるところなんじの歓楽の反射をば映しゆくべく、この盞を祝福せよ！

みよ！　この盞はふたたび空《むな》しからんことを冀う。しかして、ツァラトストラはふたたび人間たらんことを冀う。」——

かくてツァラトストラの没落は始った。

(1)ツァラトストラは太陽に語りかけ、彼がいまや孤独を棄《す》てて、ふたたび人間の中に行かんとする、を述べる。

(2)自己を他に与うることはツァラトストラにとって最大の徳の一である。「与うる徳」(一七四頁《ページ》)参照。

(3)矜持《きようじ》と智慧《ちえ》の象徴。四八～四九頁をみよ。

(4)豊かなる者は自己を他に分与することができないときには、自己の過剰に苦しむ。

(5)賢しとせられた者もツァラトストラの説教によって、自己の限界ある教養を棄てて、より本質的な(衝動的な)生命にかえる。——の義か。二四〇頁四行以下をみよ。

(6)Untergang という字には、山上の観念界より現実の人間界に降りゆく、という意と、「死して生きる」という意味での成長変化を為《な》さんがために、自己の現在の状態を悲劇的に滅ぼす、という意とが共に含蓄されている。第四節(二四頁)参照。故《ゆえ》に没落と訳すのがまず近いかと思われる。

(7)太陽。

(8)充溢《じゅういつ》するわが精神。

(9)一七四頁一五行をみよ。

二(1)

ツァラトストラ孤《ひと》り山を降りゆくに、行逢《ゆきあ》う人影とてもなかった。しかるに、森に入ったとき、忽然《こつぜん》として一人の翁《おきな》(2)が彼の前に現われいでた。この人は森の中に草根を求めんとて、その聖なる伏屋を出《い》で来たったのである。翁、ツァラトストラに語りかけて言った。

「この漂泊者は未見の人にはあらず。幾年かそのかみ、この路《みち》を過ぎ行きし人である。かの人はその名をツァラトストラと言ったが、いまは変じて別人となり了《おわ》った。

かのとき、なんじはなんじの灰をば山上に運んだ(3)。いまにして、なんじはなんじの火をば谷(4)に運ばんとするのであるか？　しからば、なんじは放火者の刑罰をば怕《おそ》れないのであるか？

さなり、われは知る、この人はたしかにツァラトストラである。その眼は清浄である。その口のほとりには嘔吐《おうと》の痕《あと》もない。さればこそ、この人はさながらに踊る者のごとくに行くではないか？

ツァラトストラは変じて別人となり了った。ツァラトストラは小児となった。このツァラトストラは醒《さ》めいでたる人である。さるをなんじ、いまさら何を為《な》さんとて、かの眠れる者の許《もと》に行かんとするのであるか？

なんじは海底に棲《す》むごとく孤独の中に生きた。しかしてこの海はよくなんじをば動かした。さるをあな、いまなんじは陸に上らんとするのであるか？（5）あわれむべし、かくてなんじはふたたびみずからの肉体を曳《ひ》きゆかんとするのであるか？」

ツァラトストラは答えた。――「われは人間を愛する。」

「いかなれば、」と聖者は言った。「いかなれば、われは森と荒涼との中に入り行ったのであるか？　これすなわち、わが人間を愛することあまりに甚しかった故《ゆえ》ではないか？

いま、わが愛するは神である。人間ではない。われにとっては、人間はあまりにも不完全なる存在である。人間への愛はわれを死なしむるであろう。」

ツァラトストラは答えた。「われ何しに愛を云々《うんぬん》しようぞ！　われはただ人間に贈るのだ。（6）」

「人間には一物をも与うるな！」と聖者は言った。「むしろ、かれらより何物かを奪え。しかして、かれらと共に負い荷《にな》え。（7）――これぞ、よしなんじにとっては只《ただ》の愉悦に過ぎぬとも、かれらにとっては至上の恩恵である！

もしかれらに与えんと欲するならば、ただ施せ。しかも、かれらをしてまず施しを乞《こ》わしめよ!(8)」

「否《いな》。」とツァラトストラは答えた。「われは施すことはなさぬ。施しをなすほどに、われは貧しくはない。(9)」

ここに聖者はツァラトストラを笑って、言った。「さればなんじ、人間をしてなんじの財宝を受けしむべく、心せよ! かれらは孤り生きる者に対して猜疑《さいぎ》する。われらが贈り物すべく行くとき、かれらは之《これ》を信じない。

われらが跫音《あしおと》は、かれらの街に、あまりにも寂寥《せきりよう》の音を立てる。かくて、あたかも夜半いまだ太陽の昇るにとおく、かれらその臥床《ふしど》の中にあって行人の跫音に耳欹《そばだ》つる時のごとくに、かれらはおのずから胸に問う、――『盗賊はいずくに行くのであろうか。』と。(10)

人間へ行くなかれ! 森に止まれ! 人間へ行くよりも、むしろ獣へ行け! いかなればなんじはわが如《ごと》くあろうとは願わないのであるか? われこそは、熊《くま》の群の中の熊、鳥の群の中の鳥――。」

「森の中に棲んで、聖者は何を為すのであるか――?」とツァラトストラは問うた。

聖者は答えた。「われは歌を作って唱《うた》う。歌を作りながら、笑い、泣き、さては呟《つぶや》く。これわが神を讃《たた》うるの法である。

唱い、泣き、笑い、呟いて、以《もっ》てわれはわが神なる神を讃う。さあれ、なんじはわれらに何を贈らんとて来たったのであるか？」

ツァラトストラこの言葉を聞いたとき、彼は聖者に礼《いや》して言った。「なんじらに与うべき何物がわれにあろうぞ！　否、われがなんじらより奪うこと無からんがために⑪、速かにここを去らしめよ！」――ここに、この二人、老翁《ろうおう》と壮者とは互いに別離したのであった。――笑いつつ、さながらに二人の少年のごとくに笑いつつ⑫。

しかはあれど、ツァラトストラは孤りとなったときに、自らの胸に言ったのである。「ありうべからざることではないか！　かの老いたる聖者は森の中にあって、いまだついに耳にしたことがないのである、――神は死んだ！　と。」――

(1)ツァラトストラは森の中の隠者と出会い、超絶的なキリスト教の人間観と自分とが相容《あいい》れぬを知る。
(2)厳格な、しかし背世界的な（六三頁《ページ》をみよ）信仰をもったキリスト教徒の象徴。
(3)新らしく生れんがために、自己の過去を葬《ほうむ》った。――ショペンハウエルやワグナーに対する青年ニーチェの情熱が消えた頃、ニーチェはまったく孤独に閉じこもった。そうして、その厭世《えんせい》哲学を克服すべく、（具体的にも比喩《ひゆ》的にも）高山の空気の中に移り住んだ。
(4)人間社会。
(5)ふたたび人間界に入って、地上の人間的な煩《わずら》いに拘泥しようとするのか。
(6)「与うる徳」一七四頁をみよ。

(7)人間の苦痛とする負担をかれらより軽減せよ。隣人愛を持て。「重荷を負える者われに来《きた》れ」と言え。
(8)人間は猜疑心に富む故に、かれらの乞いを待ってはじめて施せ。二〇四頁をみよ。
(9)ツァラトストラの心は人類に対して超人を説くべき大使命によって充《み》ちている。区々たる施物をなして満足するほど貧しくはない。
(10)愚衆は独立した人格をもつ人間に対して懐疑的であって、かかる人間にはつねに反社会的という烙《らく》印《いん》をおす。一二一頁七～九行、一四八頁八行、二三九頁五～六行をみよ。
(11)一五頁一三行以下を見よ。われはわが教えをなんじに強《し》いようとは思わない。しかも、なんじに対する隣人愛のために、なんじの苦悩を共に負うに至らんことをおそれる。
(12)「神は死んだ！」というツァラトストラは、神を信ずる聖者とは内的交渉を持ちえない。しかしなお、誠実な信仰を持する者には親しき敬意を以《もっ》て相対する。——さながらニーチェその人が然《しか》りしごとくに。二一〇頁七行をみよ。

三(1)

ツァラトストラ、森また森を経て、はじめてとある町に入った。このとき、彼はその市場に群集が群っているのを見た。かねてより、綱渡りが演ぜられるであろう、と告げられてあったからである。ここに、ツァラトストラは群集に向ってかく語った。

——

われなんじらに超人を教う。人間は克服せらるべき或物《あるもの》である。人間を克服すべく、なんじらは何を為《な》したか？

由来、万物はみずからを超ゆる或物を創《つく》りきたった。しかるに、なんじらはこの大いなる差潮《さししお》の退潮とならんとするのであるか。(2) 人間を克服するよりはむしろ獣に復帰せん、と冀《ねが》うのであるか？

人間にとって猿は何であるか？ 哄笑《こうしょう》のみ、あるいは惨《いた》ましき汚辱のみ。超人にとって人間はまた之《これ》に等しきものであろう。哄笑のみ、あるいは惨ましき汚辱のみ。

なんじらは蛆虫《うじむし》より人間への路《みち》を経来たった。しかも、なんじらの中の多くはなお蛆虫である。また、かつてなんじらは猿であった。しかも、人間はなお依然として、いかなる猿よりも猿である。

なんじらの中の最も賢明なるものと雖《いえども》、植物と幽霊との背反、または雑種にすぎぬ。(3) われいずくんぞなんじらに、植物あるいは幽霊たるべし、と命じようぞ？

きけ、われなんじらに超人を教う！

超人は大地の意義である。なんじらの意志はよろしく言うべきである、――超人こそ大地の意義なれよ！ と。

同胞よ、われなんじらに切言する。――大地に忠実なれ。しかして、かの天上の希望を説く人々(4)を信ずるなかれ！　かれらこそ、みずから知ると知らざるとを問わず、毒を混ずる者である。

かれらこそ生命の侮蔑者《ぶべつしゃ》である。死滅しゆく者、またみずからも加毒せられた者である。大地はかくの如《ごと》き人間に倦《う》んだ。かれらをして去るがままに去らしめよ！

そのかみにあっては、神を瀆《けが》すことは最大の褻瀆《せつとく》であった。さあれ、神は死んだ。されば、かかる褻瀆者らも共に死んだ。いまにあっては、大地を瀆すことこそもっとも憚《はばか》るべきである。さらにまた、かの探究しうべからざるものの内臓(5)をば、大地の意義より以上に崇《あが》むること、之もっともおそるべきである！

かつて(6)、霊魂は肉体を蔑《いや》しめて眺めた。かの時代にあっては、この侮蔑が至高のものであった。――霊魂は肉体が瘠《や》せて、すさまじく、かつ飢えたるを望んだ。かくする事によって霊魂は、肉体と大地より遁《のが》れ去らん、と企てた。

おお、かかる霊魂こそはみずから瘠せて、すさまじく、かつ飢えていたのである。かかる霊魂にとっては、残虐《ざんぎゃく》がその淫蕩《いんとう》であったのだ(7)！

さあれ、語れ、同胞よ、なんじらの肉体はなんじらの霊魂について、何と言って告げているか？　なんじらの霊魂ははたして、貧困と、不潔と、また、あわれむべき快適にすぎぬのではないであろうか(8)？

まことに、人間は汚れた河に似ている。みずから汚れることなく、汚れた河を吸収しえんがためには、すべからく海であらねばならぬ。

きけ、われなんじらに超人を教う。超人こそはかかる海である。その中になんじらの大いなる軽蔑は没し去りうる。(9)

なんじらが体験しうる最大のものとは何ぞ？　これこそはかの大いなる軽蔑の時をいう。なんじらにとって、なんじらみずからの幸福と、さらに、なんじらの理性と道徳とが嘔吐《おうと》となる時をいう。(10)

その時が来たりなば、なんじらは言うであろう。「わが幸福なにするものぞ！　こは貧困のみ、不潔のみ、はたあわれむべき快適のみ。わが真の幸福は、わが生存そのものが之を裏書きする底のものであらねばならぬ(11)！」と。

その時が来たりなば、なんじらは言うであろう。「わが理性なにするものぞ！　そははたして、かの獅子《しし》が餌食《えじき》を追うごとくに、知識をば追いつつありや(12)？　いな、そは貧困のみ。不潔のみ。はたあわれむべき快適のみ！」と。

その時が来たりなば、なんじらは言うであろう。「わが道徳なにするものぞ！　そはいまだわれをして狂熱せしめたることがない(13)。われいかにわが善とわが悪とに倦怠《けんたい》したることよ！　これらはすべて貧困のみ。不潔のみ。はたあわれむべき快適のみ！」と。

その時がきたりなば、なんじらは言うであろう。「わが正義なにするものぞ！　われは知る、われ炎たらず、炭たらざるを。さあれ、真に正義の人は炎たり、また炭である！」と。

その時がきたりなば、なんじらは言うであろう。「わが同情なにするものぞ！　そもそも同情とは十字架ではないか？　人間を愛する者はその上に釘《くぎ》づけられるのである。しかるに、わが同情はけっして磔刑《たっけい》ではないのだ。」と。

なんじらはすでにかく語ったことがあるか？　かく叫んだことがあるか？　ああ、もしなんじらがかく叫ぶを、この耳にしたのであったなら！

天に向って号叫するは、なんじらの罪業《ざいごう》にはあらず、――なんじらの安逸である。罪業の中に於《おい》てすら吝嗇《りんしょく》なる、なんじらの吝嗇である！(14)

その炎の舌をもってなんじらを舐《な》むる、かの紫電いずくにかある？　なんじがその毒を接種せらるべき、かの狂乱(15)いまいずくにかある？

きけ、われなんじらに超人を教う。超人こそその紫電である。超人こそこの狂乱である！――

ツァラトストラかく語ったとき、群集の中から一人が叫んだ。「われらは綱渡りについて聞くははや厭《あ》きた。さあ見せてくれ！」と。そうしてすべての群集はツァラトストラを嗤笑《あざわら》った。しかも、綱渡人は、この言葉は自分を指すと思った故《ゆえ》に、その曲芸にとりかかった。

(1)ツァラトストラの超人についての教義の輪郭が述べられる。
(2)これらの比喩《ひゆ》はいうまでもなく、進化論から示唆《しさ》されている。――一切の生物は進化向上すべきがその澎湃《ほうはい》たる勢である。人間は超人という種を生むまでさらに向上すべきである。しかるに、なんじら人間は最早その進歩をやめて、退化しはじめつつあるのか？
(3)受動的な物質的存在と、活力なき霊性と、――この二つのものの矛盾した混合物にすぎぬ。
(4)宗教的形而上学的《けいじじょうがく》の彼岸の信奉者たち。――なおこの段については六三頁《ページ》「背世界者」及び一七九頁一六行以下をみよ。
(5)理智《りち》を以《もっ》ては測りうべからざる超絶的な絶対者。
(6)禁欲的な宗教の時代にあっては。
(7)肉体を苦しめることによって霊魂の解脱《げだつ》を得るとなして、自己嗜虐《しぎゃく》に耽《ふけ》った。
(8)以上のごとく、霊魂は肉体を蔑《さげす》み苦しめてきたが、大地により忠実なる肉体の立場からこの霊魂を判断するとき、その幸福も、理性も、道徳も、いずれも汚らわしいまずしい偸安《とうあん》にすぎない。
(9)この比喩を前段との関係に於《おい》て論理的に説明することはできないようである。――汚辱に充《み》ちた人間（前段）、及びそれに対する軽蔑《けいべつ》（後段）が汚れた河に譬《たと》えられる。――これらのものはいずれも超人の理想に於て止揚される。
(10)最大の体験とは、積極的な生命昂揚《こうよう》の中に生きるべく、真理と道徳等の追究に於ける・自己の従来の安易なりし態度を否定することである。

(11)生活を賭《と》して獲得せられたものであらねばならぬ。
(12)一九三頁一〇行以下をみよ。
(13)七八頁九行以下をみよ。
(14)なんじらは懶惰《らんだ》で、凡庸で、消耗している。この故《ゆえ》に、罪を犯すときすら大胆には犯しえない。この消極性が責めらるべきである。
(15)紫電、狂乱、いずれもはげしい生命感の昂揚。陶酔的で、過剰で、霊感的で、破壊的ですらある。

四(1)

ツァラトストラは群集を見、訝《いぶか》り、(2)次のように語った。——

人間は、獣と超人との間に張りわたされた一条の綱である。——一つの深淵《しんえん》を越ゆる一条の綱である。(3)

渡りゆくも危く、途上にあるも危く、後《しりえ》を見るも危く、戦慄《せんりつ》するも、はた佇立《ちょりつ》するも危い。

人間が偉大なる所以《ゆえん》は、彼が目的にあらずして、橋梁《きょうりょう》たるにある。(4)人間にして愛されうべき所以は、彼が一つの過渡たり、没落たるにある。

われは愛する、(5)——没落しゆく者としてにあらずんば、生くることを知らざる人を。

いかんとなれば、かかる人こそは過渡し行く者であるからだ。

われは愛する、——大いなる侮蔑者《ぶべっしゃ》を。かかる人こそは大いなる崇拝者であるからだ。かくて、彼方《かなた》の断崖《だんがい》へとむかう憧憬《しょうけい》の矢であるからだ。

われは愛する、——没落して犠牲となる者を。しかも、その理由をば星の背後に求(6)むることをなさず、むしろ、いつの日か大地が超人のものとならんそのために、自らを大地に犠《ささ》ぐる者を。

われは愛する、——認識せんがために生くる者を。しかして、いつの日か超人が生れいでんそのために、認識せんと欲する者を。かかる人はみずからの没落を冀《ねが》う。

われは愛する、——労働し発明する者を。この人は超人のために家を造り、超人のために大地と獣と植物とを備えんとて、しかく為《な》す。故《ゆえ》に、この人はみずからの没落を冀う。

われは愛する、——みずからの道徳を愛する者を。道徳とは没落への意志である故に。また一条の憧憬の矢である故に。(7)

われは愛する、——みずからの為《ため》には一滴の精神をも惜しむことなく、全身自己の道徳の精神と化さんとする者を。(8)かくするとき、この者は精神として橋梁を越えゆく。

われは愛する、——自己の道徳よりして、みずからの傾向と宿命とを創《つく》りいだす者を。かくするとき、この者は自己の道徳の故に生き、死す。

われは愛する、――あまりに数多くの徳性を持つを願わざる者を。一つの徳性は二つの徳性に優《まさ》る。いかんとなれば、ここにこそ、宿命が懸るより多くの結目があるからだ。(9)

われは愛する、――浪費するところの霊魂を持つ者を。感謝さるるをば求めず、酬《むく》いることなき者を。かかる人はつねに与え、みずからのためには貯《たくわ》うることをなさぬ。

われは愛する、――骰子《さいころ》によって幸福を克《か》ち獲《え》たとき、心慙《は》ずる者を。またこの際に、われはそもかかる不正の賭博者《とばくしゃ》であるのか、と自らに問うものを。――他なし、かかる人は亡《ほろ》び行くを欲する人である故に。(10)

われは愛する、――行為に先立って黄金の言葉を投じ、しかも約せる以上に之を果す者を。他なし、かかる人は没落を願う人である故に。

われは愛する、――未来に意義を附し、過去を救済する者を。すなわち、この人は現在によって亡びんとする人ではないか(11)！

われは愛する、――みずからの神を愛すればこそ、みずからの神を責むる者を。すなわち、この人はみずからの神の忿《いか》りによって亡びねばならぬではないか(12)！

われは愛する、――傷ついてなお霊魂ふかき者を。また小さき体験によって亡びうる者を。この人はよろこんで橋梁の上を行く人である。(13)

われは愛する、――霊魂の充《み》ち溢《あふ》れたる者を。このためには自己をも忘却し、一切を己が内に蔵する者を。かくして、一切の事物は彼の没落となり得。(14)

われは愛する、――自由な精神と自由な心情との人を。かかる人にあっては、頭脳はただその心情の内臓である。しかも、この心情は、彼を没落へと駆りゆく。(15)

われは愛する、――人類の上にひろごる黒雲より点々と落ち来たる、重き滴《しずく》のごとくなる人々を。かれらはやがて紫電来たるべきを告げる。(16)かくして、告知者として亡びゆく。

みよ、われこそはこの紫電の告知者である。密雲より落ち来たる重き滴である。しかして、この紫電こそ――超人である！――

(1)没落を説く。前節の後半に凡庸低劣なる人間性に対する軽蔑《けいべつ》が記してあったが、超人の理想に達するためには、かかる人間性を克服せねばならぬ。この成長のための自己破壊が没落である。すなわち、フェニックスの転身、生きんがために死することである。人類全体の向上のための捨身である。二七〇頁《ページ》五行以下をみよ。
(2)群集が彼の言葉を理解しないのを。
(3)一条の綱は人類の進化の過程を象徴する。
(4)生命は絶えざる向上進化の過程である故《ゆえ》にこそ価値を有する。
(5)以下、人類の将来を生むべき者の型を列挙して、之《これ》を讃美《さんび》する。

(6)超絶的な抽象的根拠に。——第二行の侮蔑者については二一頁五行をみよ。
(7)道徳とは、人類の将来のためにすすんで犠牲とならんとする意志であり、より高い人間の型を生まんと願うものである。
(8)いかなる留保をもすることなく、一切の道徳的妥協を拒否する者を。
(9)多角的な多方面な人間によりも、ただ一つの強烈な意欲を持つ人間にこそ、発展する運命の契機はひそみうる。七九頁五行、一七八頁一行をみよ。
(10)偶然によってにあらずして、自己の責任に於《お》いて運命を拓《ひら》きゆく者のみが、向上し、転身しうる。
(11)未来に於て理想を実現せんとし、過去をも有意義に生かさんとする者は、現在に安住せぬ。三三〇頁一三行をみよ。
(12)高い理想を掲げて、之をきびしく検討追究し、その理想の激しい要求の故に、現実の自己が摧《くだ》かれる。
(13)敏感な人間はよく転身しうる。
(14)豊富にしてすべてを抱擁摂取しうる人間は、一切の事を契機として転身しうる。
(15)自由な精神を持った人間にあっては、知性は創造的な衝動的な意志の内部から発していて、その意志の命ずるままに、人類に奉仕する。
(16)嵐《あらし》の先ぶれとして雨の滴《しずく》が落ちるように、超人来たるを告げる先駆者がいる。

五(1)

ツァラトストラ、この言葉を言い了《お》えたとき、ふたたび群集を視《み》、黙した。——

「かれらは立っている。」と彼は己が胸に言った。「かれらは笑っている。かれらはわが言葉を解さぬ。われはかかる耳に説くべき口ではない。

かれらをして眼をもって聞くをえしめんがため、まず、かれらの耳をうち挫《くじ》かなくてはならぬのであろうか？　太鼓のごとくに、悔痕《かいこん》の説教師のごとくに、怒号しなくてはならぬのであろうか？　あるいはまた、この者共はただ片言を操る者のみを信ずるのであろうか？

かれらは誇るところのものを持つ。かれらの誇るところのものとは何であるか？　そは教養である。之《これ》によって、かれらは、みずからが山羊《やぎ》を飼う者ら(2)よりも卓越せり、となす。

この故《ゆえ》によって、かれらはかの『軽蔑《けいべつ》』という言葉が、おのれを指して言わるることあるを喜ばぬ。されば、いまわれは、かれらの誇りにむかって語りかけよう。

ここにわれは、もっとも侮蔑すべき者をかれらに教える。之、すなわち末人(3)である。」

かくてツァラトストラはかく民衆に語った。――

今ぞ時である。人間がみずからの目標を立つべき時である。また、みずからの至高の希望の種子を蒔《ま》くべき時である。

いまにして、人間の土壌は之をなすべくなお豊饒《ほうじょう》である。さあれ、いつかこの土壌も貧しく痩《や》せるであろう。そこからはもはやいかなる大樹も生い出《い》でぬに至るであろう。かなしいかな！　やがてその時が来たるであろう。人間が人間を超えて憧憬《しょうけい》の矢を放つことなく、己が弓の弦《つる》を鳴り響かしむるを[4]忘れ去る、その時が来たるであろう！われあえて言う。——人間は自己のうちに混沌《こんとん》[5]を蔵していなくてはならぬ。しかして、その中より舞う星[6]を産み出しえなくてはならぬ。われあえて言う。——今にして、なんじらはなお混沌を蔵している。

かなしいかな！　やがて、人間がいかなる星をも産み出さざる時が来たるであろう。かなしいかな！　もはや、自らをも軽蔑しえざる[7]、最も軽蔑すべき人間の時が来たるであろう。

見よ！　われなんじらにかかる末人を示す。

「愛とは何であるか？　創造とは何であるか？　憧憬とは何、そもそも星とは何であるか？」——末人はかく質問する、そうして瞬《まばた》きする。

この時に、大地は小さくなったのだ[8]。そうしてその上に、一切を小さくする末人が飛び跳ねるのだ。その種族は蚤《のみ》のように亡《ほろ》ぼし難い。末人は生きることもっとも長い。

「われらは幸福というものを案出した。」——と末人はかく言う。そうして瞬きする[9]。

かれらは生きるに辛《つら》かりし地を去った。かれらは生温かさが欲しいからだ。そうして、さらに隣人を愛して、わが身を擦りつける。やはり生温かさが欲しいからだ。

かれらにとって、病むことと疑うことは罪である。されば、かれらは戦々兢々《きようきよう》として行く。かれらは言う、――石に躓《つまず》き人に躓くは、何たる痴愚の者のなす術であるか！ と。

時折に服用する少量の毒、(10)――之によっては快き夢を見ることができる。しかも、ついには多量を用いて快き死に至ることもできる。

かれらは労働する。すなわち、労働がかれらにとって慰安であるからだ。さあれ、この慰安も身を毀《そこな》わざる限度たるべく、配慮せられる。

もはや富むこともなく、貧することもない。かかる事は共に煩《わずら》わしいのである。何人の支配するも、我に於《お》て何かあらんや？ 何人の服従するも、我に於て何かあらんや？ また共にただ煩わしいのである。(11)

牧者なくして、畜群がある！ すべての者は平等を欲する。すべての者は平等である。しかして、独立して感じうる者は、みずからすすんで瘋癲《ふうてん》病院に入る。

「そのかみは、世を挙げて瘋癲であった。」――かれらのうちの都雅《とが》なるものはかく言い、(12)瞬きをする。

かれらはすべて怜悧《れいり》である。世界に発生した現象の一切を知悉《ちしつ》して居る。この故に、かれらの嘲笑《ちょうしょう》は果てしがない。(13)かれらは相争う。されど忽《たちま》ちに和睦《わぼく》する。――しからざれば、己が胃を傷《いた》めるからだ。(14)

かれらは昼のために聊《いささ》かの快楽を持っている。また夜のためにも聊かの快楽を持っている。しかし、健康は依然之を何よりも尊重する。(15)

「われらは幸福というものを案出した。」――末人はかく言う。そうして瞬きする。

――

之を以《もっ》てツァラトストラの最初の言葉は了った。之を序説となす。――この時に、群集の歓呼と狂喜はかれを遮った。(16)「われらにその末人を与えよ、おおツァラトストラ。」――とかれらは叫んだ、「われらを末人となせよ！　さらば、われらは超人をなんじに委《ゆだ》ねるであろう！」かくて、すべての群集は歓呼して舌を鳴らした。ただツァラトストラは悲哀に憮然《ぶぜん》として、己が心に言った。

「かれらはわれを解せぬ。われはかかる耳に語るべき口ではない。

われ山脈に生きること永きに過ぎた。われ渓流に聞き、樹木に聴くこと久しきに過ぎた。いま、われはかれらに向って、山羊を飼う者に語るごとく語った。

わが霊を動《ゆ》るぐことなく、明るく、さながら午前の山脈のただずまいに似ている。

さるを、かれらはわれを目して、冷酷にして、かつ恐るべき諧謔《かいぎゃく》を弄《ろう》して嘲笑する者となす。

いま、かれらはわれを視、笑う。笑いつつかれらはわれを憎んでいる。かの笑いのうちには氷が在る。」

(1)末人、デカダンスの人間について。
(2)無教養者のこと。ニーチェの居住したイタリアのリヴィエラ地方に山羊飼を多く見たので、この比《ひ》喩《ゆ》をなしたのであろう、という。
(3)der letzte Mensch ニーチェの新造語。超人の反対。デカダンスの人間。五七頁《ページ》六行以下をみよ。
(4)超人の理想に達せんとして闘争する。
(5)発展の可能性に充《み》ち、非合理な力によって生々としている、いまだ形成せられざる素質。
(6)輝かしい躍動する理想。
(7)二一頁五行以下を見よ。
(8)デカダンスの人間の横行する時代には、世界はいかなる偉大さをも知らぬ。
(9)以下、末人の唯一《ゆいいつ》の目標とする凡庸な幸福について、その諸相を述べる。
(10)アルコールやニコチンの如《ごと》き。
(11)自分一個の過不足なき財産を維持するに汲々《きゅうきゅう》として、社会の政治的秩序に対しても無関心である。
(12)過去の時代の独立した性格を持った人間は、現代の個性なき教養人には理解しがたい。
(13)ニーチェが「歴史の利害」に言うごとく、現代人は過多の知識を蓄積して、個性を喪失し、シニックである。

(14)自分が痛手を負う。
(15)たとい快楽に耽《ふけ》っても、己を毀《こぼ》つに至らない。カサノヴァ、ドン・ファンに見るごとき快楽の英雄主義といったようなものはない。
(16)群集はデカダンスを好む。

六(1)

この時に椿事《ちんじ》が起った。ために、すべての人の口は唖《おうし》となり、すべての人の眼は凝《すわ》った。すなわち、かかる間に、かの綱渡人は曲芸を始めていた。綱は双《ふた》つの塔の間を張りわたしてあり、綱渡人はその一つの塔の小さい扉より歩み出《い》でて、綱の上を渡りつつ、市場と群集の頭の上を超えて行った(2)。彼があたかもその半ばにさしかかったとき、かの小さい扉はいま一度開かれた。そうして、一人の五彩の衣を着た道化役者(3)にも見まがう男が、その中より跳び出した。彼は足を早めて、さきの綱渡人を追って行った。「すすめ、足萎《あしなえ》。」とその恐ろしい声は叫んだ。「すすめ、怠け者よ。密売者よ。顔色蒼白《そうはく》なる者よ！　わが踵《かかと》によって擽《くすぐ》られざらんがために、行け！　なんじ、この双つの塔の間に何を為《な》しつつあるのであるか？　塔の中にこそ、なんじの居るべき処《ところ》がある。なんじはかしこに監禁せらるべきであったのだ。かくては、なんじはなんじより優れし者の自由の行路を妨ぐるではないか！(4)」——かく言いつつ、彼は彼に歩一歩と近づいた。ついに、いま一足の背後に迫った時に、突如、おそるべき事が起った。ために、すべての人の口は唖となり、すべての人の眼は凝《すわ》ったのである。——道化役者は悪魔のごとき叫びを発し、己が行手を塞《ふさ》ぐ者の頭上をひらりと飛び越えた。頭上を越されて綱渡人は、争う敵がわれに克《か》つと見たその瞬間、眼くるめき、綱を踏み外し、手にした棒も投げ棄《す》てて、大地めざして落ちて行った。その落ちるや棒よりも速く、手と足をもて虚空《こくう》に渦巻を画《か》いた。このときの市場と群集は、嵐《あらし》吹き入るときの大洋に似ていた。人々は右往左往して、踏み越えあった。ことに綱渡人が落ち来るべき、真下のあたりは混乱を極めた。

ただツァラトストラのみは動かなかった。しかも、かの曲芸人は彼のすぐ身近くに落下した。無慚《むざん》にも破れ摧《くだ》けたれど、なお息は絶えていなかった。しばしの後、この粉砕された肉体に意識は蘇《よみがえ》って来た。彼はツァラトストラがおのれの傍に跪《ひざまず》いているのを見た。——「そこにある人よ。何をしているのであるか。」とついに彼は言った。「われは夙《つと》に知っていた、——いつか悪魔が来たって、わが片足をすくうであろうことを。いま悪魔はわれを地獄へと牽《ひ》き行く。之を妨げて呉《く》れ(5)——。」

「友よ、われ誓って言う。」とツァラトストラは答えた。「なんじが口にするかかる事実は一切存在しない。悪魔は無い。地獄も無い。なんじの霊魂は、なんじの肉体より先に死ぬるであろう。されば、いまはた何物をも恐怖するなかれ！——」

綱渡人は疑わしげに瞳《ひとみ》を上げた。「もしなんじの言うことが真理であるならば、」——と彼は言った。「さらばわれ、いまこの生命を失うとも、それによっては一物たりとも失いはせぬ。われは、僅《わず》かばかりの餌《えさ》と鞭《むち》とをもって踊ることを仕込まれた、一匹の獣にすぎない。(6)」

「否《いな》、否。」とツァラトストラは言った。「なんじは危険を以《もっ》てみずからの職業となした。之、賤《いや》しむべからざる一事である。(7)いま、なんじはみずからの職業の故《ゆえ》に死なんとする。さればわれ、この手もてなんじを埋葬するであろう。」

ツァラトストラがかく言った時、死にゆく人はもはや一語をも答えなかった。ただ僅かに手を動かした。それは、あたかも彼が感謝のために、ツァラトストラの手を把《と》らんとするかの如《ごと》くであった。——

(1)この章に叙せられている綱から落ちる綱渡人と、それを飛び越す道化役者とは、何を意味しているか、明確には解釈できない。——矯激な政治勢力と、之《これ》によって強圧せられ転落したドイツの知識階級とその理想主義を諷《ふう》したもの、と解したら如何《いかが》であろうか。三七頁《ページ》註（3）、四七頁註（1）をみよ。

(2)綱が人類の進化の過程を象徴し、綱渡人が之を辿《たど》って向上しゆかんとする人間精神の何らかの比喩《ひゆ》であることは、疑う余地がない。(故《ゆえ》に、この綱渡人は末人ではない。)

(3)この道化役者に関してニーチェ自身が二様の正反対の事を言っている。――「超克にはさまざまの方法がある。之をよく考えよ。人間もまた跳び越されうる、と考えるのは道化役者のみである。」(第三部、新旧の表)「あわれむべき綱渡人を跳び越す道化役者はツァラトストラ自身である。彼の自嘲《じちょう》である。」(新潮社版ニーチェ全集十二巻)――前の言葉に従えば、この道化役者は性急な飛躍的なユートピアンの夢想的改革者哲学者で、現実を無視した実験のために、かえって人間を破滅せしむる者。(但《ただ》し、この第三部の言葉がはたしてこの道化役者を指すか、も疑問である。)後の言葉に従えば超人という理想に達せんため、人間を没落せしめんとするツァラトストラ自身。――そのほかいろいろな解釈あれども、いずれも充分ではない。いずれにしても、進化しつつある人間を中途にして急激に不自然に破滅せしむる、ある力を暗示している。あるいは、当時の政治的勢力・プロシャ主義の如《ごと》きものを指すか、とも想像される。

(4)これらの言葉は、多くの人間に精神的自覚を許さず、ただ少数のエリートにのみ大衆を超えて支配力を振《ふる》うを認めんとする、伝統的なパンゲルマニズムの政治思想を想《おも》わせる。

(5)この綱渡人の段階にある人間(当時のドイツの知識階級――?)は、自己の人格の責任と自由とのために行動することを知らずして、神の罰に対する恐怖から行動する。

(6)ツァラトストラの教えによって、彼は自分の生活信条の低卑なりしを知り、自己の生活が人間の尊厳に価《あたい》しなかった、ただ服従すべく作られてあった、と云《い》う。

(7)ツァラトストラは危険と試煉《しれん》の為《ため》に生きる者を愛する。――もしこの綱渡人が転落せしめられたドイツ知識階級を指すとすれば、その理想主義がつねに向上の努力をつづけたことを愛惜する、と解せられる。

七(1)

しかするうちに黄昏《たそがれ》は来た。市場は夕闇《ゆうやみ》に没した。好奇心はた恐怖すらも倦《う》むことある故《ゆえ》に、やがて群集は四散した。ただツァラトストラは死者の傍に、土に蹲《うずくま》りつつ、思念に耽《ふけ》った。かくて時の移るのを忘れていた。ついに夜となって、冷たい風がこの孤独なる人の上を吹いた。ツァラトストラは身を起して、みずからの心に語って言った。

「まことに、ツァラトストラの今日の漁《いさ》りの幸多かりしことよ。人を獲《え》んとして得ず、尸《しかばね》を獲た。

人間の存在は怪奇にして、ついにその意義を持ちえない。人間存在にとって、道化役者ですらが運命となりうる。

われは人間に生存の意義を教える。之《これ》すなわち超人である。人間なる暗雲を劈《さ》いて閃《ひらめ》く紫電である。

されど、われはなお人間に遠い。わが心はいまだかれらの心に語っていぬ。われはかれらにとって、なお痴人と屍《しかばね》との中間物(2)たるにすぎぬ。

夜は暗い。ツァラトストラの行程もまた暗い。きたれ、なんじ冷たく硬き同伴者よ！　われこの手を以《もつ》てなんじを葬《ほうむ》ろう。いざ、そのところへなんじを負い行こう。――」

（１）人間は道化役者によっても運命を左右されうる。ツァラトストラはその人間を救うべく、艱難《かんなん》の行程を覚悟して、超人を教えに行かんとする。
（２）痴人、――人間にとって運命ともなりうる道化役者。屍《しかばね》、――この道化役者によって転落せしめられた求道向上の人。民衆の眼には、ツァラトストラは、この両者の中間位の存在として映ずるの意か――？

八（1）

ツァラトストラかく心に言って後、屍《しかばね》を背に負って、路《みち》を辿《たど》った。行くこと百歩に足らずして、一人の人間が忍び寄って、彼の耳に囁《ささや》いた。――かく言うその人こそは、みよ！　かの塔の道化役者であった。「この市を去れ、おお、ツァラトストラ。」と道化役者は言った。「ここに、あまりにも多くの者がなんじを憎んでいる。善き者も義《ただ》しき人（2）もなんじを憎んでいる。なんじを敵と呼び、侮蔑者《ぶべつしや》と呼んでいる。正しき信仰の徒（3）もなんじを憎み、なんじを多数者にとっての危険と名づけている。人々がなんじを笑ったのは、なんじにとって僥倖《ぎょうこう》であった。また、かれらが笑ったのも理《ことわり》である。なんじはさながら道化役者のごとくに語ったではなかったか。(4)なんじがかの死んだ犬(5)と伴侶《はんりょ》となったのは、なんじにとって僥倖であった。かくみずからを賤《いや》しめたが故《ゆえ》に、なんじは今日のみずからを救いえたのである。ただこの市より去れ——。去らずば、明日、われはなんじの頭上を超えて飛ぶであろう。われ生きてなんじを超え、なんじ死して落つるであろう。(6)」——かく言い了《お》えて、この人の姿は消えた。されど、ツァラトストラはなお暗い路を前へと行った。

この町の城門のほとりで、ツァラトストラは二三人の墓掘人(7)に行き逢った。かれらは炬火《きょか》をもって彼の面を照らし、そのツァラトストラなるを認むるや、大いに嘲《あざけ》った。「ツァラトストラが犬の死骸を担《かつ》いでゆく。よいかな、ツァラトストラが墓掘人とな ったことや！(8)われらの手すら、かくの如《ごと》き炙肉《あぶりにく》を扱うべくあまりに浄《きよ》いのである。ツァラトストラは悪魔より食を偸《ぬす》まんとするのであるか？　それもよし。味美《うま》き食事を味《あじわ》いたまえ！　ただ、かの悪魔がツァラトストラよりもより狡《ずる》き盗人ならず、とは誰が知るものぞ！　——悪魔はなんじをも盗み、犬をも盗む。悪魔はなんじをも啖《くら》い、犬をも啖う！(9)」かく言って、墓掘人らは互に笑み交わして、頭を一に寄せた。

之《これ》に答えずにツァラトストラは、なおその路を行った。森をすぎ、沼をすぎて、二時間ほども歩いたとき、餓えた狼《おおかみ》の吼《ほ》える声を聞くこと頻《しき》りに、みずからも飢えを覚えた。とある孤《ひと》つ家に灯の燃えたるを認めて、彼はその前に佇《たたず》んだ。

「餓えがわれを襲うこと、――」とツァラトストラは言った、「さながら盗賊のごとくである。森の中に、沼の中に、飢餓はわが身を襲う。また深い夜にあっても、わが身を襲う。

わが飢餓には不思議なる縦気《むらき》がある。しばしば食後に及んではじめて現われる。(10)しかも、今日は一日、その姿を見せなかった。いずくに滞留《とどま》りいたのであろう？」

かくてツァラトストラはこの家の扉を叩《たた》いた。そこに一人の翁(11)が現われいでた。手には灯を提げている。訊《たず》ぬらく、――「何人が、われとまたわが悪《あ》しき眠(12)とを、訪《おとな》い来たったのであるか？」

「一人の生者と一人の死者である。」とツァラトストラは言った。「われに食わしめ、飲ましめよ。われは昼の間飲食するを忘れていた。飢うる者に食を施す者は、自らの魂を怡《よろこば》します、(13)――とは聖者の智慧《ちえ》に説くところではないか。(14)」

翁は去り、ふたたび帰りきたり、ツァラトストラに麵麭《パン》と葡萄酒《ぶどうしゅ》とを供した。「このあたりは飢えたる者のためには悪しき地域である。(15)」と彼は言った。「この故にこそ、われはここに棲《す》むのだ。われ・隠者の許《もと》には獣もきたり人間もきたる。さあれ、なんじの伴侶なる人にもまた食わしめ、飲ましめよ。彼はなんじより困憊《こんぱい》しているではないか。」之に対してツァラトストラはかく答えた。「わが伴侶は死者である。われいかに切言するも、この人をして食い飲ましむるは難い(16)。」「それがわれにとって何の関知するところであるか(17)。」と翁は不機嫌に言った。「わが家の扉を叩く者は、わが供するものを受けねばならぬ。二人共に食え、かくて幸を享《う》けよ！」——

ここに、ツァラトストラはさらに二時間ほどを行った。彼はわが路と星の光とを信じていた。彼は夜行するに慣れていた。また、すべて睡《ねむ》る人の顔を視《み》るを好んでいた。さるほどに、昧爽《あけ》ようやく明けて灰色となる頃、ツァラトストラは己が深い森林の中にいるのを知った。もはや路は見出《みいだ》すべくもなかった。かくて、彼は死人をとある老樹の空洞の中に横《よこた》え、——狼《おおかみ》から禦《ふせ》がんがために、おのれの枕辺《まくらべ》に置いて、——わが身は土と苔《こけ》の上に臥《ふ》した。やがて彼は眠に落ちた。肉体は疲れながら、——霊魂は憩《いこ》いながら。

（1）さきの道化役者はツァラトストラを監視して、彼を民衆から遠ざけようとする。ツァラトストラは市を去り、墓掘人に逢《あ》い、さらに森の中の翁《おきな》を訪問する。
（2）因習的道徳を奉ずる健実凡庸の徒。
（3）頑迷なオーソドックスの信仰の人々。

(4)極めて高い理想を掲げるツァラトストラの言説は、民衆の耳には、没良心の煽動《せんどう》的な道化役者の言説と同じように、無責任に破壊的に聞えた。

(5)綱渡人の死骸《しがい》。

(6)暴力を所有する道化役者はツァラトストラを破滅せしめよう。

(7)過去を詮索《せんさく》する「歴史的」知識の人。ニーチェが反感を抱いていた乾燥無味な文献学者。

(8)墓掘人たちは、つねにあたらしい人間創造を説くツァラトストラが屍《しかばね》を運んでゆくのを見て、彼もまた死せる知識に執着するに至った、と嘲《あざけ》る。

(9)この悪魔が何を意味するか、解し難い。前の道化役者か？ ——ツァラトストラが綱渡人の死骸を、彼の生前の勇気と誠実との故《ゆえ》に愛惜するのを、人類の将来に対して責任感なき末梢煩瑣《まつしようはんさ》の学の徒である墓掘人たちは嘲笑《ちようしよう》して、ツァラトストラと綱渡人とに共通な高貴な精神は、やがて最も下劣野蛮なるものによって蹂躙《じゆうりん》されるであろう、という。

(10)ここにいう飢餓は精神的飢餓を暗示しているのであろう。故に、多く摂取した後にますます飢餓を生ずる、という。

(11)哲学を比喩《ひゆ》すると解したい。おそらくショペンハウエル哲学——？

(12)「道徳の講壇」五七頁《ページ》五～六行をみよ。

(13)精神的飢餓を哲学によって充《みた》さんことを願う。

(14)マタイ伝、一〇・四二。ショペンハウエルは同情を説いた。

(15)真の精神的な飢餓に悩む者にとっては、観念的な哲学は充分な栄養を与えるものではない。

(16)ツァラトストラは、翁の言うところによって、観念的な哲学体系が生命に関して無智《むち》なるを知る。

(17)哲学はいたずらにその体系を人に強制するのみである。

九(1)

ツァラトストラは長く眠った。ただに暁の朱《あけ》のみならず、午前もまた、彼の面の上をば移ろって行った。さるほどに、ついに彼の瞳《ひとみ》はうち開いた。ツァラトストラは森を見て驚き、寂寞《せきばく》を覗《うかが》って訝《いぶか》り、己が心中を観じて怪んだ。やがて彼はいそいで身を起した。その状《さま》、あたかも忽然《こつぜん》として陸を見た水夫に似ていた。彼は胸の底から歓呼の声を挙げた。すなわち、ここに一つの新らしき真理を見たからである。彼はみずからの胸に語って言った。

「一条の光が射《さ》して来た。――われは同伴者を必要とする。しかも生きた同伴者を必要とする。――わが行かんとするところへわが負いゆくべきは、死せる同伴者、また死骸《しがい》ではない。

わが必要とするは生ける同伴者である。彼の自己に従わんと欲すればこそ、このわれに従うべき、――また、わが行かんとするところへも行くべき、生ける同伴者である。

一条の光が射して来た。――もはやツァラトストラは民衆に語りかくべきではない。同伴者にこそ語るべきだ！　ツァラトストラは家畜の群の牧人となり、畜犬となるべからず。

家畜の群から数匹を誘《お》び去る(2)——、これをなさんとて、われは来た。民衆と家畜の群とはわれにむかって憤怒《ふんぬ》するであろう。牧人らはツァラトストラを盗賊と呼ぶであろう(3)。

われかれらを牧人と名づける。しかるに、かれらは自ら称して善き者、義《ただ》しき者(4)という。われかれらを牧人と名づける。しかるに、かれらは自ら称して正しき信条の徒(5)という。

かの善き者と義しき者を見よ！　かれらが最も憎悪《ぞうお》するはいかなる人をであるか？　すなわち、かれらの価値の表を粉砕する者をである。破壊者をである。犯罪者(6)をである。——ただいかにせん、かかる人々こそ創造者(7)ではないか。

すべての正しき信条の徒を見よ！　かれらが最も憎悪するのはいかなる人をであるか？　すなわち、かれらの価値の表を粉砕する者をである。破壊者をである。犯罪者をである。——ただいかにせん、かかる人々こそ創造者ではないか。

創造者は同伴者を求む。屍《しかばね》を求めず、家畜の群を求めず、信仰者を求めぬ。ただ、相共に新らしき表の上に新らしき価値を書き(8)、創造する者を求む。

創造者は同伴者を求む。相共に収穫する人を求む。彼にあっては、一切が成熟して、

ただ収穫の手を持っているが故《ゆえ》である。——ただ彼には百の鎌《かま》がない。ここを以《もっ》て、彼はむなしく穂を捲《むし》り、焦慮する。(9)

創造者は同伴者を求む。みずからの鎌を研ぐことを知る者を求む。かかる人は破壊者と呼ばれ、善と悪との侮蔑者《ぶべっしゃ》と名づけらる。さあれ、かくの如《ごと》き者こそ収穫する者であり、祝祭する者である。

ツァラトストラは相共に創造する者を求む。ツァラトストラは相共に収穫し、相共に祝祭する者を求む。家畜の群、牧人ら、また屍とは、何の関わるところがあろうぞ！

さらばなんじ、わがはじめての同伴者よ、(10)恙《つつが》なかれよ！　われなんじを老樹の空洞の中にねんごろに埋葬した。なんじを狼《おおかみ》の群より注意ぶかく隠した。

されどいま、われはなんじより別れよう。時はめぐった。曙《あけぼの》と曙との間に、われには新らしい真理が到来した。

われは牧人たるべきではない、墓掘人たるべきではない。われはもはやふたたび民衆と語るをやめよう。死者と語るは、この屍を以て最後とする。

創造する者、収穫する者、祝祭する者とわれは睦《むつ》び交わろう。われはかれらに虹《にじ》(11)を指し示そう。また一切の超人の梯子《はしご》(12)を指し示そう。

孤《ひと》り生きる者のために、われはわが歌を歌おう。また、二人して孤り生きる者のために、わが歌を聞かせよう。さらに、いまだ聞かれざりし物に対して耳ある人に、わが幸をもて、彼の胸を重からしめよう。

われはわが目標に進まんとする。われはわが行路を往《ゆ》く。踟蹰《ちちゅう》する者、逡巡《しゅんじゅん》する者の頭上を越えて、われは飛びゆこう。されば、わが行程をしてかれらの没落たらしめよ[13]!」[14]

(1)ツァラトストラは墓掘人と別れ、森の翁《おきな》と別れて、なお道化役者により顛落《てんらく》せしめられたる綱渡人の屍《しかばね》を棄《す》てかねていた。之《これ》は、ニーチェが歴史研究・ギリシア文献学を去り、ショペンハウエルの哲学体系を離れて、なお当時のプロシャ主義によって脅かされたる独逸《ドイツ》人の理想主義的な性格に愛惜を持っていたのに似ている。——しかし、今やツァラトストラは自分の教えを民衆に向って説いた誤りを悟り、新らしき価値による創造の福音を少数の同志に向ってのみ説こうと決心する。——この「ツァラトストラの序説」はニーチェその人の精神生活の発展を象徴的に叙したものと考えたら如何《いかが》であろうか。

(2)民衆の中から真に自己の使徒たるべき少数の者を選んで、之に超人の教えの福音を告げる。

(3)民衆の支配者たちはツァラトストラを反社会的な分子、危険な誘惑者となすであろう。

(4)すなわち、因習道徳に甘んずる人々である。

(5)すなわち、頑迷なオーソドックス信仰の徒である。

(6)旧《ふる》き道徳価値に対する反逆者。

(7)新らしき道徳価値に則《のっと》って、人類の将来を創造する人間。立法的哲学者。一一一頁《ページ》三行、一三六頁一四行をみよ。

(8)第三部に「新旧の表」なる章がある。また、一三四頁一四行をみよ。
(9)創造者と雖《いえども》、その熟した思想の成果を唯《ただ》一人で収穫することはできない。故《ゆえ》に相共に働くべき同志を求める。
(10)綱渡人の死骸《しがい》。
(11)あたらしき幻想。
(12)超人へと昇りゆくべき階梯《かいてい》。
(13)Zweisiedler. 社会と隔絶して、二人きりで相許して生きる人々。――あるいは、自分の影法師を相手に生きる孤独の人。後章「友」の冒頭に記されたものを意味するか。一三三頁の註（2）をみよ。
(14)この言葉を以て、（三四頁の）道化役者がツァラトストラ自身であることの証左とすることはできないであろう。この言葉は四四頁以下の、ツァラトストラの新らしい決心を述べているのであるから。

十(1)

ツァラトストラ己が心にかく語った時、あたかも正午の太陽は頭上に懸っていた。ふと彼は訝《いぶか》る眼尖《まなざし》を中天に向けた。――高くに、鋭い鳥の叫びを耳にしたからである。――見よ！　一羽の鷲《わし》が大いなる円を描いて翔《かけ》っていた。この鷲に一匹の蛇が纏《まつわ》っていた。しかも、この蛇は鷲の獲物のごとくではなかった。むしろ、彼の女の友のごとくであった。蛇は鷲の頸《くび》に絡《から》まって、身を支えていた。

「これぞわが生物《いきもの》である！」とツァラトストラは言って、雀躍《じゃくやく》した。

「太陽の下にあって最も誇り高き生物と、太陽の下にあって最も賢き生物と、――この双《ふた》つがいま遥《はる》かの方より物見に現われた。

かれらは、ツァラトストラがなお生きているか、を探ろうとするのだ。まことに、われ、いまなお生きているのであるか？

われは人間の中にあることの、獣の間にあることより、危険なるを知った。ツァラトストラは危き路《みち》を行く。わが生物よ、いざ、われを導け！」

かく言った時、ツァラトストラは森の聖者の言葉を憶《おも》いいでた。かくて嘆息して、おのれの心に語った。

「われ冀《ねが》う、このわれがいよよ賢明ならんことを！　わが蛇に似て、深く深く賢明ならんことを！

さあれ、之《これ》を冀うは不可能を冀うに異らぬ。されば、われがせめて矜持《きょうじ》を持たんことを。わが矜持がつねにわが叡智《えいち》と相伴わんことを！

いつの日か、わが叡智がわれを棄《す》つる日あらば――、ああ、この女は逃れゆくを好む！　――その時よ、われは冀う、わが大愚がなお矜持と共に天翔《あまがけ》らんことを！」

——かくして、ツァラトストラの没落は始った。

(1)出発。
(2)「人間へ行くなかれ！　森に止まれ！　人間へ行くよりも、むしろ獣へ行け！」一六頁《ページ》一一行をみよ。
(3)これよりツァラトストラは矜持《きょうじ》の象徴たる鷲《わし》と叡智《えいち》の象徴たる蛇とを伴って出発するが、もし叡智は失い易《やす》きものであるとするも、人格的矜持、自我の高貴な尊厳は断じて失いたくない、というのである。

ツァラトストラの言説

三態の変化(1)

われなんじらに精神の三態の変化を説く。精神が駱駝《らくだ》(2)となり、駱駝が獅子《しし》(3)となり、かくて最後に獅子が小児(4)となる、——この三態の変化を説く。

強くして、負うに堪え、しかも畏敬《いけい》を内在せしむる精神にあっては、担《にな》うべき重圧は多い。かかる精神の強さは、重きもの、最も重きものを要求する。(5)

何か重いものがあるか？ ——と負うに堪える精神は問う。かく問うて、彼は駱駝のごとく膝《ひざ》を折って踞《かが》み、重荷を負わされてあらんと冀《ねが》う。

最も重いものがあるか、なんじら勇士たちよ？ ——と負うに堪える精神は問う、——われはそれをわが背の上に担いたいのだ。そうして、われ自らの強さに満足したいのだ。

最も重いものとは――？　そよ、己の驕慢《きょうまん》を毀《そこな》わんがために、みずからを貶《おと》しめることではないのか(6)？　己の智慧《ちえ》を嘲《あざけ》らんとて、みずからの痴愚に輝きを与えることではないのか？

またこういう事ではないのか。――わが事が勝利を謳《うた》う、そのときに、そを離れることではないのか(7)？　また、誘惑者をば誘惑せんとて、高い山を攀《よ》じゆくことではないのか(8)？

またこういう事ではないのか。――認識の槲《かしわ》の実と草とによって(9)己が身を養い、かくて、真理のために霊魂の飢渇《きかつ》に喘《あえ》ぐことではないのか？

またこういう事ではないのか。――わが身病みながら、なお看護人をその家に帰らしめ、わが欲するところを聴く能《あた》わざる聾《ろう》の人を、身近くにあらしむることではないのか(10)？

またこういう事ではないのか。――真理の水であるならば、汚穢《おわい》の水の中へも渉《わた》り入り、冷たい蛙《かえる》をも熱い蟇《がま》をも逐《お》わないことではないのか(11)？

またこういう事ではないのか。――われらを軽蔑《けいべつ》するものを愛し、幽霊がわれらを脅かさんとするときに、その手を握ることではないのか(12)？

負うに堪うる精神は、これら一切の重い物を自らの背に載せる。かくて、荷を負って沙漠《さばく》へ急ぎゆく駱駝のごとく、己が沙漠(13)へと急ぎゆく。

さあれ、荒涼たる沙漠の中に、第二の変化が行われるのである。ここに精神は獅子に転生する。獅子は自由を追って之《これ》を捉《とら》えんとし、己の沙漠の支配者たらんと欲する。ここに、彼は彼を最後に支配せし者(14)を探す。この者すなわち彼の最後の神に対して、敵となって、巨《おお》いなる龍と勝利を争って相搏《あいう》つ。

かく精神がもはや支配者と呼び神と呼ぶことを肯《がえん》ぜざる、巨いなる龍とは何であるか？　この巨いなる龍は「なんじ当《まさ》に為《な》すべし」と呼ばれる。さあれ、獅子の精神はいう、「われは為さんと欲す」と。

精神の行手のいたるところに、この「なんじ当に為すべし」が金色燦爛《さんらん》として横《よこた》わっている。穿山甲《せんざんこう》に似ている。そうして、その鱗《うろこ》には、一枚一枚に金色に光っている、——「なんじ当に為すべし。」と。

これらの鱗には、千年の価値が燦《かがや》いている。すべての龍のうちの最強の龍はいう、——「万象の価値、そはわれにあって燦く。」と。

「すでに一切の価値は造られた。しかして、一切の既成の価値は——すなわちわれである。まことに、『われ欲す』はもはや存在するを許されぬ！」——かくこの龍はいう。

同胞よ、何故《なにゆえ》に、精神にとって獅子が必要であるか？　何故に、かの負うに堪うる獣、諦念《ていねん》し畏敬ある獣のみにては不足であるか？

新らしき価値の創造、――之は獅子と雖《いえど》も、いまだよくなし能うるところではない。されど、新らしき創造への自由をみずからに創造すること、――之ぞ獅子にして初めてなしうるところである。

みずからに自由を創造し、義務に対してすら聖《きよ》き否定を発する、――このためにこそ、同胞よ、獅子が必要である。

新らしい価値への権利を獲得する――、之は、よく忍びよく負い、かつ畏敬ある精神によっては、あまりに恐ろしい取得である。まことにそは掠奪《りゃくだつ》である。一個の猛獣にして初めてなしうる行為である。(15)

かつては、精神も、かの「なんじ当に為すべし」を、最も聖なるものとして愛した。いまや、彼はこの愛より自由を掠奪せんがために、最も聖なるものの中にすら、迷妄と恣意《しい》とを見出《みいだ》さねばならぬ。この掠奪のために、精神は獅子を必要とする。

言え、わが同胞よ、獅子ですら為し能わざる何事を、小児が為しうるというのか？いかなれば、掠奪する獅子は、さらに小児にまで転生せねばならぬというのか？(16)

小児は純真である。忘却である。新らしい発端である。遊戯である。自ら輾《まろが》りいずる車輪[17]である。第一の運動である。聖なる肯定である。

そうではないか、——わが同胞よ、創造の遊戯には聖なる肯定を必要とする。いまや、精神はみずからの意志を意欲する。かくして、世界を失った者は、みずからの世界を獲得する。[18]

われなんじらに精神の三態の変化を説いた。精神は駱駝となり、駱駝は獅子となり、かくて最後に、獅子は小児となる。——

ツァラトストラはかく語った。この頃、彼は彩牛と呼ばれる市に滞在していた。

ツァラトストラの体験を述べる叙事詩は、序説を以《もっ》て終る。之《これ》は第四部に至ってふたたび現われる。以下それまでに記すところのものは、大凡《おおよそ》、自己の周囲に集めた弟子たちに対するツァラトストラの説教と考えてよいであろう。

(1)超人——創造的天才への道を行くべく、精神は三段の変化をとげて転態し向上すべきを説く。

(2)誠実な忍従。

(3)力強き積極的自主性。

(4)善悪の彼岸にある自由な創造精神。

(5)向上する精神の第一段は強靱《きょうじん》なる受動性にあり、「憂《う》き事のなおこの上につもれかし」と冀《ねが》うにある。

(6)二一頁《ページ》五行以下をみよ。

(7)自己の克《か》ち獲《え》たところのものに恋々とせぬ。
(8)マタイ伝四・八、を見よ。困難な試煉《しれん》にすすんで身をさらす。
(9)不味《まず》い食物。真理追求のためには、困難にして酬《むく》いられざる認識の労作をも忍び、精神的不遇にも堪う。
(10)一切の他人の同情を甘受せず、己を理解しえざる人間の中にもあえて生きる。
(11)もし真理ならば、いかなる醜悪にも直面する。
(12)新らしい思想が浮びいでたときには、それがいかに恐るべきものであっても、之を追求獲得する。幽霊という語によってしばしば、思想、概念、抽象性、形而上学《けいじじょうがく》、宗教思想等が意味されてある。ここでは一九頁一一行目とは意味が異なる。
(13)荒涼たる人生の中へと。
(14)最後に支配せし者＝最後の神、巨《おお》いなる龍。之まで精神を拘束していた、権威的道徳律のこと。
(15)新らしい価値の創造への路《みち》を拓《ひら》く、ということは、受動的な駱駝《らくだ》的精神のよく為《な》し能《あた》わざるところで、獅子《しし》のごとき大胆な勇気によって、はじめて獲得される。
(16)小児――創造的精神はシルレルのいう遊戯衝動に通ずる。
(17)自発的な根源的な行為的勢力。
(18)一切の他律的な力を認めずして、外界と拘《かかわ》りなく、自己の世界を創造する。

道徳の講壇(1)

人あって、ツァラトストラに向ってある賢者を褒め称《たた》えた。この賢者は眠につきまた道徳につき巧に説教するが故《ゆえ》に、高く敬われ酬《むく》いられ、天下の若者相牽《あいひ》いて彼の講壇の下に坐《ざ》するという。ツァラトストラもまたこの人の許《もと》に至り、若者に交って、彼の講壇の下に坐《すわ》った。さて、この賢者はかく語った。——

眠に敬いあれ！　眠に羞《はじ》らいあれ(2)！　これぞ第一義である。かくて、すべて悪く眠り、夜を醒《さ》めて過す人々(3)から路《みち》を避けよ！

盗人ですら眠を擾《みだ》すを羞じ、夜はひそかに忍び足して行く。ただ夜の見張番のみは羞ずることなく、その角笛を携えて行く(4)。

げに、眠るは易《やす》き技術ではないのである。眠らんがためにはまず、終日醒めてあらねばならぬ(5)。

日に十度、なんじはなんじ自らに打ち克《か》たねばならぬ。之ぞよき疲労の因《もと》であり、霊魂をして眠らしむる罌粟《けし》の実である。

日に十度、なんじはなんじ自らに和解せねばならぬ(6)。己に打ち克つは苦痛であるからだ。しかして、己と和解し了《お》えぬ者は、悪《あ》しき(7)眠しか眠れぬものであるからだ。

昼になんじは十の真理を発見せねばならぬ。しからずんば、夜もなんじはなお真理を追っているであろう。かくて、なんじの霊魂は空腹を充《みた》すことができないでいる。
昼になんじは十度笑って、快活であらねばならぬ。しからずんば、夜になんじの胃の腑《ふ》は靠《もた》れているであろう、げに、胃の腑こそは一切の憂悶《ゆうもん》の父である！
之を知る者は尠《すくな》いが、人間というものは、よく眠りえんがためには、一切の道徳を所有せねばならぬものである。もしわれ偽りの証《あか》しをなさんか？　姦淫《かんいん》を犯さんか？

——

また隣人の婢《はしため》にむかって色情を起さんか？　——これらの事すべては、眠とは相容《あいい》れざるものである。

さらに、よし一切の道徳を所有していようとも、なお次の術をも心得ていなくてはならぬ。すなわち、適宜の時に於《お》いて、道徳それ自身をも眠に陥らしむ、の一事である(8)。

もろもろの道徳、——このやさしき女らが、互いに啀《いが》みあうことの無いようにせ(9)よ！　しかも、なんじがその原因となって——。おお、そんなことになったら、憐《あわれ》むべきはなんじである！

神と和《な》ぎ、隣人と和せよ。——かくよき眠は願望する。隣人の悪魔とすら和ぎてあれよ！　しからずんば、彼は夜な夜ななんじの枕頭《ちんとう》を徘徊《はいかい》するであろう。

官庁を敬い、服従を旨《むね》とせよ！　邪曲の官庁と雖《いえども》、之《これ》に服従せよ！　——かくよき眠は願望する。よし権力がともすれば曲った脚もて歩めばとて、かかる事は、われらがいかんとも為《な》し難きことではないか(10)！

その羊をばより緑の牧場へ牽きゆく者、かかる人をわれらはよき牧人と呼ぶ(11)。かかることはよき眠と相容れるからだ。

大いなる名声や大いなる財宝はわが願うところではない。かくの如《ごと》きものは脾臓《ひぞう》の炎症をひきおこす。さあれただ、よき評判といささかの資産なくしては、眠り心地が悪いのである。

小さき社交は悪しき社交より歓《よろこ》ばしい(12)。しかも、往来はその時よろしきを得なくてはならぬ。かくの如きが、よき眠と相容るる所以《ゆえん》のものである。

心貧しき者(13)は双手を挙げて迎えたい。かかる者はよく眠を促がす。かれらは世人によってつねに義とせらるる故に、幸なるかな。

道徳的なる人間はかくして昼を過す。しかも、夜ともなれば、われは眠を呼ぶことを慎しむ！ 彼、眠、このもろもろの道徳の君主は、喚《よ》び出されることを喜ばぬ(14)！

われはむしろ反省する、——昼の間、われ何をなせしかを。——何を考えしかを。

われは牝牛《めうし》のごとく忍従して、反芻《はんすう》しつつ、みずからに問う、——わが十の克己とは何であったか？

また十の和解とは何であったか？　十の真理とは何であったか？　さらに、わが心快活たることを得た十の哄笑《こうしょう》とは何であったか？

これらの事を思い廻《めぐ》らしつつ、また四十の思想によって揺すぶられつつ、われは突然眠に襲われる。かくて、もろもろの道徳の君主たる眠は、呼ばれずしてわれに来たる。――

眠はわが眼蓋《まぶた》の上を叩《たた》く。はや眼蓋は重い。眠はわが口に触れる。口を開いたまま、――われ眠に陥る(15)。

まことに彼、眠、この盗人のうちの愛すべき盗人は、柔かき蹠《あしうら》をして忍びきたり、わが思想を盗んでゆく。よって、われ、ここに愚かしげに立つこと、さながらこの講壇のごとくである。

されど、われはもはやこの上ながく立ってはいない。いまやわれはかく横臥《おうが》する。

――

賢者がかく語るのを聞いたとき、ツァラトストラはひとり心の中に笑った。彼の胸中に一条の光が射《さ》してきたからである。されば、彼は自らの心にかく語った。

この壇上の賢者は、その四十の思想を持ちながら、なお痴呆《ちほう》である。ただ、われは信ずる、彼は眠の術をよく知る者である。

この賢者に近く住むすら、すでに幸福である！　かくのごとき眠は伝染する。いと厚い壁をだに透して伝染する。

彼の講壇の中に、すでに一つの魔力が潜んでいる。若者たちがよろこんでこの道徳の説教者の前に坐るも、故あるかな。

彼の智慧《ちえ》は、よく眠らんがために醒めてあれ――、というにある。まことに、もしこの人生に何の意義なく、われまた無意義を選ぶべしとならばこの智慧こそは、われにとってもまた選ぶべきの無意義であるだろう。

今にしてわれは明白に暁《さと》った。かつて人が道徳の教師に教えを乞《こ》うたとき、何をもっとも追求したか、を――。よき眠と、罌粟の花の道徳、(16)――之を人は追求したのであった！

これら名声嘖々《さくさく》たる講壇の賢者らにとって、智慧とはすなわち夢なき眠(17)であった。かれらは人生のよりよき意義をば知らなかった。

今日もなお、この道徳の説教者に似て、しかもしかく正直でない人々がいる。(18)かかる人々の時は去った。しかも、かれらはすでに立ってはいぬ。かれらははや横臥している。

眠気ある者は幸せなるかな。かれらはやがてうたた寝すべければなり。――

ツァラトストラはかく語った。

(1)前章に於《お》ける英雄的態度の要求に対照して、世俗の権威づけられた道徳説が、いかに安易消極の功利的幸福説に堕しているか、を戯画化する。
(2)安穏な生活を尊び、之《これ》を擾《みだ》さぬように戒慎せよ。
(3)懐疑的否定的思索家、反社会的傾向の人々。
(4)夜番——は卑賤《ひせん》なものの代名詞。
(5)安穏な生活をなしえんがためには、勤勉に公明に、市民道徳に忠実であらねばならぬ。
(6)自己に対してあまりに高くきびしい倫理的要求を課してはならぬ。
(7)いささかの思索も為《な》して、精神的要求をも満足せしめよ。
(8)道理の感覚をも適宜に麻痺《まひ》せしめ、妥協せしめよ。
(9)自己分裂を警戒せよ。七九頁《ページ》四行をみよ。
(10)権力者に不正あるを知っても、見て見ぬふりをすべし。
(11)われにより大なる利益を与うる者に追従する。
(12)小市民的な交友は安全であり、性格的に独立した人々、革命家等と接触するは危険である。
(13)謙虚卑屈なる人々。下はいうまでもなく聖書の句のパロディである。
(14)安穏な生活それ自体を追求することは、かえって之を逸するおそれがあり、要求せられた諸条件を十分に果して、之が自然に来るように待つ。
(15)すべての精神生活の弛緩《しかん》を代償として、安穏の生活に入る。
(16)罌粟《けし》は眠の薬。
(17)妨ぐるものなく、懐疑の片影だになき安逸の生活。
(18)この賢者の説は要するに、安穏の生活を為しえんがために、その限りに於て道徳に順応せよというにあった。彼の主張は露骨であるだけに、まだしも正直である。

背世界者(1)

かつて、このわれツァラトストラも、あらゆる背世界者らのごとくに、人間の彼岸に妄想を馳《は》せた。そのとき、われはこの世界を、苦悩し苛責《かしやく》せらるる神の業《ごう》と思考した。(2)

われはこの世界を夢と見た。またある神の仮作と見た。神のごとく不満なる者の瞳《ひとみ》に映る、五彩の煙とわれは見た。(3)

善と悪と、快と苦と、我と汝《なんじ》と、――之《これ》らは、創造的なる瞳に映る、五彩の煙とわれは見た。創造する者(4)は自己より眼を背けんとする。――かくして、彼は世界を創《つく》った。

自己の苦悩より眼を背け、かくて自己を失うこと、これぞ苦悩する者にとっては陶酔の快楽である。陶酔の快楽と自己の喪失、――之ぞ世界に他ならぬ、とかつてのわれは思考した。

この世界、永遠に不完全なる世界、永遠の矛盾の写象、しかも不完全なる写象、——かかるものも、この世界の不完全なる創造者にとっては陶酔の快楽である。(5)——世界をかくと、かつてのわれは思考した。

かく、われもそのかみは、あらゆる背世界者らの如《ごと》くに、人間の彼岸に妄想を馳せた。そよ、はたして人間の彼岸であったろうか——？

ああ、なんじらわが同胞よ、まことはわが造りしかかる神(6)は、一切の神々と等しく、人間の作為であり、狂想であったのだ！

この神は人間であったのだ。しかも、人間と自我との貧弱な一部分であったのだ。わが灰とわが炎の中より、この神は、——この幽霊は現われたのである！　彼岸より来たのではなかった！

同胞よ、そも何事が起ったのであるか？　——われは自己に克《か》ったのだ。苦悩する者に克ったのだ。われはわが灰をみずから山へ運んだのだ。(7)かくして、より明るい炎を切りだしたのだ。みよ！　かの幽霊はわれから竄《のが》れ去ったではないか！

われは恢癒《かいゆ》した。いまや、かかる幽霊を信ぜんことは、われにとって苛責《かしやく》である。苦悩である。恥辱である。——かく、われは背世界者らにいう。

苦悩であった。無力であった。――苦悩と無力とがすべての背世界を造ったのである。さらに、苦悩の底に沈湎《ちんめん》する者が経験するところの、かの倏忽《しゅっこつ》の間の幸福の妄想、之も与《あずか》って背世界を造ったのである。(8)

一躍もて、死の一躍をもて、最終に到達せんと欲する疲労、また、もはや意欲することを意欲せざるあわれむべき無智《むち》の疲労、――之がすべての神々を造り、背世界を造ったのである。(9)

同胞よ、われを信ぜよ！　肉体が肉体に絶望したのであった。――ここに於《おい》て、肉体は昏迷《こんめい》せる精神の指をかりて、最後の壁をまさぐったのであった。(10)

同胞よ、われを信ぜよ！　肉体が大地に絶望したのであった。――しかも、肉体は存在の腹がみずからに呼びかけるのを聞いたのである。(11)

このときに、肉体は頭をもって、――ただに頭をもってのみならず、――かの最後の壁を貫き抜けて、彼方《かなた》の「かの世界」へと到《いた》らんと欲した。(12)

さあれ、この「かの世界」は人間よりは巧みに匿《かく》されている。人間を放逐し、人間を否定したこの世界、神聖なる虚無は依然人間より匿されている。しかも、存在の腹は人間として現われてのみ、人間に語りかける。(13)

まことに、一切の存在は実証するに難い。また之をして言葉を発せしむるに難い。

しかるに、如何《いかが》であるか、わが同胞よ、一切の中の最も不可思議なるもの(14)は、最もあきらかに実証せらるるではないか？

しかり。この自我と、自我の矛盾と混乱とは、その存在についてみずから最も率直に語るではないか。創造し、意欲し、価値判断するこの自我、一切の事物の尺度であり価値であるこの自我、――之こそはその存在についてみずから最もあきらかに語るではないか。

しかも、この最も率直なる存在、自我、――之は肉体を語る。之は仮作し、狂熱し、折れた翼もて羽搏《はばた》きする時すら、肉体を意欲する。(15)

わが自我――はいよよ率直に語るを学ぶ。しかして、率直に語るを学ぶほど、肉体と大地に対して、言葉と敬意とを見出《みい》ずる。

わが自我はわれに一つの新らしき矜持《きょうじ》を教えた。われ之を人間に伝える。――もはやなんじらの首を、天上の事物の砂の中へ衝《つ》き込むなかれ。首を、大地の為《ため》に意義を創造する大地の首を、昂然《こうぜん》と擡《もた》げよ！

われ人間に一つの新らしき意志を教える。――人間がひたむきに行った路《みち》を意欲せよ。之を肯定せよ。しかして、かの病める者・死滅しゆく者がなすごとくに、この路を避けて彼方に忍び去ることなかれ！

病める者ら死滅しゆく者らは、肉体と大地とを侮蔑《ぶべつ》した。かくて、天国の事物と救済の血の滴《しずく》とを考え出した。しかも、かれらはこの甘く苦がき毒をも、肉体と大地より取り来《きた》ったのである！(16)

すなわち、かれらはみずからの悲惨より遁《のが》れ出でんとした。しかし、星はかれらにとって遠きに過ぎた。ここに、かれらは嘆息した、「ああ、他の存在と他の幸福とに忍びゆくべき、天の路がありもせば――！」と。ここに、かれらは抜路と血の飲物とを造り出したのである！

かれら、忘恩の徒は、みずからの肉体とこの大地とより脱《のが》れえた、と妄想した。さあれ、かれらはその脱却の痙攣《けいれん》と法悦とを与えられたるを、何者に謝せんとするのであるか？　かれらの肉体とこの大地をおいて、そも何者に？(17)――

ツァラトストラは病める者に対しては寛容である。われはかれらのやり方に於ける慰藉《いしゃ》と忘恩をば憤怒《ふんぬ》せぬ。――ただ、ねがわくば、かれらが恢復しゆく者とならんことを。征服しゆく者とならんことを。かくて、みずからの為により高き肉体を創造せんことを！

ツァラトストラはまた恢復しつつある者に対しても寛容である。よし此者《このもの》がおのれの迷妄を感傷もて回想し、深夜かれの神の墓のほとりに彷徨《さまよ》うことあるも、あえて憤怒せぬ。[18] さあれ、この人の涕泗《ていし》は、依然、われにとって疾患であり、病弱な肉体たるに変らぬのである。

かの仮作し、神に憧憬《しょうけい》する者の中には、多くの病弱の徒がいる。かかる人々は認識する者を身を顫《ふる》わして憎悪《ぞうお》する。はた、かの率直と呼ばれるもっとも若年の道徳をも瞋恚《しんい》する。[19]

かかる人々はつねに幽暗の時代を回顧する。[20] かの時代にあっては、狂想と信仰とは今日とは別のものであった。理性の狂乱は神の俤《おもかげ》を宿していた。また懐疑することは罪悪であった。[21]

げにわれは知る、かの時代の神の俤を宿す人々を。この人々は自己が信ぜられんことを意欲し、懐疑が罪悪なるべきを意欲していた。また、われは知る、この人々自身何を最も深く信じていたか、を。[22]

まことに、この人々は背世界者たちと救済の血の滴をば信じてはいなかった。この人々はもっとも深く肉体を信じていた。自身の肉体こそ、かれらの物自体であった。[23]

しかるに、背世界者たちにとっては、肉体とは病的なるものだ。されば、かれらはいかにもして皮膚より脱れ出でたいと願う。この故に、かれらは死の説教者に耳を傾け、みずからも背世界の教を説く。

むしろきけ、同胞よ、健康なる肉体の声を——！ 之こそは、より率直に、より純粋な声である。

健康な肉体はより完全に、より堅固である。その声はより率直に、より純粋である。

健康な肉体は大地の意義を語る。——

ツァラトストラはかく語った。

(1)此岸《しがん》・この現実の生活に忠実ならずして、彼岸に救済解脱《げだつ》を求むる形而上学者《けいじじょうがくしゃ》、宗教家のこと。かつてニーチェもこの一人であったが、かかる逃避的態度を克服して、大地に忠実なるべきを説く。

(2)ニーチェは青年時代に、ショペンハウエルの厭世《えんせい》的な意志と表象の哲学に心酔した。

(3)この現象世界は、苦悩する原一が自己救済のために創《つく》り出し描き出した幻影である。ディオニゾス的精神はアポロ的個体化の原理によって現象を成立せしめ、自己の苦悩に充《み》ちた意志の世界から逃れ離れる。——以上が「悲劇の出生」の形而上学の根幹である。

(4)以上にいう、苦悩する神、不満なる者、創造する者とは、いずれも意志・原一・ディオニゾス精神を指す。

(5)(この不完全な矛盾に充ちた複雑な)現象世界を創り出すことによって、原一は芸術創造的な陶酔を味《あじわ》って、自己の苦痛から脱《のが》れる。

(6)ここにいう「かかる神」とは、以上の苦悩し創造するディオニゾス精神をそのまま指すにあらずして、その別の面たる、彼岸に仮定せられた生命なき超絶的存在をいう。

(7)一四頁《ページ》九行を見よ。

(8)無力な苦悩者が瞬間的な幸福の幻影を描かんために、かかる非現実的な観念の世界をつくったのだ。一八〇頁二行をみよ。

(9)疲労せる無力者また意力を喪失せる者が、世界観の最後的解決に無理にも達せんとして、かの仮空な神を拵《こしら》えたのだ。

(10)人間は自分の現実的存在の病的現状に絶望して、抽象性というあやしげな手段をかりて、彼岸に解決を求めた。七三頁九行をみよ。

(11)病的な人間は健康な大地を意力を以《もっ》て捉《とら》えることに絶望し、之から遊離したが、しかもなお生命や存在の本質的なるものの呼声に牽《ひ》かれたのである。

(12)生命や存在の本質的なるものの呼声をふり棄《す》てることはできなかったが故《ゆえ》に、人間は主として観念的なあるいは主知的な方法によって、彼岸を追求した。

(13)しかし、本質的な最後的な絶対的なものは、結局は人間的な形に於てのみ現わされうるのだ。

(14)次の段に述べる、人間の自覚存在。――このものの存在は内に顧みて疑いえず否定しえない。

(15)この最も直接な自我は、たとい彼岸を仮作し、背世界に狂熱し、病的に天上へ憧《あこが》れても、その本質は依然肉体的なものによって規定され、之を追求している。七二頁九～一〇行、一七六頁一四行をみよ。

(16)この古い彼岸の信仰がいかにして彼らに来たったかというと、それは彼らの病的にして活力なき生命に起因する。次の二段をみよ。二八八頁四行をみよ。

(17)虚弱者たちが獲得したと妄想する、この大地を離れた痙攣《けいれん》的な宗教的法悦なるものも、所詮《しょせん》かれらが蔑《さげす》める肉体的自我が産み出したものにすぎない。かれらの病的肉体がかかる病的妄想を産みだしたのだ。

(18)この彼岸の迷妄より醒《さ》めつつある人間が、なお充分脱却し得ずして、時にふたたび感傷的な非現実の世界を懐《なつ》かしむことがあっても、ツァラトストラは敢《あえ》て之を非難しない。

(19)これらの人々は大胆に現実に直面して、之を率直に認識することができない故に。

(20)過去の時代を一種の黄金時代と夢想する。
(21)これより以下三段ほどは原文はなはだ難解であるが、大体次のように解してみたい。――ここにいう現実を正視しえざる虚弱の人々とはたとえば独逸《ドイツ》浪漫派や理想主義を指し、かれらが夢想する過去の時代とはギリシアを指す。しかし、これらの夢想家とは異って、古代ギリシアに於《おい》ては狂想も信仰も今日の如《ごと》き病的な徴候を有していなかった。理性は直接な神の知識として強烈な活力を持っていた。懐疑的知性は――ソクラテスの如くに――罰せられた。
(22)ギリシア文献学者としてニーチェはギリシア悲劇時代の哲学者に精通している。
(23)ギリシア人たちは彼らの肉体的現実的生存を本質的な拠《よ》り所としていた。

肉体の侮《ぶ》蔑者《べつしゃ》(1)

肉体の侮蔑者にわが言葉を言おう。かれらはもはや新たに学び、改めて教わる要はないのだ。ただ、かれら自身の肉体に告別すればよいのだ、――そうして、黙っていればよいのだ。

「われは肉体であり、霊魂である。」――かく小児は言う。かく言うに、いかに理《ことわり》なしとするものぞ?

しかし、覚醒《かくせい》したる者、智慧《ちえ》ある者は言う。――われはすべて肉体である。それ以外の何物でもない。しかして、霊魂とは肉体に属する或物《あるもの》を呼ぶ言葉にすぎぬ、と。(2)肉体は一つの偉大なる理性である。一つの意義をもつ一つの複数である。(3)一つの戦争であり、平和である。羊の一群であり、一人の羊飼である。(4)

同胞よ、なんじはなんじの卑小なる理性を「精神」と呼ぶが、之《これ》、実はなんじの肉体の道具にすぎぬ。なんじの偉大なる理性の瑣少《さしょう》なる道具であり、玩具《がんぐ》であるにすぎぬ。

「自我(5)」――となんじは称《たた》え、この言葉を誇っている。さあれ、より大なるものは、――よしなんじが之を信ぜざらんとするも、――なんじの肉体である。また、その肉体が示す偉大なる理性である。(6)之は自我を称えない。しかし、自我を行う。(7)

感覚が感じ、精神が認識するところのものは、一としてそれ自らの中に目的を蔵しておらぬ。(8)しかるに、感覚と精神とは、みずからが一切の事物の目的である、となんじを説得せんとする。(9)しかくこの両《ふた》つは驕慢《きょうまん》である。

感覚と精神とは道具であり玩具である。それらのものの背後にはなお、本然(10)が横《よこた》わっている。本然は感覚の眼を借りて求めることがあり、精神の耳を借りて聴くことがある。

本然はつねに聴き、かつ求める。本然は比較し、強制し、征服し、破壊する。本然は支配する。かくて、自我の支配者である。

なんじの思想と感情の背後に、同胞よ、一の強力な支配者、未知の賢者がいる。――これぞ本然である。なんじの肉体の中には本然が住んでいる。なんじの肉体こそは本然である。

なんじの肉体の中には、なんじの至上の叡智《えいち》(11)の中より、より多くの理性(12)が宿っている。なにしに、なんじの肉体はいまさら、なんじの至上の叡智をすら必要としようぞ！

なんじの本然は、なんじの自我とその誇らしげの飛躍とを嘲笑《あざわら》う(13)。「かかる思想の飛躍や飛翔《ひしよう》がわれにとって何であるか？」と本然はみずからに言う。「之はわが行かんとする目的への廻り路《みち》にすぎぬではないか。われこそは自我を牽《ひ》く綱である。また自我の概念の教唆者《きようさしや》である(14)。」

本然は自我にいう、「ここに苦痛を感ぜよ！」と。かく言われてはじめて、自我は苦悩する。しかして、もはや之以上の苦悩を避くべく、考慮する。――かく考慮すべく、命ぜられている。

本然は自我にいう、「ここに快楽を感ぜよ！」と。かく言われてはじめて、自我は喜悦する。しかして、さらにしばしば喜悦すべく、考慮する。——かく考慮すべく、命ぜられている。

肉体の侮蔑者らにむかって、われは一言を言おう。——なんじらが侮蔑するは実はなんじらの尊重によるのだ[15]。——そもそも尊重と、侮蔑と、価値と、意志とは、何者によって造り出されたのであるのか？

創造的なる本然が、みずからのために尊重と侮蔑とを造り出したのではないか[16]。快楽と悲哀とを造り出したのではないか。創造的なる肉体は、みずからのために、自己の意志の手として、精神を造り出したのではないか。

なんじら肉体の侮蔑者たちよ、なんじらはその度しがたき痴愚と侮蔑のうちに於《おい》てすら、実は、なおもなんじらの本然に奉仕しているのだ[17]。われなんじらに告げよう、——なんじらの本然はまことに死のうと願っている。そうして生命に背を向けて去ろうとしている[18]。

すなわち、本然がその最大の願望を実現しえないからだ。——自己を超えて創造しえないからだ。まことは、この事をこそ、なんじらの本然はもっとも激しく願望している。この事がその情欲の一切である。

さあれ、今となっては、はや遅きにすぎる。——この故《ゆえ》に、なんじらの本然は却《かえ》って没落し行かんと欲するのだ、おお、なんじら肉体の侮蔑者らよ！

なんじらの本然は没落を願っている。この故にこそ、なんじらは肉体の侮蔑者となった！　他なし、なんじらははや自己を超えて創造しえないからだ。

この故にこそ、なんじらは生命と大地とに憤怒《ふんぬ》する。なんじらの侮蔑の斜視の中には、無意識の嫉妬が潜在している。

われはなんじらの路を行かぬ、おお、なんじら肉体の侮蔑者たちよ！　なんじらは、超人への架橋ではない！——

ツァラトストラはかく語った。

(1)本能、衝動、肉体が精神生活の基調なるを説いて、宗教や形而上学《けいじじょうがく》の肉体——大地の軽視を攻撃する。

(2)小児（未成熟者）は肉体と精神との二元性を考えるが、覚者は肉体を第一義とし、精神をその一機能にすぎぬとする。

(3)肉体はそれ自体で独立した法則的存在である。肉体は知性、感情、本能等の綜合《そうごう》である。

(4)肉体の内部にも複雑な闘争が行われ、その調和解決が行われ、支配するものと支配されるものとがある。

(5)自覚せる理性的自我。

(6)自覚せる意識よりも無自覚な肉体の方がより根本的な法則をもっている。六六頁《ページ》七行をみよ。

(7)潜在意識的な肉体的な力は、論議せずして、行為して自己を示す。
(8)肉体的な本能的なものに使役されるのに過ぎない。
(9)感覚や知性はそれ自身が至上のものの如《ごと》くに主張する。
(10)もっとも根源的な肉体的なもの。本能的自我。
(11)知性。
(12)あやまりなき本能の法則。
(13)本能的自我は意識的自我より優越している。たとい後者が飛躍をなすごとく見える場合も、実は前者の命ずるところに追従しているにすぎない。
(14)意識の内容の構成を決定するのは本能である。
(15)以下この章の終まで。——なんじらが肉体を軽蔑《けいべつ》するのは、実はなんじらが肉体を尊重してさらに新らしきより高く強き肉体を創造せんと願いながら、之《これ》を遂げえざる幻滅と嫉妬《しっと》に原因する。すなわち、劣弱意識の変形である。——ニーチェの精神分析学・一。
(16)尊重《そんじ》するも、軽蔑するも、すべて本能的自我の命ずるところである。
(17)汝らが肉体を軽蔑するのも、実は汝らの疲れた本然が之を命令するからである。
(18)汝らはデカダンスの人間である故《ゆえ》に、汝らの本然は老い疲れ、次段以下に言うごとき理由によって自ら死滅せんと願っている。

歓楽と情熱(1)

同胞よ、もしなんじらが一つの道徳を所有するとせば、しかも、この道徳が真になんじの道徳であるとせば、なんじが之《これ》を他人と共有することはありえない。(2)

もとより、なんじはなんじの道徳を名もて呼び、之を愛撫《あいぶ》したい、と思うであろう。なんじはその道徳の耳を撮《つま》んで弄《もてあそ》び、この女と狎《な》れ戯《たわむ》れたい、と願うであろう。(3)

しかも、みよ！　なんじは、かくすることによって、なんじの道徳の名を民衆と共有するに至った。なんじの道徳を抱きながら、愚衆に堕し、家畜の群と化するに至った！

之に反して、なんじは言うべきである。——「わが霊魂に苦難と甘美であり、わが内臓に飢餓となるものは、之を言いがたく名づけがたし。」と。

なんじの所有する道徳は、狎れて名を以《もつ》て呼ばるべく、あまりに高きものであれよ。みずからの所有する道徳について語るときには、吃々《きつきつ》として言うを恥ずるなかれ。

されば言え、吃々としてかく言え、——「之ぞわが善である。われ之を愛する。かくしてこそ、わが意に適《かな》う。かくてのみ、われは善を愛する。

われは之を神の律法として欲するにあらず。人間の制度、また便宜として欲するにあらず。また、大地を超えた彼方《かなた》、かの天国へゆく指標たるべく願うのでもない。

わが愛するは大地の道徳である。この中には世智《せち》すくなく、万人に共有の理性はもっとも尠《すくな》い。

いま、この鳥はわが傍《あた》りに巣を構えた。故《ゆえ》に、われはこの鳥を愛し抱く。(4)——鳥はわがかたえに、その黄金の卵の上に、巣籠《すご》りしはじめた。」

——かくなんじは口吃《くちども》って言い、なんじの道徳を讃《たた》うべきだ。

かつて、なんじは情熱を所有していた。しこうして之を悪と呼んだ。いまは、ただ道徳のみを所有している。このなんじの道徳こそは、なんじの情熱より成長したものである。(5)

なんじはなんじの最高の目標(6)を、この情熱の胸の上にうち樹《た》てた。ここに於《おい》てか、いまや情熱はなんじの道徳となり、歓楽となったのである。

よしなんじが嚇怒者《かくどしゃ》の一族なりとも、淫佚者《いんいつしゃ》の一族なりとも、あるは狂信者、また復讐者《ふくしゅうしゃ》の一族なりとも、——

なんじの一切の情熱はついに道徳に変じたのである。(7)一切のなんじの悪魔は天使と化し去ったのである。

かつて、なんじは野生の犬をなんじの窖《あなぐら》に飼っていた。——しかるに、かれらは小鳥に変じ、愛らしき歌姫と化し去った。(8)

またかつて、なんじはなんじの毒より香膏《こうこう》を醸《かも》していた。なんじの牝牛《めうし》なる憂愁より乳を搾《しぼ》っていた。——しかるに、いまはその乳房より甘き乳を吸っている。

いまより後は、なんじよりいかなる悪も生じえないであろう。生じうるはただ、なんじの持つ諸々《もろもろ》の道徳の相互の間の、葛藤《かっとう》よりする悪に過ぎないであろう。(9)

同胞よ、もしなんじが幸に恵まれし者であるならば、なんじはただ一つの道徳を所有すべく、より多くの道徳をば所有すべからず。(10)かくてこそ、なんじは足取かろく、橋梁《きょうりょう》を超えて行きうる。

多くの道徳を持つは華々しきことである。ただ、こは重大なる宿命である。(11)多くの道徳の戦闘となり戦場となるに疲れた故に、沙漠《さばく》の中に逃竄《とうざん》して、自らを殺した者の数尠しとせぬ。

同胞よ、戦争また戦闘は罪悪であるというのか？　さあれ、この罪悪は必然である。(12)なんじの所有するもろもろの道徳の相互の間の、嫉妬《しっと》と猜疑《さいぎ》と誹謗《ひぼう》とは必然である。

みよ、なんじの所有するもろもろの道徳の一つ一つが、各々《おのおの》最高を目ざしているではないか。(13)それはなんじの全精神を要求する。以て、みずからの伝令使たらしめんがためである。それは怒りに於て、憎しみに於て、愛に於て、なんじの全力を要求する。すべての道徳は他の道徳を嫉妬する。かかる嫉妬はおそるべきものである。道徳と雖《いえども》、嫉妬によって破滅することがありうる。

嫉妬の炎によって囲繞《いにょう》された道徳は、ついには蠍《さそり》のごとくに、毒ある螫《はり》をみずからに向けて突き刺す(14)。

ああ、同胞よ、なんじ、いまだみずからを誹謗せず、みずからを刺し殺さないところの道徳を一つでも見たことがあるか？

人間は克服せらるべき或物《あるもの》である。されば、なんじはなんじの道徳を愛すべきだ。——なんじはなんじの道徳によって没落するであろうが故に(15)。——

ツァラトストラはかく語った。

(1)「道徳の講壇」に於《お》いて説かれた世俗の道徳説と反対の、真の道徳の三つの特性を挙げる。一、道徳は個人の性格から内発したものであれ。七八頁《ページ》五行まで。——二、情熱から成長したものであれ。七九頁二行まで。——三、ただ一つの道徳を持て。

(2)真に内発の自律の倫理観は、権威づけられた因習的なものではありえない。いかなる他の顧慮によっても制約せられざる己れ一箇のものである。

(3)汝《なんじ》自身の倫理観を普遍的な方式にあてはめ表現して、之《これ》によって満足をえたいと思うであろう。——が之は汝の倫理を固定せしめ、公式化せしめ、堕落せしめて、真の内発性を失わしむる危険を持つ。

(4)この大地の道徳は、われが選んで得たものではない。わが生命の本質上避くべからざるものとして、必然的に与えられ、むこうからわが側にやって来たものである。一四六頁一一行をみよ。
(5)背世界の人々は情熱を悪と呼んだ。しかし、新らしい道徳は情熱の上に建てらるべく、もし情熱が偉大さを持ち、人類の向上に資するものならば、之は善であり、新らしい倫理の根柢《こんてい》である。
(6)人類の向上という目標。
(7)前記の目標さえ確立していれば、たとい汝の情熱が凡庸なる道徳的見地よりしていかなる悪名を以《もっ》て呼ばれようとも（チェザーレ・ボルジア）、この情熱は道徳に他ならぬ。
(8)(7)に記した理由により、情熱は初めは荒々しくまた毒々しく見えても、ついには美しい調和に達するものである。
(9)されば創造的情熱を有する人間には一切が道徳と化する。ただ唯一《ゆいいつ》の危険は彼の自己分裂のみである。
(10)二六頁二行を見よ。
(11)相矛盾する多くの徳性を並有する人間は、自己分裂のために破滅することがある。
(12)調和ある人格は望ましとするも、多くの徳性を並有すれば、自己分裂の内心の憂悶は避けがたい。
(13)人格の中の一つの徳性は、その人格の中に於て、支配的たらんとして、他の徳性を亡《ほろ》ぼさねばやまぬ。
(14)一つの徳性があまりに激しく自己主張をするとき、その情熱は他の徳性との相剋《そうこく》のためにかえって自己破壊的要素に化すに至る。たとえば、青年の正義感がシニズムに化しやすき類《たぐい》か。
(15)二五頁一二行より二六頁一行までをみよ。

蒼白《あおじろ》き犯罪者(1)

裁判官たちよ。祭司(2)たちよ。なんじらは、犠牲の獣(3)がいまだ点頭せざるうちは、之《これ》を屠《ほふ》らぬのであるか？　――みよ、いま蒼白き犯罪者は点頭した。彼の眼から大いなる軽蔑《けいべつ》が語っている。(4)

「わが自我は克服せらるべき或物《あるもの》である。わが自我は人類の大いなる軽蔑である。」――かくこの眼からは語っている。

この犯罪者がかくみずからを裁いたことは、彼の最高の瞬間である。かくも崇高なる人をして、ふたたび彼の低卑に復《かえ》らしむることなかれ(5)！

かくのごとく自己の故《ゆえ》に苦悩する者には、救済がない。唯一《ゆいいつ》の救済は、ただ夙《はや》き死のみである。

なんじら、裁判官たちよ、なんじらの刑戮《けいりく》をして同情たらしめよ。復讐《ふくしゅう》たらしむるな(6)！　しかして、なんじらが刑殺するにあたっては、それをして、よくなんじ自身の生命を正当化するの処置たらしめよ(7)。

なんじらが刑戮するところの者と、なんじらが和解する(8)、――之のみでは未《いま》だ足らぬのだ。なんじらの悲哀は超人への愛であらねばならぬ。(9)かくすることによって、なんじらのなお生きてあることを正当化せよ！

「敵」となんじらは言うべく、「悪漢」と言うべきではない。「病める人」と言うべく、「卑《いや》しき者」と言うべきではない。「痴人」と言うべく、「罪人」と言うべきではない。(10)

さあれ、――なんじ赤き法服の裁判官よ。もしなんじが、思念の中に於《おい》てひそかに行ったところの一切を声高に告白せりとせば、聞いて、何人も叫び出すではないか、――「この汚穢《おわい》と毒虫とを除け！」と。

されど、思想と行為とは別物である。さらに行為の表象は別物である。これらのものの間には、原因と結果の輪は廻らないのである。(11)

ここに一人の蒼白き犯罪者がある。(12)己の行為の表象によって、彼はかくも色蒼ざめている。その行為を為したときは、彼はその行為と等しき成長を遂げていた。しかるに、その行為を為《な》し了《お》えた後は、彼はその行為の表象に堪えることができない。(13)

いまや彼はつねに、みずからをこの行為の行為者として意識している。われは之を固定観念と呼ぶ。彼の例外がついに彼の本性となったのである。

牝雞《めんどり》の面前に白墨もて線を引けば、牝雞は呪縛《じゅばく》されて動くことができぬ。この犯罪者が行った行為は、彼の哀れな理性を呪縛してしまった。之をわれは行為の後の固定観念と呼ぶ。

きけ、裁判官たちよ！　このほかにはなお一つの錯乱がある。(14)　それは行為の前の固定観念である。ああ、かかる霊魂のうちに穿入《せんにゅう》すること、なんじらはなお深くはない！

赤き法服の裁判官はかく言う。「何故にこの犯罪人は人を殺したのであるか？　彼は奪わんと欲したのに。」と。さあれ、われなんじらに言おう。——彼の魂は血を欲したのだ。盗品を欲したのではない。彼は匕首《あいくち》の幸福に渇《かつ》えていたのだ！(15)

しかるに、彼の哀れな理性は、この固定観念を理解しなかった。そうして彼を説き伏せた。「血なにするものぞ。これを機会に盗んだらいいではないか？　復讐をしたらよいではないか？」と。

かくて、彼は彼の哀れな理性の囁《ささや》きに聴いてしまった。その言葉は鉛のごとく彼の上に横《よこた》わった。——かくてこそ、彼は殺したときに盗んだのだ。そして、この時はなお、みずからの固定観念を恥じようとはしなかった。

ここにふたたび、彼の罪の鉛は彼の上に横わる。かくて彼の哀れな理性はふたたび硬く、麻痺《まひ》して、重苦しい。(16)

ただ彼が頭を振ることすらなしえたら！　そうすれば、彼の重荷は転り落つるであろうに。(17)——ただ、そも何人がよくこの頭を揺る者ぞ？

彼のごとき、かかる人間とはそも何であるのか？——そは、精神を通じて外の世界に攫《つか》みかかるところの、病患の堆積《たいせき》である。かくして、そは外界に餌食《えじき》を求めて、食いあらす。[18]

彼のごとき、かかる人間とはそも何であるのか？ そは群がって争いやまぬ荒々しい蛇の塊である。——蛇はおのがじし、外の世界に抜けいでて、そこに餌食を求めて、食いあらす。

この憐《あわれ》むべき肉体[19]を見よ！ この肉体が悩み欲したところのものを、この憐れな霊魂は自己流に解釈した。そしてそれを、殺人の快楽と匕首の幸福への貪欲《どんよく》と解釈した。

現代に於て悪とせられる悪は、現代の病める者を襲う。[20] ここに、彼は己を苦しめるところのものを以《もっ》て、他を苦めんと冀《ねが》う。——されど、他の時代と他の善と他の悪とが存在したこともあった。

かつてそのかみには、懐疑は悪であり、自己への意志は悪であった。かの当時には、病める者は異端者となり、妖術者《ようじゅつしゃ》となった。異端者としてまた妖術者として、受難せんと欲し、かつ受難せしめんと望んだ。[21]

われがかくの如《ごと》き事を説くも、なんじらの耳には入らぬであろう。なんじらはわれに言う、——かくのごとき事はなんじらの善き人々を害《そこな》う、と。[22] さあれ、なんじらの善き人々がわれにとって何であるか！

なんじらの善き人々が持つ多くの物は、われには嘔吐《おうと》を催おさしむる。かくわれに嘔吐を催おさしむるものは、かれらの持つ悪ではない。むしろ、われは望むのだ。――かれらもまたかの錯乱[23]を持っていたならば！　かれらもまた、この蒼白き犯罪人のごとくに、それによって破滅しうるならば！

まことに、われは切望しているのだ。――真理、忠誠、正義、かかるものがかれらの錯乱であることを！　しかるに、かれらはただゆるやかに生き、はた憫然《びんぜん》たる快適の中に生きんがためにのみ、かれらの道徳を所有している。

われは奔湍《ほんたん》のほとりに立つ木である。手を延して縋《すが》りうるものはわれに縋れ！　ただ、われはなんじら病める者の撞木杖《しゅもくづえ》ではない[24]。――

ツァラトストラはかく語った。

(1)刑罰と犯罪について。
(2)裁判官を、犠牲の獣を殺す祭司にたとえる。
(3)犯罪者を犠牲の獣にたとえる。
(4)裁判官は罪人の自白をまって処刑せんとする。いま犯罪人はいさぎよく自己の罪を認めて、自己の賤劣《せんれつ》をみずから軽蔑《けいべつ》している。
(5)犯罪人が自己を慙《は》じている時は、すなわち彼としての最大なる自己克服の瞬間である。かかる高い境地に達した者をふたたび元の賤劣の状態にもどらしむることなきよう、むしろ殺してしまえ、かくするが罪人に対する最大の恩恵である。
(6)犯罪人という弱者病者を殺すのは同情であって復讐《ふくしゅう》ではない。
(7)弱者病者を殺すことによって、強者健康者はますます自己の生命を強く正しきものたらしむべく、責任を負え。
(8)同情的処置として殺すのであるから、和解という。
(9)弱者への憐憫《れんびん》を忍ぶは、人類向上への責任があるからである。
(10)すべて刑罰は復讐、迫害という低い感情であってはならない。戦闘あるいは同情であるべきだ。
(11)何人も心中ひそかには犯罪的動機を持つけれども、しかし常人の場合に於《おい》ては之《これ》を抑制するものがある。行為の表象と行為との間には理性の調節がある。
(12)以下ニーチェの解釈する犯罪心理の一。
(13)この犯罪者は自己の行為を知って蒼《あお》ざめているが、しかし彼はその犯罪を為《な》しつつある瞬間には強者であった。本性は弱者でありながら、瞬間的に強者の罪を犯す、しかも後には己の罪のおそろしさに戦《おのの》く、――かかる犯罪心理がある。
(14)犯罪心理の二。
(15)この犯罪者は結果から見ると盗賊であり、復讐者であるが、実は最初の動機はただ血に渇《かつ》えていたのであった。血のために殺した後で、別の理智《りち》的な動機がはたらいて盗んだのだ。盗みは彼の本能的嗜《し》虐《ぎゃく》行為の扮飾《ふんしょく》となったにすぎない。
(16)犯罪者みずから自己の犯罪心理を知らず、自分は盗むために殺した、と信じている故《ゆえ》に、何故に自分は盗んだのか、と怪しみ苦しむ。

(17)少しばかり考え方を変えれば、自己の犯罪の真の動機をさとり得て、彼は安静をうるであろうに。
(18)かかる犯罪心理は、病み歪《ゆが》められた本能の堆積《たいせき》が、こういう形に於てそのはけ口を見出《みいだ》したのである。——以下ニーチェの精神分析学・二。
(19)本能的自我。七一頁《ページ》より七四頁を見よ。
(20)現代に於て悪とせられるところのもの、必ずしも歴史的につねに悪ではなかったが、いずれにしても之は心理的に病める者を襲う。すなわち、犯罪人は現代に於て悪と見做《みな》されるところのものが露出するところの弱い箇所であり病人である。
(21)中世に於ては、病者弱者は異端者妖術者《ようじゅつしゃ》となった。当時は自主的思考が悪と見做されていたのであるから、この悪が異端者妖術者の精神に於て露出して、かれらは社会を攪乱《かくらん》した。
(22)かかる考え方は、凡庸健全なる道徳に生きる人々の気に逆う。
(23)情熱的行為。七八頁六行以下をみよ。
(24)われは果敢に生きる者の為《ため》に、之を導き扶《たす》ける者とはなるが、弱者病者に対する同情者たることは欲しない。

読むことと、書くこと(1)

一切の書かれたるもののうち、われはただ、血をもって書かれたもののみを愛する。

血をもって書け。しかるとき、なんじは悟るであろう、――血、すなわち精神であることを。

他人の血を了解するは、しかく容易なことではない。われは読むにあたって懶惰《らんだ》なる読者をば憎悪《ぞうお》する。

読者とはいかなるものなるか、を知る人は、もはや読者のためには何事も為《な》さぬであろう。読者をしてなお一世紀あらしむれば――、精神自体までも悪臭を放つに至るであろう。

万人が読みうるということは、長年月の間には、書くことのみならず、考えることをも腐敗せしむるのである。

かつて、精神は神であった。やがて、それは人間となった。がいまは、まことに愚衆にまで堕した。(2)

血をもって、また箴言《しんげん》をもって書く者は、読まれることを要求せぬ。諳誦《あんしょう》されることを要求する。

山脈にあっては、最短の距離は山頂より山頂に及ぶ。このためには、なんじの双脚が長くあらねばならぬ。(3)箴言もまた山頂である。語りかけらるる者は、高く大きく成長せる者であらねばならぬ。(4)

空気は稀薄《きはく》で純潔である。——危険はつねに近くに存在する。——しかして、精神は快活なる悪意に充《み》ちている。——かくの如《ごと》くあってこそ、すべては互によく諧調《かいちょう》する。(5)

われは勇敢であるが故《ゆえ》に、わがあたりにつねに妖魔《ようま》がいるといいと思う。幽霊を逐《お》い払うところの勇気は、みずからのために妖魔を創造する。(6)——勇気は哄笑《こうしょう》せんと欲する。

もはや、(7)われはなんじらと感覚を一にしない。われは雲を足下に見る。この昏《くら》き重圧の雲を見て、われは哄笑するが、——この雲こそ、なんじらにとってはまさに暴風雨の雲である。

なんじらは高揚せられんことを願望して、上を見あげる。われは高揚せられてあるが故に、下を見おろす。

なんじらのうちの何人が哄笑し、かつ高揚せられてあるものぞ？

最高の巓《いただき》に登れる者は、一切の悲劇を笑う。また一切の悲運を笑う。

自若と——、嘲笑《ちょうしょう》的に——、暴虐《ぼうぎゃく》に——、かくあれよと、智慧《ちえ》はわれらに要求する。智慧は女性である。つねに戦士にのみ恋着する。

なんじらはわれに言う、——「人生は堪うるに難い。」と。さあれ、そも何故になんじらは朝に矜持《きょうじ》を持し、夕べには諦念《ていねん》を有するのであるか？(8)

げに、人生は負うに難い。しかはあれど、かく羸弱《るいじゃく》に振舞うをやめよ！　われらはすべて重きを負うに堪うる愛すべき驢馬《ろば》(9)ではなかったか？

われらは之《これ》と何らかの似かよったところがあるのか？　その肉体の上に一滴の露がしたたる故に、顫動《せんどう》するかの薔薇《ばら》の蕾《つぼみ》、——

まことに、われらが人生を愛するは、生きるに慣れたるが故にあらず、愛するに慣れたるが故である。

愛のうちにはつねに狂乱がある。しかも、狂乱のうちにはつねに理性がある。

人生を愛するわが眼には、かく映ずる、——蝶《ちょう》と、石鹼球と、また人間のうちの之に似たるものとは、幸福について知ることも多い、——と。(10)

これらの軽快なる、無邪気なる、優雅なる、また生々として小さき霊魂たちが舞い立つを見るときは、——ツァラトストラも心誘われて、歌を口ずさみ、涙をながす。

われはただ舞い踊ることを知る神のみを信ずるであろう。

しかるに、われわが悪魔を見た時に、悪魔は厳粛に、根本的に、深刻に、かつ荘重であった。之こそはかの重圧の霊である。——重圧の霊によって一切の存在は転落する。(11)

怒りによって殺しえず、笑いによって殺しうる。いざ、立て、われらかの重圧の霊を殺してしまおうではないか(12)！

われは歩行することを学んだ。これより後、われは馳《はし》ろう、と冀《ねが》う。われは飛翔《ひしょう》することを学んだ。これより後、われは他より衝《つ》き出さるることなくして動きいださん、(13)と冀う。

いまぞ、われは軽快である、いまぞ、われは飛翔する。いまぞ、われはわれをわが下に見る。いまぞ、――われを通じて神は舞う。

ツァラトストラはかく語った。

(1)思想の表現について。また、この思想そのものが高邁《こうまい》な・大胆な・軽快な・優雅な・飛躍的なものであるべきである、と説く。

(2)古代に於《お》ては人間精神は神の霊感をうけて発せられた。やがてそれはヒューマニスチックなものとなり、現代に於ては愚衆によって支配されるものとなった。

(3)七里靴の童話のごとくに。

(4)読者は著者の思想を峰から峰へと飛躍して了解することができうる者であらねばならぬ。

(5)すぐれた思想はその雰囲気が高山の空気に似ていなくてはならぬ。透明で、きよらかで、冒険的なあたらしい発見に充《み》ち、しかも懐疑的な嘲笑《ちょうしょう》皮肉に富んでいる。二二八頁《ページ》四行をみよ。

(6)神学的な形而上学的《けいじじょうがく》な残滓物《ざんしぶつ》（幽霊）を追い払うために、むしろ危険なデモーニッシュな力（妖《よう》魔《ま》）を同伴者として、険難な思想の山を攀《よ》じてゆきたい。

(7)ついにわれは思想の山頂に達した。
(8)青年時代の誇らしき勇気、老年の諦念《ていねん》、みな人生の艱苦《かんく》を堪え凌《しの》ぐためにあるのではないか。
(9)五一頁八行以下をみよ。
(10)軽快な、優雅な、弾力的なものの中にこそ、生命の幸福と美がある。二五一頁三行をみよ。
(11)一切の重苦しく、生命の発動を阻害するものは「重圧の霊」と名づけられ、この魔霊にとりつかれると、すべてはその生命感活力を失う。二五一頁五行をみよ。
(12)「重圧の霊」を快活な精神を以《もっ》て笑殺しよう。
(13)五四頁一六行～五五頁一行をみよ。

山腹の樹《き》(1)

ツァラトストラは、一人の若者が彼を路《みち》の行手に避けたのを見たことがあった。——ある夕べ、かの「彩牛」と呼ばれる市を囲繞《いにょう》する山中を、ひとり過《よぎ》って行ったとき、みよ、ふと行きずりに彼はこの若者がいるのを見た。若者は坐《ざ》して一本の樹に背を靠《もた》れ、疲れた眼尖《まなざし》を谿谷《けいこく》の底に投げていた。ツァラトストラは手もてその樹を把《と》え、かく語った。

「われがこの樹をかく双手もて揺るがそうとするも、われは揺るがすことはできない。(2)しかるに、われらが目に見えぬ風は、この樹を苛《さいな》み撓《たわ》めて、意のままに曲げる。かく、われらもまた、目に見えぬ手によって、酷《きび》しく苛まれ撓められているのだ。(3)」之《これ》を聞いて若者は愕然《がくぜん》として起きて、言った。「之ぞツァラトストラの声である。しかも、われは今、まさしく彼のことを考えていた。」――ここに、ツァラトストラは答えて言った。

「いかなればなんじはそのように驚くのであるか？　――樹に於《おい》ても人に於ても、事は変らぬ。

　彼がいよいよ高くいよいよ明るい大気の中に延びんとすればする程、彼の根は大地の中へ、下へ、暗黒へ、奈落《ならく》へ、――悪へ、と向わんとする。(4)」

「悪へ！　まことに、悪へ」と若者は叫んだ。――「いかなればなんじはかくわが霊魂を見いだしうるのであるか？」

　ツァラトストラは微笑して言った。「見いだすに易《やす》からざる多くの霊魂がある。われは之を造りいだして、はじめて見いだす。(5)」

「そうだ、悪へ！」と若者はさらに叫んだ。

「(6)なんじは真理を語った、ツァラトストラよ。われは一度高みへ昇らんと欲してからは、もはや自らを信じない。また何人もわれを信じない。――いかなればかくは成ったのであろう？

われは変化すること、あまりに速きにすぎる。わが今日は、わが昨日を否定する。われ昇りゆくとき、われはしばしば階段を飛躍する。――この故《ゆえ》に、階段はわれを責め詰《なじ》る。(7)

われ高みにあるとき、つねに孤独である。われに語る何人もない。われは寂寥《せきりよう》の堅《けん》氷《ぴよう》に戦慄《せんりつ》する。――われはかの高みに何を求むるのであろう？

わが軽蔑《けいべつ》とわが憧憬《しようけい》は相共に成長する。われ登れば登るほど、登りゆく者を軽蔑する。(8)――かれはかの高みに何を求むるのであろう？

さらに、われはわが歩一歩登りゆくことを慙《は》ずる。また、わが跌《つま》ずき、喘《あえ》ぐを嘲《ちよう》笑《しよう》する！　われは飛翔《ひしよう》し行く者を憎悪《ぞうお》する！(9)　ある高さに到達したとき、いかにわが疲れていることよ！」

ここまで言ったとき、若者は黙した。――ツァラトストラは、かれが倚《よ》って立っていた樹をうち眺めて、かく言った。

「ここに、この樹は孤《ひと》りこの山に立っている。(10)この樹は人間と獣とを超えて、高く生い長じている。

よしこの樹が語らんとするも、その言葉を理解する者は何者もいない。しかく高く、この樹は生い長じている。

いま、この樹は待ちつづけている。何を待っているのであるか？　彼は雲のたたずまうあたりに近く住んでいる。まことに、彼は最初の紫電の一閃《いっせん》をこそ待っているのだ！」

ツァラトストラがかく言ったとき、若者は激しく身振りして、叫んだ。「ああ、ツァラトストラよ、なんじは真理を語った。われは山頂に登らんとしたとき、わが没落を冀《ねが》っていた。(11)わが待っていた紫電はなんじであった！

しかるに、みよ、なんじがわれらの前に出現してより後は、いかにわが成り果てたことであろう。なんじに対する羨望《せんぼう》の故に、われはかく破滅した！(12)」——若者はかく語って、痛ましく涕泣《ていきゅう》した。ツァラトストラは若者をかき抱いて、彼を先へ連れ行った。

かれらしばらく相共に歩んだ後に、ツァラトストラはかく語りはじめた。——

わが胸は引き裂かれた。なんじの言葉が言うにもまさって、なんじの眼はなんじの一切の危機を告げた。

なんじはいまだ自由ではない。自由を追って、探求している。なんじの探求は、なんじを不眠たらしめ、なんじをあまりにも醒《さ》めた人間となした。

なんじは無礙《むげ》の山頂に至らんとしている。なんじの霊魂は星にむかって渇望《かつぼう》している。しかるに、なんじの低劣の本能もまた、自由を求めて渇望しているではないか。

なんじの野生の犬たちは放たれんことを求めている。なんじの精神が一切の牢獄《ろうごく》を解放せんと努めているとき、犬共はその檻《おり》の中にあって、淫欲《いんよく》のあまり哮《ほ》え猛《たけ》っている。

われをして言わしむれば、なんじはなお自由を空想するところの囚人にすぎない。ああ、かかる囚人は、よしその霊魂は巧智《こうち》を増すことはありとも、さらに狡猾《こうかつ》に邪悪になるのだ。

精神の被解放者と雖《いえど》も、なおみずからを浄化せねばならぬ。かれの心中には、なお多くの牢獄と腐敗物との残滓《ざんし》がある。かれの瞳《ひとみ》はいよよ澄みゆかなくてはならぬ。

さなり、われはなんじの危機を知っている。しかし、わが愛と希望とによって、われはなんじに切言する。――なんじの愛と希望とを拋棄《ほうき》することなかれ！　と。

なんじはなおみずからを高貴なりと感じている。他の人々すら、――なんじを怨恨《えんこん》し、なんじに悪意ある眼尖《まなざし》を送る人々すら、なおなんじを高貴なりと感じている。知れ、一人の高貴なる人間は、かならずや万人の阻害たるべきことを。――

一人の高貴なる人間は、善き人々にとって障害となる。もし人々が高貴なる人間を

善き人と呼ぶことあらば、そは、之によってかれらの障害を排除せんが為《ため》になすのだ。(13)

高貴なる人間は鮮かなる物を創造せんと欲し、新らしき道徳を樹《た》てんと欲する。善き人は古き物を愛し、旧《ふる》き物が保存されんことを欲する。

彼が一箇の善良なる人物に化し去る、——高貴なる人間にとっての危険は之ではない。むしろ強顔の人、嘲笑者、また破壊者と成り了《おわ》る、——之ぞ彼の真の危険である。(14)

ああ、われはかつて高貴なる人々を知っていた。その人々はやがてその至高の希望を喪失した。この故に、かれらはいまや一切の高い希望をば罵倒《ばとう》するのである。

いまや、かれらは無慚《むざん》にも儚《はか》なき快楽に沈湎《ちんめん》して生きている。しかして、今日一日を超えてさらにとおく、標的を投げることをなしえない。

「精神とは情欲である。」——かくかれらは言う。かれらの精神の翼は摧《くじ》けた。かれらの精神は爬行《はこう》して、咬《か》み、汚す。

かつて、かれらは英雄たらんと望んでいた。しかるに、今は蕩児《とうじ》である。いまや、かれらにとっての英雄とは怨恨と恐怖とに他ならぬ。(15)

しかし、わが愛と希望とにかけて、われはなんじに切言する。——なんじの霊魂の中なる英雄を抛棄することなかれ！　なんじの至高の希望を聖く掲げよ！

ツァラトストラはかく語った。

(1)因習的道徳より自己を解放して、自由な精神たらんとする人間の直面する危険が、山腹に生うる一本の樹に比喩《ひゆ》して述べられる。

(2)第一の比喩。――われらの精神も、また、はっきりと意識せられた契機によって苦しめられることはない。

(3)――しかし、潜在意識的な不満欲望憧憬《しょうけい》等によって動揺せしめられる。この青年は今名づけがたき不安によって悩んでいる。

(4)第二の比喩。――人間精神は高い偉大さへと努力すればするほど、一方また本能的な原始的な暗黒の悪の領域へと突入してゆく。

(5)この一文明確には解し難い。他人の心理は、自分も之《これ》と同じことを体験した故《ゆえ》に、洞察しうる、という位の意か。

(6)以下、向上しゆかんとする人間の苦悩をのべる。

(7)環境を超越してゆく故に、環境と不和となる。

(8)登りゆくことの意義を疑うに至る。

(9)飛躍して登りゆくツァラトストラに嫉妬《しっと》を感ずる。

(10)第三の比喩。――この山にそびゆる孤高の樹は、紫電――超人が来るのを待っているのだ。すべて孤独の人間はより高い者が来るのを待っているのだ。

(11)われは自らも向上し、また人類向上の為《ため》に奉仕せんと決心してから、自分よりより高い者が出現するを待ち、その者のために犠牲となり没落する覚悟でいた。

(12)その自分よりより高い者は、ツァラトストラであった。しかるに、ツァラトストラが出現すると、青年の心は嫉妬羨望《せんぼう》によって苦しみ、その為に向上の努力も妨げられた。
(13)凡庸な道徳に生きる人々が、向上しゆく高貴な人間をかれらの一味たる善き人と呼ぶことあらば、そは彼を凡庸化して、その危険を無くさんがための作為である。
(14)高貴な性格の人間は凡庸化する危険は少ない。かかる人が蹉跌《さてつ》した時にはむしろ性格破産者となる。
(15)往年のヒロイックな気概のはけ口を、今はわずかに怨恨《えんこん》と恐怖に求めている。

死の説教者(1)

死の説教者(2)なるものがいる。また、すみやかに生より背反すべきことを、教説せらるべき要ある人々がいる。大地はかかる人間によって充《み》ちている。

大地は無益の徒によって充ちている。生命は過剰の輩《やから》によって腐敗している。これらの徒輩を、かのいわゆる「永生」を以《もつ》て誘《おび》き出して、この生命の外に放逐してしまわないか(3)！

死の説教者をあるいは黄といい、あるいは黒という。されどいま、われはなんじらに、他の色彩のうちにかれらを示すであろう(4)。

恐るべき人々がいる。かれらは衷《うち》に猛獣を潜ましめ、欲望に耽溺《たんでき》するか、乃至《ないし》は自己を咬《か》み裂くか、——の他には選択を持たぬのである。(5) しかも、かれらが欲望に耽溺するは、すなわち自己を咬み裂くに他ならぬ。

これら恐るべき人々は、いまだなお人間にすら成ってないのである。(6) かかる人々は生よりの背反を説教し、みずからも生命から立ち去れよ！

霊魂の結核患者がいる。(7) かれらは生れるや否《いな》や、はや死にはじめる。そして、疲労と諦念《ていねん》との教義にあくがれる。

かれらは死にたがっている。かれらのこの意志を賞讃《しょうさん》してやろうではないか。これらの死人を呼び醒《さ》ますな！ この生きた柩《ひつぎ》を毀損《きそん》するな！

かれらは病める者、老耄《ろうもう》の人、または死骸《しがい》に行き会えば、ただちにいう、——「かく生命は否定されている！」と。

しかし、まことは只《ただ》かれらのみが否定されているのだ。また、存在に対してただ一つの視点のみしか持たぬ、(8) かれらの眼が否定されているのだ。

かれらは濃い憂鬱《ゆううつ》につつまれている。そして死を齎《もた》らすべき小偶然事を熱望している。かれらは待っている。切歯《せっし》して待っている。

かれらは、あるいはまた、菓子などに手を延してみる。かくしながら、おのれの子

供っぽさを自嘲《じちょう》する。生命の藁《わら》にしがみつきながら、なおおのれが藁にしがみついていることを自嘲する。(9)

かれらの智慧《ちえ》はかく言う。「生き永らうる者は痴人である。さればわれらも、かく生き永らえる痴人である！　之《これ》ぞ人生に於ける最大の痴愚である！」

「生命はただ苦艱《くかん》である。」——ある者はかく言い、かく言うことによって欺《あざむ》かぬ。しからば、なんじらはまず自ら終熄《しゅうそく》すべく、意を用いたら如何《いかが》であるのか！　そのただ苦艱のみである生命をして終熄せしむべく、意を用いたら如何であるのか！(10)

この故《ゆえ》に、なんじらの道徳律はかくあるべきだ、——「自殺せよ！　かなたに忍び去れ！」と。

「肉欲は罪悪である。」——死を説教するある者はかく言う。「われら之を避けて、子を生むをやめよう！」(11)

「子を産むは煩《わずら》わしい。」——と他の者はいう、「何のためになお産むのであるか？　生まれる者はただ不幸にすぎぬではないか！」——かく説く者も、また死の説教者である。

「同情してやらねばならぬ、」——とまた他の者はいう。「わが所有するものを持ち去れ！　われがわれたる所以《ゆえん》をも持ち去れ！　かくすれば、われは人生によって束縛さるること、いよよ少くてすむ！[12]」

もしこれらの人々が衷心よりの同情者であるならば、かれらはかれらの隣人に、その生をより厭悪《えんお》すべきものと為《な》す筈ではないか。悪意あること、――之がかれらの真の慈悲である筈ではないか。[13]

かれらみずからは生命より離れ去ろうと冀《ねが》っている。しかるに、他人を鎖と贈物とを以て、よりきびしく生に縛りつけておこうとするのは、いかなる訳であるのか！

――

またなんじら、人生をもって荒々しい労働および不安となす者よ。――なんじらも甚だしく生命に倦《う》んでいるのではないのか？[14]　なんじらの耳も死の説教を聞くべく、甚だしく熟しているのではないのか？

荒々しい労働を愛し、かつ速いもの、目新らしいもの、珍奇なものを追うなんじらよ。――なんじらはすべてよく忍耐する力が足りないのだ。なんじらの勤勉は逃避である。[15]自己を忘却しようとする意志である。

もしなんじらにしてより多く生命を信じたらんには、なんじらはより少く瞬間に身を委《ゆだ》ねるであろう。しかるに、なんじらは豊かなる内容を持っていないが故に、待つことをなしえない。――また、怠惰ですらありえない！

死の説教者の声はいたるところに聞えている。また大地は、死を説教せらるべき徒輩によって充ちている。

「死」か、――あるいは「永生」か。われにとって、かかる事はどうでもよいのだ。――われはただ、かれらに早く立ち去って貰《もら》いたいのだ！――

ツァラトストラはかく語った。

(1)さまざまの厭世《えんせい》主義について。
(2)死の救済解脱《げだつ》を説く厭世主義者。
(3)生活意力なきデカダンスの人間をば、かの厭世主義者たちが彼岸の永生という如《ごと》き迷妄を以《もっ》て誘い出して、この大地から死滅せしむるのは、毒を以て毒を制すであって、かえってよいことである。
(4)従来は厭世主義者とは胆汁質の陰鬱《いんうつ》なものと考えられていた。しかし、厭世主義者のもっと悪質な他の型もあることを次に示す。
(5)前出の「蒼白《あおじろ》き犯罪者」の如くに、病的本能を蔵して、これに身を委《ゆだ》ねるか、あるいはこれとの闘争に於《お》て滅ぶるか、の他しかない。八五頁《ページ》二行以下を見よ。
(6)病的存在であって、独立した人格でない。
(7)また別の厭世主義者がいる。それは生来の生命力耗弱者《こうじゃくしゃ》である。
(8)生命に対して、かれらはただ否定的な観点しか持っていない。
(9)小さな慰安に耽《ふけ》ったり、何らかの拠所《よりどころ》を求めたりはするが、それにも強烈な意欲があるのではない。いたずらに自嘲《じちょう》あるのみである。

(10)厭世主義は論理的に矛盾している。もしこの生命を悪として厭《いと》うならば、自ら生命を絶つのが最上の帰結の筈《はず》である。
(11)ある種の厭世主義者は子孫に苦を残さざらんがために、禁欲を説く。
(12)またある種の厭世主義者は同じく苦しむ隣人への同情を教える。他人に慈悲を施して、己を空《むな》しくし、自己の所有を減じて、以て人生への執着を無くしようとする。
(13)かかる隣人への同情を説く厭世主義もまた論理的に矛盾である。人にしてもし真の厭世主義を奉ずるならば、隣人をもこの人生から逃れやすくしてやるべき筈ではないか。隣人にはむしろ峻酷《しゅんこく》な態度を以て対して、その生をより厭わしきものにしてやるべき筈である。
(14)またある種の厭世主義者は人生を以て不安不満の連続となし、働くことによってこの不安より逃避しようとする。
(15)目新らしいものを追いかけて、つねに自分を忙がしくしておくのは、おそろしい人生の現実に直面するのを避けるためである。

戦争と戦士(1)

われらの最大の敵からも、またわれらが心より愛する友からも、われらは宥恕《ゆうじょ》せらるることを願わぬ。(2)ここに、われをしてなんじらに真理を語らしめよ!

わが戦いの同胞よ！　われはなんじらを心より愛する。われはなんじらと等しき者であり、あった。また、われはなんじらの最大の敵である。(3) ここに、われをしてなんじらに真理を語らしめよ！

なんじらの心中の憎悪《ぞうお》と嫉妬《しっと》とを、われは看破している。なんじらはいまだ、憎悪と嫉妬とを知らないほどに、偉大ではない。この故《ゆえ》に、せめては憎悪と嫉妬とを慙《は》じざるほどには、偉大であれよ！(4)

よしなんじらが認識の聖者たりえずとするも、せめては認識の戦士たれ。戦士こそは、かかる聖なる者の伴侶《はんりょ》であり先駆者である。

われは多くの軍卒を見る。だが、われは多くの戦士を見たい！　かれらは一律に制服に身を固めている。われは切望する、――その制服に固められたものが、一律の精神でないことを！(5)

なんじらは、その眼をもって、つねに敵を――なんじら自身の敵を探求しつつある者の如《ごと》くにあれよ。(6) なんじらの中の或者《あるもの》は、一瞥《いちべつ》してただちに憎悪を抱く。

なんじらの敵を求めよ。なんじらの戦いを戦え。なんじらの思想の為《ため》に――！　よしなんじらの思想が敗北することあるも、思想のためのなんじらの誠実をして凱歌《がいか》を叫ばしめよ！

なんじらは、新らしき戦いへの手段として、平和を愛せよ。長き平和よりはむしろ短き平和を愛せよ。

われはなんじらを営々たる労働へと勧めぬ、闘争へと勧める。われはなんじらを平和へと勧めぬ、勝利へと勧める。なんじらの労働をして闘争たらしめよ！　なんじらの平和をして勝利たらしめよ！

ただ箭《や》と弓を手にするときのみ、人は黙して坐《ざ》しうる。(7)　しからずんば、饒舌《じょうぜつ》し口論する。なんじらの平和をして勝利たらしめよ！

なんじらはいう、――よき理由は戦争をすら神聖ならしむる、と。しかし、われはいう、――よき戦争はいかなる理由をも神聖ならしむる、と。(8)

戦争と勇気とは、隣人の愛よりも大事業を成就《じょうじゅ》してきた。従来、災厄に陥った者を救い出したものは、なんじらの同情にはあらず、なんじらの果敢であった。

なんじらは問う、「善とは何であるか？」と。善とは勇敢なることである。――少女らこそ言うではあろう、――「善とは優しく涙を催おさしむることである。」と。人なんじらを無情と呼ばば呼べ。なんじらの心情は純粋である。われはなんじらの純情の含羞《がんしゅう》を愛する。なんじらは自らの心が満潮に溢《あふ》れたるを恥じる。さるを、他の者は干潮に乾きたるを恥じる。(9)

なんじらは醜いと呼ばれることがあるのか？　それもよし、同胞よ！　しからば、威厳、すなわちかの醜悪の外套《がいとう》を身に纏《まと》えよ！

なんじらの霊魂が成長するとき、そは驕慢《きょうまん》に至りやすい。なんじらの威厳のうちには悪心が潜んでいる(10)。われはなんじらを知る。

悪心に於て、驕慢なる者と弱者とは相会する。さあれ、相解せぬ(11)。われはなんじらを知る。

なんじら敵を持たば、ただ憎むべき敵を持つべく、侮《あなど》るべき敵を持つべからず。なんじらは己の敵についても誇るところあるべきだ。しかるとき、なんじらの敵の成功は、すなわちなんじらの成功である。

反抗、――之は奴隷《どれい》の高貴に他ならぬ。なんじらの高貴は服従であれ！　なんじらの命令ですら服従であれ(12)！

よき戦士にとっては、「なんじ当《まさ》に為《な》すべし」は、「われ為さんと欲す」より快く耳に響く。しかして、なんじらに快き一切の事を、なんじらはまずなんじらに命令せしむべきだ(13)。

なんじらの生への愛が、なんじらの最高の希望への愛であれよ。しかして、なんじらの最高の希望とは、生についての最高の思想であれよ！

しかも、この最高の思想を、われはなんじらに命令する！　曰《いわ》く、――人間は克服せらるべき或物である！[14]

かくの如くに、なんじらの従順と戦闘との生を生きよ！　長き生なにするものぞ！　戦士なる身の、なにしに宥恕せらるることを願おうぞ！

われはなんじらを宥恕せぬ。われはなんじらを心から愛する。わが戦いの同胞よ！

――

ツァラトストラはかく語った。

(1)(主として精神的道徳的な)戦いについて。
(2)宥恕《ゆうじょ》せらるるとは、人格的尊敬を払われざる所以《ゆえん》である故《ゆえ》に。
(3)友であることは、相互いに独立した人格として対し、相責め相争うことでもある。
(4)なんじら戦う者の心中には、なお狭い個人的な激情がある。なんじらの段階に於《お》いては、戦うためには之《これ》もやむをえない。ただ、之を純粋なものたらしめよ。
(5)真に精神的な戦いを戦う者は、組織の一員となった制服化された器械的な人間ではない。
(6)真に敵たるの価値ある者を発見すべく、努力せよ。
(7)戦闘の用意ある者のみが毅然《きぜん》たる態度をとりうる。
(8)多く論議されるように、これらの言葉が純粋に精神的領域に於ける闘争に関してのみ言われたのか、あるいは現実の戦争に関して言われたのか、にわかに決め難い。いずれにしても、この戦いのための戦い、新鮮なよろこばしい戦闘的勇気を正義以上の至上の位置におくという傾向は、古代以来ゲルマン人の性格であり、また現代に及ぼしたニーチェの影響のおそるべく破壊的な半面であることは、（ニーチェ自身の主張は高貴な意義のものであるとするも）現実の事実として否定できない。

(9)強者と雖《いえども》、かならずしも無情ではない。ただあたたかい感情を示すのを羞《は》じるのだ。（二〇三頁《ページ》一〇行をみよ。）凡庸の道徳の人々はその心情の涸渇《こかつ》をかくすために、喋々《ちょうちょう》するのだ。

(10)強者の陥りやすい危険は僭上《せんしょう》であり、破壊である。

(11)弱者も、嫉妬心《しっとしん》よりして破壊を好む。（二三二頁九行以下をみよ。）しかしこの強者と弱者との一致は、動機に於て異っている。

(12)高い使命、すなわち人類の向上という理想のための服従であれ。

(13)五三頁六行以下と比較せよ。

(14)一九頁一行をみよ。

新らしき偶像[1]

いまだなお民衆と畜群との存するところがあるであろう。さあれ、われらが住むところにははや存しない、同胞よ。ここには国家が存在する。[2]

国家——？　国家とは何ぞ？　いざわが言うをきけ。いま、われは民衆の死について、わが言葉を語ろう。

国家とは、一切の怪物の中の最も冷かなるものの謂《いい》である。国家は冷かに偽る。かかる虚偽はその口より洩《も》る、——曰《いわ》く、「われ、国家は、すなわち民衆である。」と。

之《これ》（3）ぞ虚偽である！　かつて民衆を造り、之に信仰と愛とを懸けた者は、創造者であった。かくのごとくして、かれらは生命に奉仕した。

多数の人間に対して陥穽《かんせい》を設け、この陥穽を国家と呼称する者は、絶滅者である。かれらはかれらの頭上に、一振《ひとふり》の白刃《はくじん》と百の欲望とを吊下《つりさ》げる。

なお民衆が存在するところでは、民衆は国家を理解せぬ。そうして、国家をば邪悪なる眼尖《まなざし》（4）として、また習俗と律法とに対する汚瀆《おとく》として、憎悪《ぞうお》する。

民衆を識別するための一つの標識を、われはなんじ（5）に教えよう。すなわち、——あらゆる民衆は善と悪とについて自らの言葉を語る。隣の民衆は之を理解しえない。習俗に於《お》て、律法に於て、民衆は独自の国語を見いだす。

しかるに、国家は善と悪とのありとあらゆる舌をもて偽る。いやしくも語るとき、彼は偽り、——いやしくも持つとき、彼は盗む。

国家に於ける一切は虚偽である。彼は噛《か》むことを好むが故《ゆえ》に、盗んだ歯をもって噛む。彼の腸《はらわた》すら贋物《にせもの》である。

善と悪とについての言葉の混乱、——国家の標識として、われはなんじに之を教える。まことに、この標識は死への意志をあらわす！　まことに、この標識は死の説教者を手招きする！

過剰なる人間の群は生じた。かくて、かかる無用の人間共のために、国家は案出された(6)！

みよ、いかに国家がかの過剰なる人間の群を誘惑するかを！　いかに国家がかかる人間を呑噬《どんぜい》し、咀嚼《そしやく》し、反芻《はんすう》するかを！

「われより強大なるものは地上に存在せぬ。われは神の統治の指である。」——かくこの怪獣は咆哮《ほうこう》する。しかして、之に跪坐《きざ》する者、ただに耳長く眼近き愚鈍蒙昧《もうまい》の徒には止らぬ！

ああ、なんじら偉大なる霊魂たちよ、国家はなんじらの心中にも、その陰惨なる虚偽を囁《ささや》く！　ああ、よろこんで自らを浪費する複雑なる思想の持主らよ、国家はなんじらの心中をも見抜いている(7)！

そうだ、なんじら古き神の征服者らよ、国家はなんじらの心中をも看破している！

なんじらは争闘に疲れてしまった。いまや、なんじらの疲労は新らしき偶像に奉仕する(8)！

この新らしき偶像は、勇敢にして光栄ある者を、自己の周囲に整列せしめんと欲する。彼は安らかなる良心の日光に浴するのが好きなのだ。(9)——この冷たい怪獣が！

もしなんじらが彼を礼拝さえするならば、この新らしき偶像はなんじらに一切を与えるであろう。かくして彼は、なんじらの道徳の輝きと、なんじらの誇ある眼の光とを購《あがな》う。

なんじらを餌《えさ》にして、彼は過剰なる人間の群を誘《お》びきよせようと思っているのだ！まことに、一つの地獄の手品(10)が考え出されたのだ。神々《こうごう》しい栄光をきらびやかに鳴らし行く、一匹の死の馬が考え出されたのだ！

そうだ、多数の人間にとって、死ぬることが考え出されたのだ。そうして、それがみずからを生と称して自讃《じさん》するのだ。まことに、之こそ、あらゆる死の説教者に対する心からなる奉仕である！

よき人も悪《あ》しき人も、すべてが毒盃《どくはい》を仰ぐ所、之すなわち国家である。よき人も悪しき人も、すべてが自らを喪失する所、之すなわち国家である。あらゆる人間の緩慢なる自殺が——「生活」とよばれる所、之すなわち国家である。

見よ、これらの無用なる人間共を！　かれらは発明者の作品と賢人の財宝(11)とを盗みながら、その盗品を教養と呼んでいる。かくして、かれらに於ては、一切が病いとなり煩《わずら》いとなる！

見よ、これらの無用なる人間共を！　かれらはつねに病んでいる。かれらはその胆汁を吐瀉《としゃ》する。之いわゆる新聞である。かれらは互に啖《くら》いあっている。しかも、消化することができない[12]。

見よ、これら無用なる人間共を！　かれらは富を追求し、このためにますます貧に堕する。かれらは権力を念願し、まず権力の鉄梃《てってい》なる金銭を念願する。――この無力なる者共が！

見よ、これらの敏捷《びんしょう》なる猿どもが攀《よ》じ登るさまを！　かれらは我先に他を超えて登り、ついに泥濘《でいねい》と奈落《ならく》へとずり落ちる。

猿どもはすべて王座へと目ざしてゆく。之かれらの瘋癲《ふうてん》である。――かれらは王座の上に幸福があると思っている！　しかし、王座の上にはしばしば泥が載っている。
――また、王座もしばしば泥の上に載っている。

われにとっては、かれらはすべて瘋癲病人であり、攀じ登る猿であり、逆上者である。かれらの偶像、冷たき怪獣、――またこれら偶像に奉仕する者は、すべて、われにとっては悪臭を放つものだ。

同胞よ、なんじらはかれらの腭《あぎと》と貪婪《どんらん》の毒気の中に窒息せんとするのであるか？むしろ、窓を破って、大気の中に跳《おど》り出《い》でよ！

悪臭を避けよ！　無用なる人間の群の偶像奉仕より立ち去れよ！

悪臭を避けよ！　これらの人身御供《ひとみごくう》より立ち騰《のぼ》る毒気より立ち去れよ！

大いなる魂のためには、大地はいまなお塞《ふさ》がれてはいない。孤《ひと》りなる者、また二人なる者(13)のためには、いまだ多くの席が空いている。この席を繞《めぐ》って、静かなる海の香が漂っている。

大いなる魂のためには、自由なる生活はなお開かれてある。まことに、所有することと尠《すくな》き者は、所有せられることも尠い。いささかの貧(14)は褒むべきかな。

国家が終るところに、人間は始まる。かかる人間こそ、過剰なる者の群に属せざる者である。ここにこそ、必然なる人間の歌は歌いいずる。ただ一回にして、他を以《もっ》てしては代え難き、かの歌は歌いいずる(15)。

国家が終るところに――。同胞よ、なんじらの眼をかしこへ向けよ！　なんじらには見えないか、かの虹《にじ》が？――かの超人への橋が？――

ツァラトストラはかく語った。

（1）国家について。
（2）自然に発達した民衆は近代の国家組織のために蹂躙《じゅうりん》せられ滅ぼされた。――この章では、自然発生の民族的民衆は讃美《さんび》され、近代社会の産物たる愚衆が貶《おとし》められている。
（3）建国の立法者、予言者たち。四五頁《ページ》一〇行をみよ。
（4）三一六頁一四行をみよ。
（5）自然発生の各民族はそれぞれ独自のエトスとロゴスを持っている。
（6）かかる政治組織の支配するところ、独立の人格を有さぬ愚衆を生むばかりである。
（7）偉大なる思想家たちすら曲学阿世《あせい》の態度に出て、持ってまわった難解な論理を以《もっ》て、之《これ》を是認する。
（8）近代の思想家たちは宗教を否定したが、国家には屈服する。
（9）非道義国家は疾《やま》しい良心を持っているので、選良を集めて、自己の行為を是認する論理を発表せしめ、自己の弁護をはかる。
（10）装飾を施されて、屍《しかばね》を墓へ運ぶ馬。二四一頁九行をみよ。
（11）過去の民衆を創造した人々の文化的遺産。
（12）近代の社会の病患が新聞となって現われる。何もかも摂取しながら、何一つ消化せず、文化を産みだすことができない。
（13）Zweisame. 社会と隔絶しながら、二人で相許して生きる人々。なお、四七頁一行を見よ。
（14）煩《わずら》わさるることなき小さき財産。
（15）必然的な貴重な文化的創造。

市場の蠅《はえ》(1)

わが友よ、なんじ孤独の中に竄《のが》れ入れよ！　われは見る、なんじが権力者たちの喧《けん》騒《そう》によって聾《みみし》い、小人共の螫《はり》によって刺されているのを。

森と岩とは、なんじと共に、いかめしく沈黙するを知る。なんじが愛するかの枝濶《ひろ》き樹《き》と同じくあれよ。樹は、静かに耳傾けて、海の上に懸っている。

孤独の終るところに、市場は始る。(2)市場が始るところに、大いなる俳優の喧々《けんけん》と毒ある蒼蠅《あおばえ》の囂々《ごうごう》とは始る。(3)

世界にあっては、最美の事物と雖《いえども》、之《これ》を演出する一人なくしては用をなさぬ。この演出者を民衆は偉人と呼ぶ。

真の偉大さとは創造力である。(4)しかるに、民衆はかかる偉大さを理解する力を持たぬ。ただ、すべての大事件の演出者と俳優に対しては感覚を持っている。(5)

世界は新らしい価値の創造者をめぐって、目に見えずして運行する。されど、民衆と名声とは俳優をめぐって運行する。「世界の動向」と呼ばれるもの、すなわち之である。

俳優は機智《きち》を持っている。されど、精神の良心は持っていない。彼がつねに信ずるのは、それを以《もっ》てもっとも強く他人を信ぜしめうるところのものである。——自己を他人に信ぜしめうるところのものである！

明日、彼はあたらしき信仰を持つ。明後日、彼はよりあたらしき信仰を持つ(6)。彼もまた、民衆にひとしく、いらだたしい感覚と移ろい易《やす》い感受性とを持っている。

顚覆《てんぷく》する、——之、彼にとって証明するということである。痴愚たらしむる、——之、彼にとって確信せしむるということである(7)。しかして、彼にとって、一切の論拠のうちの至上のものは血である。

ただ聡《さと》き耳にのみ入る真理を、彼は名づけて虚偽といい、虚無と呼ぶ。まことに、彼が信ずる神々とは、この世界にはなはだしい喧騒をなすものだ！

市場はかかる荘厳なる道化役者をもって充《み》たされている。しかも、民衆はかかる権力者たちを誇るのである。——かくの如《ごと》きが、民衆のその時その時の支配者である！

さあれ、やがて時は来《きた》って、かかる支配者たちを追迫するであろう。かくて、支配者たちはなんじを追迫するであろう(8)。かれらはなんじからも否《いな》か応かを要求するであろう。——傷《いた》まし！　なんじは賛成と反対との中間に、なんじの椅子《いす》を置こうとするのであるか(9)？

なんじ真理を愛する者よ、かかる絶対の権力を以て追迫しきたる者を嫉視《しっし》するなかれ！　いまだ真理が一人の絶対者の腕に倚《よ》ったことはない(10)。

かかる突如として出現する者を避けて、なんじの安全の中にかえれよ。ただ市場に於《おい》てのみ、人はなんじに、――否か？　応か？　をもって迫りきたる。

すべての深い泉の体験はゆるやかに噴きいずる。泉はながく待って、はじめて、その底に何が落ちたかを知る(11)。

一切の偉大なるものは市場を去って、名声に背く。古来、新らしき価値の創造者は、市場と名声とより離れて住んだ。

遁《のが》れよ、わが友、なんじの孤独の中に！　われはなんじが毒ある蠅に刺されているのを見る。――いざかなたへ、荒々しい強い風の吹くところへ(12)、遁れゆけよ！

遁れよ、なんじの孤独のうちへ！　小人供、また憫然《びんぜん》たる者たちに、なんじはあまりにも近く住んでいる。かれらの目に見えぬ復讐《ふくしゅう》より遁れゆけよ！　なんじに対して、かれらは復讐以外の何物でもない。

もはやかれらに対して腕を挙ぐるをやめよ！　かれらの数は無限である。なんじの使命は、蠅叩《はえたた》きとなることにあるのではない(13)。

これら小人共、また憫然たる者たちの数は無限である。あわれ、壮麗なる宮殿が雨

露と雑草とによって朽廃に帰したためしも少なからず。(14)

なんじは石ではない。しかるに、はやすでに多くの水滴のために空洞となっている。この多くの水滴のために、ついには粉砕されるであろう。

われは見る、なんじが毒ある蒼蠅のために疲れているのを。また、なんじが百の裂傷を受けて血流れているのを。しかも、なんじの矜持《きょうじ》は之に対して怒ることすら欲しない。

かれらは、そのおそるべき無邪気さのうちに、なんじから血を吸わんとしている。――かれらの血の気なき霊魂は血に渇《かつ》えている。――この故《ゆえ》に、かれらはそのおそるべき無邪気さのうちに、螫《はり》をもてつき刺す。

なんじ、深刻なる者よ、なんじは小さき傷によっても深く悩む人である。(15) しかも、なんじが未《いま》だ癒《い》えぬうちに、同じ毒ある蛆虫《うじむし》はなんじの手の上を這《は》いまわる。

これら偸《ぬす》み食いする者を打ち殺すべく、なんじはあまりにも矜持を持っている。されば、なんじ心せよ、――かれらの一切の毒ある不正を忍ぶ事を以て、なんじの宿命となすなかれ!

かれらはまた、時には、賞讃を以てなんじの周囲に蝟集《いしゅう》する。かれらの賞讃《しょうさん》は一種のでしゃばりである。かれらは、之によって、なんじの皮膚と血液とに近よらんとするのだ。(16)

かれらは神へのごとく、また悪魔へのごとく、なんじに阿諛《あゆ》する。かれらは神の前に於けるごとく、また悪魔の前に於けるごとく、なんじの前に哀泣する。咄《とつ》――！依然、かれらは阿諛者であり、哀泣者である。それ以外の何者でもない。――かく現時にかれらは、人に愛せらるべき姿を借りて、なんじの前に出現する。――かく現わるるは、つねに臆病《おくびょう》なる人間の悧巧《りこう》さである。まことに、臆病なる人間の悧巧なることよ！

かれらはかれらの狭き魂を以て、なんじについて多くのことを考える。――かれらにとって、なんじはつねに疑惑の対象なのだ！　多く考えられるものは、すべて疑惑の対象となる。(17)

かれらは、なんじのすべての道徳の故に、なんじを責める。かれらが心からなんじを赦《ゆる》すのは、――ただなんじの過失のみである。

なんじは柔和にして心義《ただ》しき人である故に、言う、――「かれらの小さき存在について、かれら自身には罪過は無い。」と。しかるに、かれらの狭い魂は考える。――「一切の偉大なる存在は罪過である。」と。

なんじがかれらに対して柔和であるときも、かれらは、なんじによって侮蔑《ぶべつ》されている、と感じる。そうして、なんじの恩恵に報いるに、かくれたる加害を以てする。(18)

なんじが無言のままに誇り高くあることは、つねにかれらの趣好を毀《そこ》ねるのである。むしろ、なんじが一度みずからを卑《いやし》くして虚栄の風を示すとき、かれらは狂喜する。

われらは、ある一人の人間に於て認識するところのものを、この人間に点火し、焔《ほむら》立たす。(19) されば、小さき人物に心せよ！ ——

小人輩は、なんじの前に出て、みずからを卑小に感ずる。ここに、かれらの卑劣は、目に見えぬ復讐となって燃え上る。

気がついたことはなかったか？ ——なんじがかれらの方に歩み寄った時、かれらはしばしば口を緘《かん》したではないか。しかして、消ゆる火より煙の去るごとく、かれらより力が去ったではないか？(20)

まことに、わが友よ、なんじは、なんじの隣人にとっては、良心の苛責《かしゃく》である。何故なれば、かれらはなんじに価《あたい》していないからである。この故に、かれらはなんじを憎悪《ぞうお》し、なんじの血を吸おうと欲する。

なんじの隣人たちは永遠に毒ある蒼蠅であるであろう。なんじが偉大である所以《ゆえん》のもの、——之ぞ、まさにかれらをいよよ毒あらしめ、蠅の属たらしめずにはおかぬものだ。

遁れよ、わが友、なんじの孤独の中に！ かなたへ、荒々しい強い大気の吹くところへ、遁れゆけよ！　なんじの使命は蠅叩きとなることにあるのではない。——

ツァラトストラはかく語った。

(1)前章は孤独な生活の讃美《さんび》をもって終っているが、この章も、真の価値を産みだすべき静寂をすすめ、公共社会にはびこる権力者と愚衆とを批判する。
(2)公共社会。
(3)俳優——社会の表面に踊る流行的有名人。蒼蠅《あおばえ》——愚衆。
(4)真に偉大なのは、社会に知られざる、孤独なる、新らしき道徳価値の創造者である。四五頁《ページ》一〇行をみよ。
(5)三一〇頁九行、三四九頁一一行をみよ。
(6)流行的権力者はつねにその主張を変更する。
(7)流行的権力者は自己の主張を強要するためには、つねに相手を陥《おとしい》れて覆《くつが》えす。また、民衆にあるイデオロギーを持たせるためには、之《これ》を煽動《せんどう》してファナチックな狂信を吹きこむ。
(8)逼迫《ひっぱく》する情勢を切り抜けんがために、権力者らがすべての人間から思想的自由を奪わんとする時が来る。
(9)なんじは思想的インクィジションを課せられるであろう。そのとき、なんじは如何《いか》なる態度にでんとするのか？
(10)かかる専制的な権力者を羨《うらや》みおそるるには及ばない。かかる意味の真理の支配者が永続きしたためしはない。

(11)深刻な思想は孤独の中に徐々に成熟する。
(12)清浄な海のほとり。一一五頁六～七行、一一七頁七行を見よ。――以下、煩《わずら》わしき小人物を描写する。
(13)小人物を相手にむなしく疲労の生涯を了《おわ》るべきではない。
(14)天才的な人間が無意義な争いのために空《むな》しく朽ちた例も多い。
(15)なんじは敏感である故《ゆえ》に。
(16)なんじの内心の領域に立ち入らんとする。
(17)多くの問題を蔵する人間をば、すべて反社会的な存在であると疑う。一四五頁三行をみよ。
(18)二〇四頁一四行をみよ。
(19)われらは、相手の人物の性格の中の自分が理解する点を、交際しているうちにますます牽《ひ》きだし助長するものである――故に、小人共はわれらの前に出ると、いよいよ自己の卑小を暴露する。
(20)一四二頁三行をみよ。

純　潔(1)

われは森を愛する。都会は住むに堪えない。淫蕩《いんとう》なる者、ここには多きにすぎる。
淫蕩なる女の夢の中に陥るよりは、むしろ、殺人者の手に陥る方がましではないか？

これらの男共を見よ。かれらの眼はいう、――われら地上に女の傍に臥《が》するよりよきことを知らず、と。

かれらの魂の底には泥土がある。しかも、災いなるかな、かれらの泥土はなお精神を持つことがある！(2)

かれらにして、せめて獣として完全であるならば――！　さあれ、獣たらんが為《ため》には無垢《むく》であらねばならぬ。

われいかになんじらに官能を殺すことを勧めようぞ？　われなんじらに官能の浄化をこそ教う。

われなんじらに純潔を勧めんとや？――純潔は、ある人々にあっては道徳である。さあれ、多くの人々にあってほとんど悪徳である。(3)

もとより、かかる人々も禁欲する。されど、かれらの行為の一切の蔭《かげ》から、肉欲の牝犬《めすいぬ》が嫉妬《しっと》の眼をもって覗《のぞ》いている。

かれらの道徳の頂上へも、また冷たき精神の底へも、この獣とその不満足とは、かれらを追って跟《つ》いてゆく。

肉欲の牝犬は、一片の肉が与えられざる時、たくみに一片の精神を乞《こ》う。(4)

なんじらは悲劇を愛するのか？　また、すべて断腸の思いあらしむるものを愛するのか？　――しかし、疑うらくは、その蔭からなんじらの牝犬が覗いてはいないか(5)――。

なんじらはあまりにも残忍な眼附をしている。しかも、苦悩する人々を淫《みだ》りがましくうち眺める。之《これ》はたして、なんじらの淫欲が、同情と呼ばるるところのものに変化したのではないといえるか？

さらに、かかる比喩《ひゆ》をもわれはなんじらに与えよう。――悪魔を放逐せんと欲した人々のうちの尠《すく》なからぬ数は、ついには、みずからも豚の群に奔《はし》ったのである(6)。純潔の難き者には、純潔を棄《す》てしめよ。之によって、純潔が地獄への路《みち》と化さざらんがために。――霊魂の泥土と淫慾《いんよく》との路に化さざらんがために。

われかく言えばとて、われは汚穢《おわい》を語っているのであるか？　さもあらばあれ、汚穢を語るは、われにとって最悪ではない。

認識者が真理の水に入るのを厭《いと》うのは、その水が汚穢な時にではない。浅薄な時にである(7)。

まことに、真髄より純潔な人々がいる。かれらはなんじらより柔和な心を持っている。かれらはなんじらよりより楽しく、より豊かに笑う。

かれらは純潔をも笑う。そうしてかく問う。――「純潔とは何であるか(8)！

純潔は痴愚かもしれぬではないか？　さあれ、この痴愚はわれに訪《おとな》い来《きた》ったものである。われから赴いたものではない。(9)

この客にわれらは宿を貸し、心を献《ささ》げた。いま純潔はわれらの許《もと》に住んでいる。

――望むがままに長く滞留せしめよ！」


ツァラトストラはかく語った。

(1)ツァラトストラは純潔を愛し、官能の浄化を教える。しかし、禁欲を強要するのではない。
(2)かれらの汚れた欲望は、理智《りち》を使用して、さらに享楽《きょうらく》の増進をはかる。
(3)すべての弱き者に純潔を強要すべきではない。性格弱き者が禁欲を強制されると、その行為、思考のすべての中に、抑圧せられた欲望が混交して、かえって醜悪である。
(4)かれらの一見精神的な行為も、実は遂げられざる欲情の変形である。二八七頁《ページ》一五行をみよ。
(5)悲痛な感情的なものを好むのも、やはり阻《はば》まれた情欲の変形である。
(6)聖者たらんとして禁欲の苦行をした者で、かえって堕落した例も多い。
(7)もしそれが真実であるときには、醜悪をも語らねばならぬ。ただ浅薄であってはならぬ。五二頁一二行をみよ。
(8)純潔とは何ぞや、を問題として、道徳的強制を以《もっ》て自己に課しているのではない。七八頁三行を見よ。
(9)純潔はわが生得の必然的欲求であって、性を歪《ま》げて獲得したものではない。

友(1)

「わが周囲にはつねになお一人の人間が存在する。」——かく孤《ひと》り生きる者は考える。「つねに一に一を乗ずるとき、——ついには二となる(2)——!」

「われは」と「われを」とは不断に熱心に相語っている。なおここにさらに一人の友が在るにあらずんば、ほとんど堪えるに難い(3)。

孤り生きる者にとっては、友はつねに第三者である。この第三者こそは、二個の「われ」の対話が海底に沈むを防ぐべき、キルクである(4)。

ああ、すべて孤り生きる者にとっては、海底が深きに過ぎる。この故《ゆえ》に、かれらは友に憧《あこが》れ、また高く浮き上らんと冀《ねが》う。

われらが他人に対する信仰は、われらがわれら自らについて信仰せんと欲するところのものを、ひそやかに告げる(5)。ある友に対するわれらの憧憬《しょうけい》は、われらの内心を打明ける。

友への愛を以《もっ》て、友への嫉妬《しっと》を超えんとすることもしばしばである。また、自らの攻撃せられうべき弱点を蔽《おお》うために、すすんで攻撃し、敵を作ることもしばしばである。(6)

「すくなくともわが敵であれよ！」(7)――友情を得んとして、之《これ》を懇願することを肯《がえ》んぜざる、真の畏敬《いけい》はかく言う。

真の友を持たんと欲すれば、その友の為《ため》に戦うことをも欲さねばならぬ。しかして、戦いうるためには、人の敵ともなりえねばならぬ。

人は、友のうちにもなお敵を敬わねばならぬ。なんじ、彼に改宗することなくして、果してよくなんじの友に親炙《しんしゃ》しうるのであるか？(8)

人は自己の友のうちに最上の敵を有せねばならぬ。なんじ友に反抗するとき、彼にもっとも心近き者であれよ！

友の前に衣裳《いしょう》を着《つ》くるを欲しない、というのか？ なんじが赤裸々のままを友に与うるを以て、彼の名誉とすべきであるというのか？ ――さあれ、しかする時、友はなんじを悪魔へと呪《のろ》うであろう！(9)

自らを少しも蔽わないものは、他を憤激せしむる。なんじらが裸形を恐るるには、まことに故あるかな！ もしなんじらが神々にてありもせば、みずからが衣裳まとえるを慙《は》じえたらんも(10)！

なんじはなんじの友の為には、いかにみずからを扮飾《ふんしょく》せりとて足りることはない。いかんとなれば、なんじは彼にとって超人への箭《や》であり、憧憬であるべきが故に(11)。

なんじはなんじの友が眠っているのを見たことがあるか？　そのときの彼の俤《おもかげ》を見たことがあるか？　――かかるとき以外の、なんじの友の顔はそも何であるか？　そは、粗末な歪《ゆが》んだ鏡に映った、なんじ自身の顔に他ならぬ(12)。

なんじはなんじの友が眠っているのを見たことはないか？　――そのときの彼の俤を見て驚愕《きょうがく》しはしなかったか？　おお、わが友よ、人間は克服せらるべき或物《あるもの》である(13)。

友たる者は諒察《りょうさつ》と沈黙に於て巧みであらねばならぬ。一切を見んと欲してはならぬ。なんじの友が醒《さ》めて行うところのものを、なんじの夢がひそやかに告げるべきだ(14)。

なんじの同情はよき諒察たれ。まず、なんじの友が同情を求むるか否《いな》かを知れ。彼は、あるいはなんじから不屈の瞳《ひとみ》と永遠の眼尖《まなざし》とを期待し、かつ愛するかもしれぬではないか(15)。

友への同情を堅い殻の下に隠せ。かくて、なんじの一枚の歯を噛《か》み折れ。かくてこそ、なんじの同情はこまやかな甘美の味を含むに至るであろう(16)。

なんじはなんじの友に対し純粋の大気であるか。孤独であるか。麺麭《パン》であるか。はしかも、世に多くの者はみずからの鎖を解き放つあたわずして、なおその友にとっては解放者である。[18] しからば、なんじは友たり得ぬ。暴君であるのか？　しからば、なんじは友を持ちえぬ。

女性のうちに奴隷と暴君との潜むこと、あまりにも久しかった。この故に、女性はいまだ友情を結ぶ能力がない。女性の知るはただ愛情のみである。

女性の愛情のうちには、彼女が愛しない一切のものに対する、不正と盲目がある。さらに、女性にあっては、意識した愛のうちにすら、光明と共に、襲来と稲妻と夜とが並存している。[19]

女性はいまだ友情を結ぶ能力がない。女性はつねに猫である。鳥である。あるいは、もっともよき場合には、牝牛《めうし》でもありうる。[20]

女性はいまだ友情を結ぶ能力がない。さあれ、問う、――なんじら男性たちよ、なんじのうちの何人が、よく友情を結ぶ能力を有するものぞ？

おお、なんじら男性よ、なんじらの霊魂の貧しきことよ！　貪婪《どんらん》なることよ！　なんじが友に与うるほどのものを、われは敵に与えよう。与えて、われは貧しくはならぬであろう。

交誼《こうぎ》はある——。ねがわくば友情のあらんことを！

ツァラトストラはかく語った。

(1)友情について。

(2)孤独に生活する者（ニーチェ自身の如《ごと》き）はつねに自己を相手に（独言する場合の如くに）生活している。自我が分裂して二者となっている。——ニーチェのいわゆる「漂泊者とその影」。

(3)この二つの自我が常住相面している孤独は苦痛である。第三者の友人がいなければ堪えがたい。

(4)あまりに深い海底にては網が魚を捕えることはできない如くに、あまりに甚しい孤独寂寥《せきりょう》の中にては、思想を産むことができない。第三者たる友は、深い底に沈む網を引上げるキルクの如くに、自分の気分を軽く浮き上らせてくれる。

(5)自分がかくありたいと思う理想的な幻影を友人に於《おい》て見る。

(6)有為な友人に対して起るわれらの嫉妬心《しっとしん》をかろうじて制し、また自己を蔽《おお》うために他を攻撃することもある。——しかし、真の友情と敵意は、以下に説くごとくに、もっと公明なものであらねばならぬ。

(7)友を尊敬するがなおその愛を得がたい場合には、身を屈して愛を乞《こ》う代りにむしろ彼を立派な敵手として見るのが、真の尊敬である。

(8)友が尊敬すべき人格であるならば、我に対する影響力も大きい。之に対抗して自己の独立を守るべき戦いも、真の友情にあっては不可避である。

(9)しかし、いかなる親友間にあっても、一切赤裸々というのは、友情を破る因《もと》となる。

(10)一切を他人に示しえて、しかも友情を毀《そこな》わないほどに、吾人《ごじん》は完全たりえない。

(11)汝《なんじ》は友人にとって彼の理想の実現、一歩向上した人間として映らねばならぬが故《ゆえ》に、汝はよろしく自らを飾るべきだ。
(12)汝は友人が意識的に汝に対しているのでない時に、彼がいかなる人間であるかを見て幻滅したであろう。しかし、之が彼の正体なのだ。意識的に汝に対している時の彼は、実はかかる粗末な鏡に映った汝自身の幻影にすぎないのだ。
(13)汝の友ですら、その正体はかくも低いものであるから。
(14)理想化して考えよ。三三九頁《ページ》一四行をみよ。
(15)友が汝から毅然《きぜん》たる男性的な高い態度を期待しているかも知れぬ故に、感情的な同情をそそぐことは慎重になせ。
(16)堅い殻の中の甘いくるみの実のごとくに、同情をばきびしい剛直な態度の底につつめ。
(17)友を養い刺戟《しげき》するものであるか。(孤独はよき創造の因となる。)
(18)みずからは飛躍することはできなくとも、他人に刺戟をあたえて、その成長の因となりうる人もある。
(19)本能的なむら気なヒステリックなものを交えている。
(20)猫、――しなやかな狡猾《こうかつ》さ。鳥、――軽快な無心。牝牛《めうし》、――鈍い忍耐強さ。最もよき場合と言ったのは反語で、最も悪き場合であるのかもしれぬ。

千及一の目標(1)

ツァラトストラは多くの国土と多くの民族とを見た。かくて、彼は多くの民族の善と悪とを発見した。(2)しかも、彼はこの地上に於《お》いて、ついに善悪以上に大いなる力を見なかった。

太初に評価することなくしては、いかなる民族も生存しえぬのである。(3)しかも隣の民族の評価するごとくに評価しては、みずから存続せんと欲しても能《あた》わぬのである。(4)

われは見た、——ある民族に善とせられるものの多くは、他の民族にとって嘲罵《ちょうば》であり、汚辱であるを。またわれは見た、——ここに悪と呼ばれているものの多くが、かしこには緋《ひ》の栄光(5)を以《もっ》て飾られてあるを。

かつて隣人がその隣人を理解したことは決してなかった。かれの魂はその隣人の妄想と悪意の故《ゆえ》に、つねに訝《いぶか》り怪んだ。(6)

あらゆる民族の頭上に、もろもろの善の表(7)が掲げられている。みよ、之《これ》こそはその民族が克服せるものの表である。みよ、之こそは彼の権力への意志が発する声である。(8)

一つの民族にとっては、彼に困難なるものこそ讃美《さんび》すべきものである。不可欠にして困難なるもの、——之が善と呼ばれる。しかして、最大の苦艱《くかん》より彼を解放するところのもの、希有《けう》のもの、至難のもの、——之をこの民族は神聖と呼んで讃美する。

一つの民族をして支配せしめ、征服せしめ、光り輝かしむるもの、その隣国の民族をして畏怖《いふ》せしめ、嫉妬《しっと》せしむるもの、——之こそこの民族によって至高・太初・準尺・万有の意義とされるものである。

まことにわが同胞よ、もしなんじが或《あ》る民族の困苦と・風土と・隣人とを知りえたならば、なんじはその民族の克服の法則を推理しうる。かくてまた、何故にこの民族がこの梯子《はしご》を攀《よ》じてその希望にまで登りゆくか、を知りうる。

「なんじ、つねに第一人者であれ。凌駕《りょうが》せよ。なんじの嫉妬する魂は、友にあらずんば、何物をも愛するなかれ。」(9)——之、かの希臘人《ギリシア》の魂を戦慄《せんりつ》せしめたところのものであった。かくて希臘人は彼の偉大への路《みち》を往《い》った。

「真理を語れ。弓と箭《や》とに習熟せよ。」(10)——わが名の由来するかの民族には、之ぞ愛すべくまた至難の業と思われた。——わがツァラトストラの名もわれにとっては、愛すべくまた至難のものである。

「父を敬え。母を敬え。霊魂の根源までかれらの意志に服従せよ。」——さらに他の民族は、(11)己が頭上にこの克服の表を掲げ、之によって強大となり、不朽となった。

「渝《かわ》らざる誓を守れ。渝らざる誓のためには、あえて悪と危険にも名誉と血を賭《か》けよ。[12]」――さらになお他の民族はかくみずからを教えて、みずからを強制した。かくみずからを強制して、孕《はら》み、大いなる希望によって威重を増した。

まことに、人間はすべて、みずからにみずからの善と悪とを与えたのである。まことに、人間は之を受けたにあらず、見いでたにあらず。また之は、天の声として落ち来たったものでもない。[13]

価値とは、人間が自己を保存せんがために、まず最初に事物の中に置いたところのものである。人間があってはじめて事物に意義を――人間的意義を附与したのである！　この故にこそ、彼はみずからを「人間」、すなわち評価者と呼ぶ。[14]

評価することとは、すなわち創造することである。[15]之を聞け、なんじら創造者たちよ！　評価することこそ、一切の評価された事物の財宝であり、珠玉である。

評価によってはじめて価値が生ずる。価値がなければ存在の胡桃《くるみ》は空《うつ》ろであろう。[16]之を聞け、なんじら創造者たちよ！

もろもろの価値の変化、[17]――之すなわち創造者たちの変化である。創造者たるべき者はつねに破壊する。

はじめは民族が創造者であった。ようやく後になって個人が創造者となった。まこ

とに、個人そのものも輓近《ばんきん》の所産である。(18)

かつてもろもろの民族は、もろもろの善の表をみずからの頭上に掲げた。支配せんとする愛と、服従せんとする愛とが、相共にかかる表を創造した。

群集に対する悦《よろこ》びは、自我に対する悦びよりも年老いている。かくて、不安なき良心が群集と呼ばれていた間は、ただ不安なる良心のみが自我を唱えていた。(19)

まことに、かの狡猾《こうかつ》なる自我、愛なく、自己の利益を標榜《ひょうぼう》して多数の利益となす者は、之が群集の起原ではない。むしろ群集の没落である。(20)

善と悪とを創造した者は、つねに愛する者であり、創造者であった。愛の火と怒の火とは、あらゆる道徳の名に於て燃える。(21)

ツァラトストラは多くの国土を見、多くの民族を見た。しかも、ツァラトストラはこの地上に於て、愛する者の業より大なる力を見出《みい》でなかった。その業の名は「善」と「悪」である。

まことに、この賞讃と非難との力は怪物である。(22)言え、同胞よ、何人がよくこの怪物を屈服せしめうるであろうか？　言え、誰がこの獣の千の項《うなじ》の上に桎梏《しっこく》を投げうるであろうか？(23)

これまでは、千の民族が存在した故に、千の目標が存在した。しかし、千の項に投げらるべき桎梏が無かった。すなわち一個の目標が欠けていた。人類はいまだ目標を有していない。

　さあれ、言え、同胞よ。——もし人類にしていまだ目標を有していないならば、人類それ自身も——いまだ存在していないのではないか？——

　ツァラトストラはかく語った。

(1)人類には各民族にしたがって、それぞれの倫理、価値判断、目標が多数あり、互に相剋《そうこく》している。ツァラトストラはこの人類全体に一つの目的——すなわち超人への向上を、目標として与えんとねがう。二九頁《ページ》一五行をみよ。——標題は千（多数）の目標と、一つの目標というのを、アラビアンナイトの聯想《れんそう》のある千及一としゃれたのである。
(2)すべての民族が各々《おのおの》固有のエトスを持っている、のを知った。（一一一頁一一行をみよ。）
(3)倫理的価値評価が民族の性格の根柢《こんてい》をなす。
(4)固有のエトスによる固有の性格を持たずしては、民族は存続しえぬ。
(5)ローマの皇帝の如《ごと》き至上の栄光。
(6)すべての民族は他の民族の価値判断を迷妄となし錯誤となした。
(7)四五頁八行以下を見よ。
(8)次の二段を見よ。
(9)ギリシア人に於《おい》ては競争と友情が最高の徳であった。

(10)ペルシア人の最大の長所は真理愛と戦闘であった。
(11)ユダヤ人。
(12)ドイツ人。
(13)倫理的価値判断は人間が自己保存欲と権力意志とから、進んで選択して獲得したものである。偶然な生得の素質でもなく、また宗教的な命令でもない。一四六頁一一行をみよ。
(14)Mensch 人間という言葉は、Messer 評価者という言葉から来た、という語源の洒落《しゃれ》である。
(15)価値評価、すなわち世界観が文化創造の根柢である。
(16)人間が人間的価値評価を加えて、存在ははじめて意義を獲得する。
(17)四五頁一〇行をみよ。
(18)以下、道徳起源に於て、民族が個人に先行するを説く。この見解は、ニーチェの後年のそれ（道徳の系譜）とは反している。
(19)道徳の起源は民族的集団的なものであって、個人意識の方があたらしい。集団のみが道徳的に是認せられた時代には、自覚せる個人は非倫理的な存在とされ後めたかった。八五頁一二行をみよ。
(20)「市場の蠅《はえ》」の章に描かれた如き、近代の所産なる多数の代表と自称する利己的な個人は、之《これ》が集団の初めにあらずして、むしろその没落期の現象である。
(21)之に反して、新らしい価値を創造する者は、愛を抱く立法的哲学者である。二六五頁一〇行以下全章をみよ。
(22)右に説いた如くに、多くの民族と多くの立法者がさまざまの倫理価値を樹立した。それら互の間に賛同と相剋とがあって、一に帰しえないのは害悪（怪物）である。人類は全体としていまだに共通の目標を持っていない。
(23)数千の相異なる方向を制約して、一に帰せしむる力はないであろうか。一八一頁五行をみよ。

隣人の愛(1)

なんじらは隣人の周囲に群がって、おのが為《な》すところを美名を以《もっ》て呼ぶ。されど、われはなんじらに言いたい。——なんじらの隣人の愛とは、なんじら自身に対する、なんじらの悪《あ》しき愛である、と。(2)

なんじらは自らより逃れて隣人に奔《はし》る。しかして、ここから一つの道徳を作り出そうと願っている。さあれ、われは既になんじらの呼称する「没我」をば見抜いている。「なんじ」は「われ」よりも老いている。(3)すでに、「なんじ」は神聖なりと宣言された。しかるに、「われ」はいまだ然《しか》らず。ここに、人間は隣人へと群がるのである。

われいかになんじらを隣人の愛へと勧めようぞ、われむしろ、なんじらを隣人よりの逃避と、もっとも遠き者への愛へと勧めよう!(4)

隣人の愛より高いものは、もっとも遠くしていまだ来《きた》らざる者への愛である。人間への愛より高いものは、事物と幽霊(5)とへの愛である。

同胞よ、なんじの背後に跟《つ》き来たるこの幽霊(6)は、なんじより美しいではないか。なんじいかなれば、この幽霊になんじの肉と骨とを与えようとはしないのだ？——なんじは恐怖する。恐怖して、隣人へと奔る。

なんじらは自分自身を我慢できないものと思い、自分自身を充分に愛していない。なんじらが隣人を愛へと誘惑し、隣人の錯誤を以てなんじら自身を鍍金《ときん》せんと欲するのは、この故《ゆえ》である(7)。

ここにわれは、なんじらがすべての隣人とそのまた隣人とを、我慢できないものと思うことを望む。かくしてこそ、なんじはなんじら自身のうちから、友と、友の溢《あふ》れる心臓(8)とを創造せざるを得ないであろう。

なんじらは自己を讃美《さんび》せんとするとき、一人の証人を牽《ひ》ききたる。かくて、なんじらを讃美すべく、この証人を誘惑し了《お》えたとき、自己を讃美に価《あたい》する者と思い込む(9)。

自己の知に反して語る者のみが偽る者ではない。自己の無知に反して語る者こそ、偽る者というべきだ。かくて、なんじらは社交して、なんじら自身について語り、みずからをも、また隣人をも欺瞞《ぎまん》する(10)。

かくて痴人は言う(11)、「人と交るは個性を破滅せしむる。個性なき場合にはもっともはなはだし。」と。

或者《あるもの》は自己を追求せんがために隣人に往《ゆ》き、或者は自己を喪失せんがために隣人に往く。なんじらの自己に対する悪しき愛は、孤独をもって牢獄《ろうごく》となすが故である。(12)

なんじらの隣人の愛の犠牲となるのは、より遠き人々である。なんじらが集って五人あるとき、第六の者はつねに死なねばならぬではないか。(13)

われはまたなんじらの祝祭を好まない。なんじらの祝祭には、あまりに多くの俳優が登場する。しかして、観客すらあたかも俳優のごとくに振舞う。(14)

われなんじらに隣人を教えぬ。友を教う。友をもって、なんじらの大地の祝祭とせよ。また超人の予感とせよ。

われなんじらに友を教え、充溢《じゅういつ》する友の心を教う。さあれ、充溢する心によって愛されんと願うとき、人は一個の海綿たりえねばならぬ。(15)

われなんじらに友を教う。かかる友のうちに、世界はすでに完成し厳存する。彼は善きものの外殻である。(16)　——われなんじらに創造する友を教う。かかる友は、つねに一つの完成せる世界を贈らずにはいられぬのだ。

かかる友にとってかつて世界が繰り拡《ひろ》げられたがごとくに、かかる友にとってふたたび世界は巻き収められる。——悪を通じての善の生成として、また偶然より変ずるところの目的の生成として。(17)

未来と、もっとも遠き者とをして、なんじの今日の原因たらしめよ。(18)なんじの友のうちに、なんじの原因としての超人を愛せよ。

わが同胞よ、われなんじらをもっとも近き者・隣人への愛へとは勧めぬ。われはなんじらをもっとも遠き者への愛へと勧める。――

ツァラトストラはかく語った。

(1)いわゆる隣人の愛とは安易なる逃避、または自己愛の変形にすぎない。むしろ、超人の前哨《ぜんしょう》としての友を愛せよ。
(2)自己の生命よりの逃避、自己の完成への努力の放棄が、なんじらをして隣人の愛なる安易な道へと奔《はし》らしめたのだ。
(3)前章（一三七頁《ページ》一行を見よ）に言うごとく、個人は比較的晩近《ばんきん》の所産である。団体的道徳「なんじ」の方が、個人の自覚「われ」より古く、より権威づけられている。
(4)安易な隣人の愛をすてて、遠い超人の理想を追求せよ。
(5)実在と理想。
(6)なんじが産みだすべき超人の幻影。
(7)自己に信頼を持たぬが故《ゆえ》に、隣人に恩を売って、自己を飾ろうとする。
(8)隣人の愛よりもより高い友情。
(9)自己を讃美《さんび》せしめんがために隣人の愛を施す者もある。
(10)なんじらは自分がいかに低卑な人間であるかを知らぬのに、その無知に反して、さも自分を恩恵の人なるが如《ごと》くに語る。
(11)自己の無知に反して語る者が示すことは結局次のごとくである。——すなわち、隣人の愛は個性なき人間をしてその持たぬ個性をすら破壊させる。
(12)ある者は自己信頼を得んがために、ある者は自己について思い苦しむことなからんがために、他人の中に入ってゆく。いずれにしても自我への勇気の欠乏であり、孤独に堪ええず、利他主義を以《もっ》てより安易とするのだ。
(13)なんじらは隣人を愛すると言いながら、いま座にいない人間の悪口を言う。それほど浅薄である。一二二頁七行をみよ。
(14)たとえば隣人の愛のための慈善会の如きものは、あまりに表面的で芝居がかっている。
(15)その愛を充分に吸収しえねばならぬ。
(16)理想的な性質が形態をとって人間の姿となってあらわれたものである。一二八頁一四行をみよ。
(17)判然とその意を解しえない。——かかる友人は創造的な立法者であるから、世界をば彼の設計に従って展開し、完成した形態にまとめ上げる。悪をして善を刺戟《しげき》する因たらしむべく、また偶然的存在なる人間に超人なる目的を与うべく、彼は活動する。——以上の如くに解したいと思う。
(18)人類の未来、超人の理想が、現在のなんじの行為の動機であれ。

創造者の道(1)

同胞よ、なんじは孤独の中に往《ゆ》かんとするのか？　なんじの自我への路《みち》を求めんとするのか？　さらば停まれ。わが言うをきけ。

「求むる者は迷うであろう。孤立してあることは罪過である。」――かく群集は言う。(2)なんじがこの群集に属すること久しかった。

この群集の声はいまも尚《なお》なんじのうちに響いている。かくて、なんじが「われはもはやなんじらと等しき良心を持たぬのだ。」と言うとき、そは詠嘆であり、痛楚《つうそ》である。(3)

みよ、なんじのこの痛楚は、かの等しき良心が生んだところのものである。この良心の最後の余燼《よじん》は、なおなんじの悲哀の上に燃えている。(4)

さあれ、なんじは、この路がなんじの自我への路である故《ゆえ》に、あえて悲痛の路を選ばんとする。しからば、なんじの権利を見せてくれ、――なんじの力を示してくれ！(5)

なんじは一つの新らしい力であるか？　一つの新らしい権利であるか？　最初の運動であるか？　みずから輾《まろが》りいずる車輪であるか？(6)　また、なんじは星をも強要して、なんじのめぐりを運行せしむることができるか？(7)

ああ、高さに対してなんという情欲があることぞ！　野心家たちのなんという多くの痙攣《けいれん》があることぞ！　なんじがかかる情欲者また野心家ではない、ということを示してくれ！

ああ、いかに多くの大思想があることぞ！　かれらは鞴《ふいご》の作用よりしないのだ。吹き膨らまし、空にする。

なんじは自己を自由だという。だが、われが聴きたいと思っているのは、なんじの支配的な思想なのだ。(8)なんじが軛《くびき》から脱《のが》れた、ということではない。

なんじは果して、軛から脱れることを許されうる者であるのか？　彼の服従と奉仕を抛《なげう》つと同時に、彼の最後の価値をも抛ち去った——、かかる人間の数、まことに尠《すくな》しとせぬのである。

何から自由である、というのか？　ツァラトストラはかかる事には、何の関心をも寄せぬ！　ただ、なんじの瞳《ひとみ》に明るく告げて欲しい、——何の為《ため》に自由であるか、を。(9)

なんじはなんじ自身になんじの善と悪を与えうるか？　また、なんじの意志を、律法の如《ごと》くになんじの上に掲げうるか？　なんじはなんじ自身の裁判官たりうるか？みずからの律法の復讐者《ふくしゅうしゃ》たりうるか？(10)

自己の裁判官及び自己の律法の復讐者とのみ、共に生きてあるは、おそるべき事だ。かかる場合には、荒涼たる空間の中に、また氷のごとき孤独の気息の中に、一つの星が投げ出される。(11)

なんじ孤《ひと》りなるものよ、今日は、なんじなお多数者のために苦しんでいる。今日は、なお勇気と希望とを持っている。

しかはあれど、いつの日か、孤独はなんじを疲労せしむるであろう。いつの日か、なんじの矜持《きようじ》は蹐《せぐく》まるであろう。なんじの勇気は難破するであろう。いつの日か、なんじは叫ぶであろう、――「自分は寂しい！」と。

いつの日か、なんじははや自己の高さを見ないであろう。自己の低さをのみあまりに近く見るであろう。なんじの有たりし崇高なるものすら、幽霊の如くなんじを畏怖《いふ》せしむるであろう。いつの日か、なんじは叫ぶであろう、――「一切は虚妄である！」と。(12)

孤独なる人間を殺そうとする感情がある。殺すことができなければ、この感情はみずからが死なねばならぬ！　なんじはよく殺戮《さつりく》する者となりうるか(13)？

同胞よ、なんじはかの「軽蔑《けいべつ》」という言葉を知っているか？　また、軽蔑する者に対してなんじ自身を公正ならしめんとする、なんじの公正の苦悩をば知っているか(14)？

なんじは多数者を強要して、なんじについて改め学ばしめんとする。之《これ》に依《よ》ってかれらは、なんじに含むのである。なんじはかれらに近づき、しかも通り過ぎ去った。之をかれらは宥《ゆる》すことができない(15)。

なんじはかれらを超えた。なんじが登ること高ければ高いほど、嫉妬《しっと》の眼はなんじを小さく見る。しかして、飛翔《ひしょう》しゆく者は最もはなはだしい憎しみを受けねばならぬ。

「いかなれば、なんじらがわれに対して公正でありえようぞ！」――となんじは言わねばならぬ。「われは運命の当然の分前として、なんじらの不公正を選び取るのだ。」

かれらは孤独なる者にむかって、不公正と汚穢《おわい》とを投げつける。されど、心せよ、同胞よ、もしなんじが星であろうと願うならば、かれらに対し光り燿《かがや》くことこの故に薄くあってはならぬのだ！

さらに、善き者、義《ただ》しき者を警戒せよ！　自己の為に道徳を創《つく》りいだす者を、かれらは好んで磔刑《たっけい》にする。――かれらは孤独なる者を憎悪《ぞうお》する。(16)

神聖なる単純をも警戒せよ！　この女にとっては、単純ならざる一切のものは邪悪である。この女は好んで火を――焚刑《ふんけい》の火を弄《もてあそ》ぶ。(17)

また、なんじの愛の発作をも警戒せよ！　孤独なる者は、彼に出会する者に、あまりにもはやくその手を差しのべることがある。(18)

大凡《おおよそ》の人間には手を差しのぶるな。ただ前足のみを与えよ。しかも、この前足には猛獣の爪《つめ》を潜めよ。(19)

さあれ、なんじが出会しうる最悪の敵は、ただつねになんじ自身である。(20)　洞窟《どうくつ》に、森林に、——なんじ自身がなんじを待ち伏せている。

孤独なる者よ、なんじはなんじの自我への路を往く！ しかも、その路はともすると、なんじのほとりを、またなんじの七つの悪魔のほとりを通り過ぎてしまいがちである。[21]

なんじはなんじ自身に対して異端者たり、魔女たり、予言者たり、白痴たり、懐疑家たり、汚瀆者《おとくしゃ》たり、また無頼の徒たるべきだ。[22]

なんじはなんじの炎の中に自らを焚《た》かねばならぬ。なんじまず灰燼《かいじん》となることなくして、いかに鮮《あたら》しく生れることを望みえようぞ！

孤独なる者よ、なんじは創造者の路を往く。なんじはなんじの七つの悪魔から、一つの神を創造せんと願っている！[23]

孤独なる者よ、なんじは愛する者の路を往く。なんじはなんじ自身を愛している。さればこそ、なんじはただ愛する者のみが軽蔑するごとくに、なんじ自身を軽蔑している。[24]

軽蔑するが故にこそ、愛する者は、創造せんと欲する！ おのれが愛するところのものを軽蔑せずにありえた者が、愛について何を知るものぞ！

同胞よ、なんじの愛をもて、またなんじの創造をもて、なんじの孤独の中に行け。[25]時を経て後、公正はようやくなんじを追って、跛足《びっこ》ひきつつ跟《つ》ききたるであろう。

同胞よ、なんじわが涙を得て、なんじの孤独の中に行け。自己を超えて創造せんと欲する者、かくして没落しゆく者――、われはこの人を愛する。

ツァラトストラはかく語った。

(1)「山腹の樹《き》」の章で取扱われた、自己の路《みち》をゆかんとする人間の外的危険内的困難がふたたび描かれる。
(2)創造者――あたらしき価値の布告者たらんとする者は自己への道を探求して、久しく迷い、孤立する。群集はすべて孤立する者を反社会的なりとして猜疑《さいぎ》する。一六頁《ページ》七行をみよ。
(3)探求者も初めの間は彼が社会と背離して別の考え方をすることに苦しみ悩む。
(4)彼も少年時代には社会に行われる道徳を学び、群集と等しき良心道徳感情を持っていた。――今の離反はこの彼の古き良心にとって苦しみである。
(5)汝《なんじ》が新道徳の創造者としての例外的な人間である所以《ゆえん》の不屈の精神を示せ。
(6)五四頁一六行を見よ。
(7)他の自由高貴の精神をして共に協力せしめるものであれ。
(8)二六五頁一〇行以下、一三七頁八行、一六八頁一〇行をみよ。
(9)なんじの自由にとって大切なのは、ただ単にある制約を脱している、というだけではない、如何《いか》なる価値を創造するためにその自由を使役しうるか、ということである。
(10)新らしい価値を創造するためには、古い制約と完全に分離して、これまでの他律的道徳を止揚して、絶対の自発的意志によらねばならぬ。五三頁六行以下、七七頁一五行、一三六頁四行をみよ。

(11)しかし、この道徳価値判断の絶対的自主自律旧道徳清算、ということは、おそるべき孤独を意味し、汝の精神は荒涼たる空間をさまよわねばならぬ。

(12)孤独が長く続くと、なんじは一種の虚無感に襲われ、幻滅自己嫌悪《けんお》に陥るであろう。

(13)なんじはこの虚無感を克服しうるか。

(14)探求者が体験せねばならぬ次の苦痛は、友と別れ、その軽蔑嫉妬《けいべつしっと》を受けねばならぬことである。

(15)なんじは向上しゆく者である故《ゆえ》に、友人がなんじについて持っている判断をしばしば裏切るし、また、友人と共に停滞することをしない。これらのことは皆かれらの怨恨《えんこん》を買うのである。

(16)凡庸の道徳に生きる者は探求者を迫害する。一四五頁三行をみよ。

(17)無智《むち》なる者も探求者を迫害する。――フスが焚刑《ふんけい》せられたとき、いそいそと薪《まき》を運ぶ百姓を見て、フスが「おお、神聖なる単純よ！――O sancta simpricitas!」と叫んだ故事による。

(18)孤独のあまり愛に餓《う》えて、価値なき者に愛情をそそぐことがある。

(19)毅然《きぜん》たる態度を以《もっ》て用心ぶかく人に接せ。

(20)しかし、孤独な探求者にとっての最大の敵は彼自身である。迷誤や懐疑や情欲、惑溺《わくでき》その他の弱点である。

(21)なんじは自己への路を往《ゆ》こうとしながら、その路はわき道に外れて、自己へも達することなく、また自己の弱点を矯正するもろもろの試煉《しれん》となるべき力にも達することがない。七つの悪魔とは次にあげた七つの否定的な力をいう、と解したい。

(22)異端者、――従来の信仰の否定。魔女、――炎を以て汝を焼く。予言者、――三一六頁をみよ。白痴、――なんじの小知小才を否定する。懐疑家、――疑う。汚瀆者《おとくしゃ》、――自己を恥かしむ。無頼の徒、――一切の価値を破壊する。

(23)七つの試煉を経て超人に達せんとする。

(24)自己を愛して、高い理想を自己に期待する故に、自己の現実を軽蔑する。二一一頁五行以下をみよ。

――(次段)この軽蔑こそはさらに高い創造の念願を生むものだ。一三七頁八行をみよ。
(25)後世になって遅ればせながら汝の真価は認められるであろう。

老いたる女と若き女(1)

「ツァラトストラよ、なんじ、いかなればさは戦々兢々《きょうきょう》として、薄明の間を忍びゆくのであるか？　その外套《がいとう》の下に、小心翼々として、何を隠しているのであるか？　そは、なんじに贈られた宝でもあるのか？　または、なんじが生んだ子でもあるのか？　または、なんじ悪《あ》しき者の友よ、なんじみずからも盗人の路《みち》を歩んでいるのであるか？(2)」――

まことに、同胞よ！　――とツァラトストラは語った、――之《これ》はわれに贈られた一つの宝だ。いまわが抱いているのは、一つの小さい真理だ。

しかし、この真理は小児のごとくに無作法である。その口を塞《ふさ》いでいるのでなければ、あまりにも大きな声で叫びいだす。

今日、日の沈む頃、われひとり路を行って、一人の老婆《ろうば》に逢《あ》った。わが魂に語りか

けて曰《いわ》く、

「ツァラトストラはわれら女にも多くを語った。しかも彼は、女については、未《いま》だなお語るところがない。」

われは老婆に答えた、「女については、ただ男にのみ語るべきだ。」

「女について、われにも語れ。」と老婆は言った。「われはすでに年老いている。やがてふたたび忘れ去るであろうから。」

ここに、われは老婆の請《こ》いを容《い》れて、かく語った。――

女性に於《おい》て、一切は謎《なぞ》である。しかして、女性に於て、一切は一つの解決を持つ。それは妊娠《にんしん》である。

女性にとって、男性は一つの手段である。目的はつねに子である。しからば、男性にとって、女性は何であるか？

真の男性は二つのものを欲望する。――すなわち、危険と遊戯である。この故《ゆえ》に、彼はいと危険なる玩具《がんぐ》として女性を欲望する。

男性は戦闘のために教育せらるべく、女性は戦士の慰安のために教育せらるべし。他の一切は痴愚にすぎぬ。

あまりにも甘美なる果実――、之は戦士の好むところではない。この故に戦士は女性を好む。もっとも甘美なる女性と雖《いえども》、なお苦味を帯びているからだ。

女性は男性よりもよく小児を理解する。しかも、男性は女性よりもより以上に小児に似ている。

真の男性のうちには小児が隠れている。しかして、遊戯せんことを願っている。いざ、なんじら女性たちよ、男性のうちの小児を発見せよ！

女性よ、玩具であれ。清純であれ。繊細であれ。いまだなお来《きた》らざる世界のあらゆる道徳によって光被されたる、宝石に似てあれ(3)！

なんじらの愛のうちには、一つの星が輝いてあれ。なんじらの希望は——「われ超人を生まんとねがう。」というにあれ！

なんじらの愛は勇気を知れ！　なんじらに畏怖《いふ》を吹き入れる男性に、愛をもて立ち向えよ(4)！

なんじらの愛は名誉を知れ！　——女性が名誉を解することは、この事の他にはない。なんじが愛されるよりも、より多く愛せよ。愛に於て第二位に堕《お》つるなかれ、——この事を以《もっ》てなんじらの名誉たらしめよ！

女性が愛するときには、男性は恐怖せよ。この時には、女性は一切の犠牲を献《ささ》げる。しかも、他のすべてにいかなる価値をも見ないからだ。

女性が憎むときには、男性は恐怖せよ。いかんとなれば、男性は霊魂の秘奥に於てただ猛悪であるが、女性は姦悪《かんあく》であるからだ。

女性がもっとも憎悪《ぞうお》するのは何者であるか？　――かつて鉄は磁石にかく語った。「われはなんじをもっとも憎悪する。――なんじは牽引《けんいん》はする。しかも、われをみずからに牽《ひ》き寄せるだけの力はない。(5)」と。

男性の幸福は、われ欲す、にある。――女性の幸福は、かれ欲す、にある。

「みよ、いまぞまさに世界は完全である！」――欠くることなき愛より服従するとき、すべての女性はかく考える。

女性は服従せねばならぬ。かくする事によって、おのれの表面のために、より深き内面を発見せねばならぬ。女性の心情は表面である。浅い水面に張った荒れ揺らぐ膜である。(6)

之に反して、男性の心情は深い。その水流は地下の洞窟《どうくつ》にざわめいている。女性は男性の力を予感はする、しかし、理解はなしえない。――

かく言った時、老婆はわれに答えた。「ツァラトストラは多くの至言を吐いた。ことに、なお年若い女のために、至言であった。――

不思議なるかな、ツァラトストラは女性を知ることが尠《すく》ない。しかも女性についての彼の判断は正しい(7)！　之もまた、女性にあっては不可能事なきによるのであるか(8)？　さらば、ここにわが感謝のしるしとて、一つの小さき真理を受納したまえ！　われはすでに之を所有するほどに老いている！

これを襁褓《むつき》に包んで、その口を塞ぎたまえ。しからずば、この小さき真理は、あまりに声高く叫ぶであろう。」

「老婆よ、その小さき真理をわれに渡せ！」とわれは言った。このとき、この老婆は囁《ささや》いた。――

「なんじ女に行くのであるか？　――さらば、鞭《むち》を忘るるな！」――

ツァラトストラはかく語った。

(1)女性観をユーモラスな物語にして述べる。
(2)以上は弟子がツァラトストラに発した質問である。
(3)女性はより高い種族を生むべき使命を有する故《ゆえ》に、未来の理想社会のあらゆる高き徳を映して輝くものたれ。
(4)かかる男性こそ真に男性的である故に。
(5)女性は彼女を魅惑しながら、しかも隷属《れいぞく》せしめえない男性をもっとも憎む。
(6)女性は男性に服従してはじめて内面性をうる。女性の心理は、感覚的で表面的で動揺している。

（7）ニーチェ自身についても言いうる言葉。
（8）判然と解しがたい。——本能的な気紛《きまぐ》れな女性の本質についてはいかなる形容もなしうるから。（ナウマン）と釈《と》くのは肯《うべな》い難い。——あるいは、女性はしかく神秘的である故に、日常之《これ》に接近せずしても、おのずとその本質を解せしむるものだ。——とも釈きうると思う。

蝮《まむし》の咬毒《こうどく》（1）

ある暑い日、ツァラトストラは無花果《いちじく》の樹蔭《じゅいん》に眠っていた。そうして、その腕を顔の上に横《よこた》えていた。このとき、一匹の蝮が来たって、彼の頸《くび》を咬《か》んだ。ために、ツァラトストラは苦痛のあまり絶叫した。彼は腕を顔から放して、蝮を熟視した。蝮はツァラトストラの眼なるを認めて、拙《つたな》く反転して遁《のが》れ去ろうとした。「いな、しばし！」とツァラトストラは言った、「なんじはいまだわが感謝をば受けていない。なんじはわれをよき時に醒《さ》ましてくれた。わが路《みち》はなお遠い。」——「なんじの路ははや近い。」と蝮は悲しげに答えた、「わが毒がなんじを殺すであろう。」——ツァラトストラは微笑した。「いまだかつて一匹の龍が、蝮の毒によって死んだことがあるか？」

と彼は答えた。「さあれ、なんじの毒を取り戻せよ！　なんじはわれに毒を贈るほど豊かではない。」――ここに、蝮はふたたびツァラトストラの頸に飛びついて、彼の傷を舐《な》めた。(2)――

彼この事を弟子たちに語ったとき、弟子たちは訊《き》いた。――「ツァラトストラよ、この物語の教訓は何であるのか？」と。――之《これ》に答えて、ツァラトストラはかく語った。――

善き者及び義《ただ》しき者は、われを呼んで道徳の破壊者となす。(3)わが物語は道徳に反する。(4)

なんじもし敵を有さば、彼の悪に報ゆるに善を以《もっ》てするなかれ。いかんとなれば、かくするは敵をして慙《は》じしむることであるからだ。(5)むしろ、敵が之によって、なんじに善事をなしたることを、立証せよ。(6)

敵をして忸怩《じくじ》たらしむるよりは、むしろ憤怒《ふんぬ》せよ！　なんじらが呪詛《じゅそ》せられたる時に祝福を以て答えんとするは、わが心に適《かな》わざるものだ。むしろ、少しは共に呪《のろ》え！(7)

もしなんじに一つの大いなる不正が加えられなば、急いで五つの小さき不正を報復せよ！　ただ不正を堪え忍ぶのみなる者は、見るに惨《いた》ましき存在である。

なんじすでにこの事を知っているか？　――不正は、之を分つ時、半ば正義である。

よく不正を負うに堪うる者のみが、その身に不正を負うべきだ！(8)
一切の復讐《ふくしゅう》を棄《す》てる、というよりは、いささかなりとも復讐をなす、という方が人間的である。しかして、刑罰と雖《いえども》、それが犯人に対する正義であり名誉であるに非《あらず》んば、われはなんじらの行うところの刑罰を肯《うべな》いえぬ。(9)
時によっては、敢《あえ》てみずからの不正を容認する方が、みずからの正義に恋々たるよりも、高貴である。(10)殊《こと》に、みずからに正義ある場合に然《しか》り。ただ、人は之をなすべく充分に豊かであらねばならぬ。
われはなんじらの冷たき正義を好まぬ。なんじらの裁判官の眼からは、つねにただ刑吏と冷たき刃とが燦《かがや》いている。(11)
借問《しゃもん》す、明かに見る眼をもつ愛であるところの正義はいずくにかある？
されば、愛を産み出してくれ。——ただに一切の刑罰を下すに堪うるのみでなく、また一切の罪過をも負うに堪うべき、愛を産み出してくれ！(12)
されば、正義を産み出してくれ。——裁判官たちを除いて、他の一切の者を放免する正義を産み出してくれ！(13)
なんじら、聴くならばさらに次の事をも聴け！——根本より正義ならんと念願する者に対してすら、虚偽はまた慈悲である。(14)

さあれ、われいかなれば、根本より正義ならんと念願しようぞ！　われいかなれば、すべての人に彼のものを与ええようぞ！　われはすべての人に我のものを与う、——之を以て足らええりとしよう(15)。

最後にいう、わが同胞よ、すべての孤《ひと》り生きる者に不正を加うるなかれ(16)！　彼はいかにして忘却しえようぞ！　いかにして報復しえようぞ！

孤り生きる者は深い泉に似ている。その中に石を投ずることは易《やす》い。しかし、一たび石がその底にまで沈んだとき、何人がふたたび之を取り出そうぞ？

孤り生きる者を侮辱するをやめよ！　なんじらもし之を為《な》した時には、むしろ彼を殺して了《しま》え！

ツァラトストラはかく語った。

(1)報復について。

(2)ツァラトストラが蝮《まむし》によって悪を加えられたとき、彼は蝮に向って「目には目を」風の報復もなさず、また「右の頰をうたば左をも向けよ」風の悪に報いるに善を以《もっ》てすることをもなさなかった。この時のツァラトストラの態度は、加えられた悪を彼にとっての善となすべく活用することであった。彼のような大いなる存在（龍）は小さき悪（蝮）によっては毀われえない。

(3)四五頁《ページ》八行をみよ。
(4)以下わが説くところは、在来の道徳に反する。
(5)悪に報いるに善を以てすることは、敵を忸怩《じくじ》たらしむることであり、一種の仮装した復讐《ふくしゅう》である。二〇三頁九行をみよ。
(6)むしろ加えられた悪をなんじにとっての善と転化すべく、活用せよ。
(7)いずれかを選ぶべしという場合なら、悪に報いるに善を以てするよりも、悪を以て報復せよ。善を以て報いるは性格を腐敗せしむる。
(8)不正を加えられたならば相手にも之を分つ（報復する）のが、普通の人間の場合にあっては、かえって正義というべきである。何となれば、之によって彼の性格の平衡は保たれるからである。真に冷然と忍びうる者のみが、不正を報復せずして忍ぶ資格がある。
(9)犯罪人に刑罰を加えることは、彼を忸怩たらしむる宥恕《ゆうじょ》よりは、彼の責任感に対してより以上の敬意を表する所以《ゆえん》である。八二頁九行以下をみよ。
(10)冤罪《えんざい》を蒙《こうむ》っても弁解せぬ高貴さ。（たとえば白隠和尚《おしょう》の逸話のごとき。）
(11)因習的な道徳判断は刑罰欲に発して、冷たく、狭い。
(12)創造者の愛は、人類向上のためにある故《ゆえ》に、破邪の剣を振う事もあり、またときには因習的な道徳をも蹂躙《じゅうりん》する。
(13)創造的な立法者の正義は、因習的な固陋《ころう》な道徳判断を否定して、従来此者《このもの》によって罪せられていたすべての生命力に溢《あふ》れたものを解放する。かかる正義を産み出せ！　――以上の如《ごと》き意味に解したい。
(14)徹底的な真実に堪えうる者は無い。故に、その救いとして人生の幻影がある。三二六頁一二行をみよ。
(15)普遍妥当的な倫理を立てることはできない、――の意？　この二段は前からの連関が論理的でない。
(16)孤独な人間を侮辱するな。彼の怨恨《えんこん》は深刻なものであろう。

子と結婚(1)

同胞よ、なんじ独《ひと》りに問い糺《ただ》したいことがある。われはこの問いを、測量錘《そくりょうすい》のごとくに、なんじの霊魂の中へ投げおろす。——なんじの霊魂がどれほど深いかを知るために。

なんじは若い。そうして、子を欲し、結婚を欲している。されば、われなんじに問おう、——なんじはたして己が子を欲望しうる人間であるか？　と。

なんじは勝者であるか？　自己を克服した者であるか？　官能の命令者であるか？　また、なんじの有するもろもろの徳性の支配者であるか？　——かくわれはなんじに問う。

それとも、なんじの欲望を通じて、獣と必要とが声を挙げているのではないのか？　あるいは寂寥《せきりょう》が？　または自己に対する不満が？

われは冀《ねが》う、——なんじの勝利となんじの自由とが、一人の子を渇望《かつぼう》していることを。なんじはなんじの勝利と解放とのために、生きた記念碑を築くべきである。(2)なんじを超えて築くべきである。(3)とはいえ、まずなんじみずからが築かれてあらねばならぬ。肉体に於《おい》て、霊魂に於て、確乎《かっこ》と築かれてあらねばならぬ。

なんじはただにより多く殖《う》むべからず、より高くへと生むべきだ！　このために、結婚の花園はなんじを扶《たす》けよ。

より高き肉体を創造せよ。最初の運動、自ら輾《まろが》りいずる車輪、(4)――一人の創造者を創造せよ！

結婚、――われは之《これ》を名づけて、創造する者よりより以上なる一人を創造せんとする、二人の意志、と呼ぶ。また名づけて、かくの如《ごと》き意志を意欲する者に対する畏敬《いけい》としての、当事者相互の間の畏敬、と呼ぶ。(5)

之をしてなんじの結婚の意義と真理たらしめよ。しかるに、かの過剰なる者の群・無用なる者共が結婚と呼ぶところのもの、――ああ、之をしも何と呼ぶべき！

ああ、相寄る二人の霊魂のこの貧陋《ひんろう》よ！　両箇の霊魂のこの汚穢《おわい》よ！　ああ、この両者して味う、この憫然《びんぜん》たる佚楽《いつらく》よ！

これら一切を、(6)かれらは結婚と呼ぶ。しかも、かれらは言う、――かれらの結婚は天国に於て結ばれた、と。

だが、この無用なる者共の天国なるものを、われは唾棄《だき》する！　否《いな》、否、この天国の網に絡《から》みこまれたる獣たちを、われは好まない！

神が合せたにあらざるものを祝福せんとて、神が跛引《びつこ》きつつ近寄りきたるとも、ねがわくばわが近くには寄りたまわざらんことを！(7)

かかる結婚を笑わざれ！　その親の結婚を哭《な》くべく、いかなる子が理由なしとするものぞ！

かの男は威厳もあり、大地の意識に熟せる者と思われた。――しかるに、われ彼の妻を見たとき、そも大地は瘋癲《ふうてん》病院ではあるまいか、と怪んだ。

さなり、聖者が鵞鳥《がちよう》と婚するとき、われは大地が痙攣《けいれん》して震わんことを乞《こ》いねがう。

また、かの男は真理を求めて勇士のごとく征《い》った。――ついに、かれは一つの化粧せる小虚偽を連れ帰った。之ぞ彼の結婚である。

また、かの男は交友に於て易《やす》く容さず、選りに選った。しかるに、彼はその交友を一挙にして破壊した。すなわち彼は結婚したのである。

また、ある者は天使の徳を具《そな》えた婢《はしため》を求めた。しかるに、彼はたちまちに女の僕《しもべ》となり果てた。すなわち、彼は天使にすら化せざるをえなかった。(8)

いまわれはすべての物買う人が慎重に、狡《ずる》き眼を持てるを知る。しかも、このもっとも狡猾《こうかつ》の人すら、己の妻は改めもせずに袋入りのまま購《あがな》う。多くの短かき痴愚——、之をなんじらは恋愛と呼ぶ。なんじらの結婚は、多くの短かき痴愚に休止を告げる。それ自体は一つの永い痴愚でありながら(9)。

女性に対するなんじらの愛と、なんじらに対する女性の愛と。——ああ、之が、なお未知にして苦悩しつつある神々への同情であらんことを！　しかるに、大凡《おおよそ》は、二匹の獣が互いに揣摩《しま》するに過ぎぬ(10)。

なんじらの至上の愛と雖《いえども》、ただ狂喜せる比喩《ひゆ》であり、苦痛に充ちた灼熱《しゃくねつ》である(11)。そは、なんじらをより高き路《みち》へと照らしゆくべき、一つの炬火《きょか》である。

いつか、なんじらは自らを超えて愛すべきだ！　されば、まず愛することを学べ！　この故《ゆえ》に、なんじらは、なんじらの愛の苦き杯を干さねばならぬ(12)。

至上の愛の杯といえども苦い。かくてこそ、この愛はなんじらに超人への憧憬《しょうけい》、創造者への渇望を与える！

創造者への渇望、超人への箭《や》と憧憬。——語れ、同胞よ、はたして之がなんじの結婚への意志であるか？

かくの如き意志。かくの如き結婚。之をわれは神聖と呼ぶ。——

ツァラトストラはかく語った。

(1)結婚の意義はより高き種を生むにある。
(2)子を持つを願う資格のあるのは、自己を克服し情欲から解放された人間であらねばならぬ。子はなんじのその勝利を記念するものであれ。
(3)子はなんじ以上の人間であらねばならぬ。
(4)五四頁《ページ》一六行を見よ。
(5)結婚は、超人をめざして、より高い人間を生まんとする意志であり、男女が相互にこの意志を尊重することである。
(6)教会に於《お》ける儀式によって結合された故《ゆえ》に。
(7)低劣な動機によって結合したものを、教会の儀式が結婚せしむればとて、かかる作為的虚飾はわが唾棄《だき》するところである。
(8)ある者は彼に仕える天使のごとき女を求めていたが、彼の得た妻は悍婦《かんぷ》で彼を僕《しもべ》としてしまった。この為《ため》に、彼の方が弱い無気力な人間になってしまった。
(9)この一文にかぎって、「なんじら」は低卑な人間たち。他の文に於てはツァラトストラの弟子たち。
(10)男女の愛は、いまだ生れずして、しかも生れんとして苦しみつつある超人の種属への憧憬《しようけい》であるべきだ。しかるに、大凡《おおよそ》の結婚は相互の官能を互に忖度《そんたく》して享楽《きようらく》するにすぎない。
(11)至上の愛も、そはやがて生れ来るべきより高い人間へのよろこばしい予感であり、之を生むための苦痛に充《み》ちた強烈な情熱である。
(12)一四九頁八〜一四行を見よ。

自由なる死(1)

多くの者の死するは晩《おそ》きに過ぎ、少数の者の死するは夙《はや》きに過ぎる。かの教えは、いまだなお耳あたらしく響くではないか、——「死すべき時に死ね！」

死すべき時に死ね！——ツァラトストラはかく教える。

もとより、生くべき時に生きざる者が、いかにして死すべき時に死にえようぞ？ かくのごとき者は生れて来なかった方がよかったのだ！——かくわれは過剰なる人間たちに勧める。

しかも、過剰なる人間すら、かれらの死を以《もっ》て大事件となす。空洞の胡桃《くるみ》も割れるにあたっては音を立てる。

何人も死を以て大事件となす。されど、死はいまだ祝祭にまでなってはいない。何人もいまだ、いかに最美の祝祭を祝うべきか、を学んでいない(2)。

われは教えよう、——生ける者のために針となり、かつ誓約となるべき、完成せし

むるところの死を。(3)

完成せしむる者が死ぬるや、希望する者・誓約する者に囲繞《いにょう》せられて、勝利の栄光の中に逝《ゆ》く。

人はいかに死ぬるべきかを学ばねばならぬ。かくして死にゆく者の死こそは、祝祭である。かならずや、生き残る者の誓を浄化する！

かくのごとく死するは最善である。次善は闘争の中の死である。大いなる魂の浪費である。

しかるに、なんじらの冷笑の死は、闘争者にも勝者にも、ひとしく厭《いと》わしい。それは盗人のごとく忍び寄って、——しかも支配者として来たる。

わが死、わが自由なる死を、われはなんじらに讃美《さんび》する。之《これ》は、われ欲する故《ゆえ》に、われに来たる。

さらば、われ何時《いつ》の日か之を欲しようぞ？——目標を持ち、嗣《つ》ぐ者を有する者は、目標と嗣ぐ者とのために、死すべき時に死を欲する。

彼は、己の目標と嗣ぐ者とへの畏敬《いけい》の故に、生命の神殿に枯れた花環《はなわ》を懸けぬであろう。(4)

まことに、われはかの縄を綯《な》う人のごとくにあらんとは願わない。かれらは縄を長く綯い延ばすと共に、みずからは一歩ずつ退く(5)。

多くの人間は、彼の真理と彼の勝利とを確保すべく、あまりに老いる。歯の抜けた顎《あご》は、もはやいかなる真理に対しても力がない。

栄光を獲《え》んとする者は、別るべき時に名声と別れよ。しかして、去るべき時に去れ。――この難き行を修せよ。

おのれがもっとも味《あじわ》い佳《よ》き時に、食わるるをやめよ。長く愛されんと欲する者は、之を知る。

さあれ、いや果ての秋の日まで待つべき、酸《す》き林檎《りんご》のさだめもある。それは同時に熟し、黄ばみ、皺《しわ》ばむ(6)。

ある者には心情まず老い、ある者には精神まず衰う。また、ある者は青年にしてすでに老翁《ろうおう》であり、おそくまで若い者はながく若い(7)。

おおよその者にあって人生は失敗である。毒虫がその心臓を蝕《むしば》んでいる。いまはただ心せよ、――之を償うべく、死に於《おい》て成功せんことを！

多くの者はついに甘味を呈せずしてやむ。すでに夏に腐ってしまったのだ。彼がなお枝に懸っているのは、怯懦《きょうだ》からである。

過剰なる人間の群はあまりに長く生き、あまりに長くその枝に懸っている。ねがわくば暴風雨が来らんことを！　そうして、かかる腐敗せる蝕《むし》いの果を、すべて枝から揺すぶり落さんことを！

疾《と》き死を説く説教者が来たらんことを！　此人《このひと》こそはまさしき暴風雨であり、生命の樹《き》を揺すぶる者であろう！　――しかるに、わが聞くはただ、ゆるやかなる死の説教と、一切の「現世」に対する寛容の説教とのみである(8)！

ああ、なんじは現世に対する寛容を説教するのであるか？　しかるに、この現世こそ、おお冒瀆者《ぼうとくしゃ》らよ、なんじらに対して寛容にすぎるのではないか(9)！

まことに、かのヘブライ人(10)はあまりにも夙く死んだ。ゆるやかなる死の説教者たちは彼を崇《うやま》うのであるが、彼があまりにも夙く死んだことは、かの時以来、多くの人間の禍《わざわ》いとなった。

彼、ヘブライ人イエスは、なおヘブライの国人の涙と憂鬱《ゆううつ》とを知り、善き者義《ただ》しき者(11)の憎悪《ぞうお》を知るのみであった。ここに、死への憧憬《しょうけい》が彼を襲った。

もし彼にして、なお荒野に留まっていたならば(12)！　もし彼にして、善き者義しき者より遠く離れていたならば！　おそらく彼は生きることを学んだであろう。大地を愛することを学んだであろう。――そうして、さらに笑うことを学んだであろう！

同胞よ、之を信ぜよ！　彼はあまりにも夙く死んだ。もし彼にしてわが年齢(13)にまで達していたならば、彼は己の教えを撤回したであろう！　之を為《な》すべく、彼は充分に高貴な人間であった！

しかし、彼はなお未熟であった。青年は未熟を愛し、人間と大地とを未熟に憎む。青年の心情はいまだ鬱している。その精神の翼はいまだ括《くく》られている。

成年の裡《うち》には未成年の裡によりも、より多くの小児[14]と、より少なき憂鬱がある。成年はよりよく生と死とを解する。

死に対して自由であり、死に於て自由である[15]。もはや肯定者たるべからざる時に至れば、神聖なる否定者である。かく成年は生と死とを解する。

われ冀《ねが》う、なんじらの死が人間と大地に対する誹謗《ひぼう》[16]でないことを。わが友よ。われは、この一事をなんじらの魂の蜜《みつ》から得たい、と冀う。

なんじらの死に於ても、なお、なんじらの精神となんじらの道徳とが灼熱《しゃくねつ》の炎を揚ぐべきである。大地をめぐる夕焼の炎を揚ぐべきである。しからざれば、なんじらの死は失敗である。

わが友よ、——われはみずからも死にたいと思う。かくて、なんじらをして、わがために、大地をよりよく愛せしめたいと思う。われは、われを産んだものの中に安息を得んがために、——ふたたび大地に帰りたいと思う。

まことに、ツァラトストラは一つの目標を持っていた。ツァラトストラはその球を投げた。いま、なんじらわが友は、わが目標を嗣ぐ者である。われはなんじらを目がけて黄金の球を投げつける。

わが友よ、われは何よりもまず、なんじらが黄金の球を投げるのを見てよろこびたい！　この故にこそ、われはいましばしこの大地にとどまる。[17]之を諒《りょう》せよ！

ツァラトストラはかく語った。

(1)死は生命の最も高い昂揚《こうよう》であるべく、生命の完成の頂上に於《お》いて自ら選んだ死こそ、真に意義ある死である。
(2)真の死、——よく生き、よく働き、よく闘った者が、その完成の頂上に於て自ら選んで死ぬる死は、祝祭というべきだ。之《これ》を最もよく祝うべく学ばねばならぬ。
(3)生き残る者に刺戟《しげき》をあたえ、人類向上のための遺業を継ぐ決意をなさしむ如《ごと》き、至上の死をわれは説く。たとえばソクラテスの死。
(4)輝かしき一生を創造力の衰えた醜い晩年を以《もつ》て汚しはすまい。
(5)ニーチェは縄を綯《な》う人の様子を、彼の滞在したサンタ・マルゲリタでよく見た。長生するに従って能力の低下する人間の比喩《ひゆ》。
(6)然《しか》し最も晩年になってようやく成熟する人間も勿論《もちろん》ある。
(7)晩熟の人は若い期間が長い。

(8)たとえば、平俗化したキリスト教的道徳。
(9)なんじらこそはこの現世から排斥迫害されて然るべき人間ではないか。
(10)キリスト。
(11)パリサイ人。
(12)マタイ伝、四・一。
(13)一一頁《ページ》冒頭をみよ。——之を書いた当時、ニーチェ四十歳。
(14)五四頁一六行をみよ。
(15)成年は青年よりも死に対してより自由な態度を取り得、死に際してより自由な心境にある。
(16)死は生への絶望であってはならぬ、生の是認であるべきだ。死こそは生の最高揚であるべきだ。成熟した魂は之を肯定するであろう。
(17)ツァラトストラは自分の教えを弟子に伝えた。この福音がさらに汎《ひろ》めらるるを見んがため、彼は今みずから進んで光栄の中に死んで大地に帰りたい身を、なお生き永《なが》えるのである。

与うる徳(1)

一

ツァラトストラは「彩牛」と呼ばれる市を愛していたが、いまや之《これ》に別れを告げた。このとき、みずから彼の弟子と称する多くの者が跟《つ》き従って、行を共にした。とある十字路にさしかかったとき、ツァラトストラはかれらに言った、――われはここより独り行く、われは独り行くことを愛する、と。ここに彼の弟子たちは別離の印とて、彼に一本の杖《つえ》を贈った。この杖の黄金の握りには、一匹の蛇が太陽を繞《めぐ》って巻きついていた。(2)ツァラトストラはこの杖を喜んで、之に身を託した。さて、彼はその弟子たちに言った。――

借問《しゃもん》する、いかなれば黄金はもっとも貴しとせらるるに至ったのであるか？　――非常であるからだ。無用であるからだ。光輝燦然《さんぜん》として、かつ柔和であるからだ。黄

金はつねにみずからを与える。(3)

ただ最高の道徳の写象としてのみ、黄金は最高の価値に達した。与うる者の眼は、その輝きが黄金に似ている。黄金の輝きは、太陽と月との間に平和をもたらす。(4)

最高の道徳は非常である。無用である。光輝燦然として、かつ柔和である。与うるところの道徳は最高の道徳である。

まことに、われはなんじらの心を見抜いている。わが弟子たちよ、なんじらもまた、われと同じく、与うるところの道徳に到達せんと冀《ねが》っている。なんじなにしに偸《ぬす》みゆく猫、また奪う狼《おおかみ》(5)と似ようぞ？

なんじらの渇望《かつぼう》は、自らを犠牲とし自らを贈ることにあるのではないか。この故《ゆえ》にこそ、なんじらは、なんじらの魂のうちに一切の富を堆積《たいせき》せん、と熱望するのではないか。

なんじらの魂は財宝と宝玉とを追求して、飽くことを知らぬ。――なんじらの道徳が、贈与せんとするの意図に於《お》いて、飽くことを知らぬが故に。

なんじらは万物を強要して、なんじらにまで来《きた》らしめ、なんじらの中に入らしむ。――万物がなんじらの泉より、なんじらの愛の贈物として、ふたたび流れ出《い》でんが為《ため》に。

まことに、かかる与うる徳は、すべての価値の強奪者たらずにはいられぬのだ。この我欲をわれは健康と呼び、神聖と呼ぶ。(6)――

しかも、世にはいま一つ他の我欲がある。そはあまりにも貧しく飢えて、つねに盗まんと欲する。之ぞ、病める者の我欲であり、病める我欲である。

この我欲は、すべての輝けるものを、盗人の眼をもって瞬《まばた》きする。飢えたる者の貪《どん》欲《よく》をもって、食の豊かなる者を邪推する。そうして、つねに贈る者の食卓のめぐりに忍び足する。

かかる欲望からは、病患と、見えざる変質とが物を言う。羸弱《るいじゃく》の肉体から、かかる我欲の盗賊的貪婪《どんらん》が声をあげる。(7)

言え、同胞よ、われらが以《もっ》て悪――最悪となすものは何であるか？　それは頽廃《たいはい》ではないか？　――与うる魂の存在せざるところ、われらはつねに頽廃の存在を予感する。

われらの路《みち》は昇る。この種属を超えて、超種属へと至らんとする。されば、「一切をわがために――」という頽廃の心理は、われらにとって戦慄《せんりつ》である。(8)

われらの心情は昇る。この心情はわれらの肉体の比喩《ひゆ》であり、その上昇の比喩である。(9)もろもろの道徳の名称は、かくのごとき上昇の比喩に他ならぬ。

かくして、肉体は歴史の間を進行する。生成する。闘争する。(10)しからば精神とは

――？ 精神は肉体にとって何であるか？ 肉体の闘争と勝利との、伝令、伴侶《はんりょ》、かつ反響に他ならぬ。(11)

善と悪とのすべての名称は比喩である。それらのものは発言せぬ、ただ眴《めくば》せする。それらについて知識を獲《え》んと欲する者は、痴人にすぎぬ。(12)

同胞よ、なんじらの精神が比喩によって語り出でんとするとき、その刻々に心せよ。――ここに、なんじらの道徳の根源が存する。

なんじらの肉体は上昇せしめられ、蘇生《そせい》する。なんじらの肉体は、おのれの歓喜を以て、精神を幸に酔わしむる。かくて、なんじらの肉体は創造者となり、評価者となり、愛する者となり、また万有の恩恵者(13)となる。

なんじらの心がひろくして溢《あふ》れ漲《みな》ぎること大河にも似たるとき、(14)沿って住む民にとっては恵みであり、危険である。――ここに、なんじらの道徳の根源が存する。

なんじらが賞讃《しょうさん》と誹謗《ひぼう》とを超えてあるとき、また、なんじらの意志が、愛する者の意志として万物に命令せんと欲するとき、(15)――ここに、なんじらの道徳の根源が存する。

なんじらがすべて快適なるものを斥《しりぞ》け、膚《はだ》ざわりよき褥《しとね》を蔑《さげす》み、また一切の柔媚《じゅうび》なるものより遠ざかって臥床《がしょう》せんと欲するとき、(16)――ここに、なんじらの道徳の根源が存する。

また、なんじらが一つの意志を意欲する者であり、この一切の困阨《こんやく》の転回がなんじらにとって必然であるとき、(17)――ここに、なんじらの道徳の根源が存する。

まことに、なんじらの道徳は、新らしき善と新らしき悪である！　一つの新らしき深き水音である。新らしき泉の声である！

この新らしき道徳、――そは力である。一つの支配する思想である。(18)之をしも一つの怜悧《れいり》な魂が囲繞《いにょう》している。――また、一つの黄金の太陽である。之をしも認識の蛇は囲繞している。(19)

(1)最高の徳は他より受けることを期待せずに、自己から放射し発散する力である。之《これ》は充実し向上する本能的肉体的自我より生ずる。――一一頁《ページ》一一行をみよ。

(2)智慧《ちえ》と惜みなく与うる力との象徴。四八頁一四行以下をみよ。

(3)黄金が貴しとせらるる所以《ゆえん》は、それが稀《まれ》で、非実用的（非功利的）で、美しいからである。――自己を他に与うるという徳も、之と同じ性質のものである。

(4)太陽と月――与うる者と受くる者との間にこよない美しい諧調《かいちょう》をあらしむる。

(5)低卑な利己主義者の比喩《ひゆ》。

(6)与うるためにまず奪い、施与するためにまず吸収する。之は健全な倫理であり、貴い利己主義であり、創造的な飢餓である。

(7)かかる低卑なエゴイズムは頽廃《たいはい》した病的本能に発するのだ。八五頁二行以下をみよ。

(8)われらの理想は人類の向上にある。現在の人類以上の超人を生まんとするにある。与えることをなしえざる、ただ奪うのみの不健康な本能は害悪である。
(9)われらの精神的なものは向上するが、之とても実は肉体的なもの（生物学的本能的なもの）が向上しゆくことの反映にすぎない。六六頁七行、七二頁九〜一〇行をみよ。
(10)生物学的な存在としての人間の生存闘争が歴史を構成するものである。
(11)精神よりも肉体の方が根本である。すべての精神的活動とは、肉体的な力の反映である。
(12)道徳的観念もそれ自体が本質的ではない。より本質的なるものの状態を暗示するものにすぎない。倫理それ自身を独立に研究するのは無意味である。
(13)一三五頁一二行及び一一頁一三行をみよ。
(14)汝《なんじ》の本能的な感情生活が充溢《じゅういつ》するとき、之が他者に働きかけて、あたらしき倫理を施し、また固陋《ころう》の道徳を破壊する。
(15)愛を有する創造者の意志は立法者として他者に命令をも下す。二七〇頁五行をみよ。
(16)創造者は休息、安逸を蔑視《べっし》する。
(17)創造者は唯一《ゆいいつ》の意志を堅持し（七九頁五行をみよ）、一切の困難を克服せずにはおかぬ。一九九頁七行をみよ。
(18)一四六頁四行をみよ。
(19)一七四頁一二行をみよ。

二(1)

ここにツァラトストラはしばしば口を緘《つぐ》んで、慈愛の目を以《もっ》て弟子たちをうち見た。

――やがて彼は語りつづけた。声の調子も改まった。

同胞よ、大地に忠実であれ。なんじらの道徳の力をもって、大地に忠実であれ！　なんじらの与うる愛と、なんじらの認識とは、大地の意義に奉仕せよ！　――かくわれはなんじらに切言し、懇願する。

なんじらの愛と認識とをして、この地上より飛び去らしむるなかれ(2)！　その翼もて永遠の壁に突き当たらしむるなかれ！　ああ、飛び去り失《う》せたところの道徳の、いかに数多いことよ！

なんじら、わがごとくに、飛び去りし道徳をこの大地へ引き戻せよ。――まことに、肉体と生命とに引き戻せよ！　しかして、この道徳をして、大地に意義を・人間の意義を与えしめよ！

道徳とひとしく精神もまた、これまで幾百度となく、飛び去り、飛び損ねたのである。ああ、われらの肉体の中には、今なお、これらすべての迷妄と失敗とが巣を食っている。しかも、それらはそこに定着して、われらの肉体と意志とに化し去った(3)。

道徳とひとしく精神もまた、これまで幾百度となく、試みをなし、誤ったのである。げに、人間は試みであった(4)。ああ、いかに無知と迷妄とがわれらの肉体となったことぞ！

数千年の理性と共に、——また数千年の錯乱も、われらに於《お》いて爆発する。嗣《つ》ぐ者たるは危険なるかな。

われらはなお歩一歩、かの巨人「偶然」と格闘している。全人類の上には、これまで無意義が支配してきていた。(5)

同胞よ、なんじらの精神となんじらの道徳とを、大地の意義に奉仕せしめよ！ なんじらは万有の価値を新たに確定せよ！ このために、なんじらは闘争者たれよ！ このために、なんじらは創造者たれよ！

肉体は知によってみずからを浄化する。智識《ちしき》をもって試みつつ、みずからを牽《ひ》き上げる。(6)認識する者にとっては、一切の衝動は神聖である。牽き上げられた者の魂は快活である。

医者よ、なんじみずからを治療せよ。(7)かくしてはじめて、なんじはなんじの患者を治療しうる。医者の最上の治療とは、みずからを治療する人間を出現せしむるにある。

いまだ踏み行かれたことのない数千の径《こみち》がある。数千の健康がある。また数千の隠れたる生命の島々がある。(8)人間と、人間・大地とが発見されていないこと、いまだ無限である。

醒《さ》めよ。聴け。なんじら孤独なる者たちよ！ ひそやかの羽搏《はばた》きして、風は未来より吹ききたる。かくて、慧《さと》き耳には、よき便りがおとずれる。

なんじら、今日にして孤独なる者よ、隔絶せる者よ。いつの日か、なんじらは一つの集団となるべきだ。相互いに選びいずるなんじらの中より、選ばれたる民族が発生すべきだ。——かくして、この民族の中より、超人が発生すべきだ。

まことに、この大地は回癒の場所となるべきだ！　しかも、はやすでに、大地をめぐって一つの鮮《あた》らしい香気が漂っている。救いを齎《もた》らすところの香気、——一つの新らしい希望が！

(1)ふたたび、大地に忠実なれ！　と説く。一九頁《ページ》一四行、「背世界者」六三頁以下、「幸福の島にて」一九五頁をみよ。

(2)六五頁一行以下をみよ。

(3)道徳が非現実的な彼岸の世界に逃れ去ったごとくに、精神も方向をあやまった。その為《ため》にわれらの肉体は苦しめられ蔑視《べっし》されてきた。この数千年の過誤が累積《るいせき》したために、われらの肉体と意志とはかくも薄弱のものと化した。

(4)過去に於《お》ける人間の進化の過程はあらゆる迷いをくりかえし、また再び新らしき方向を摸索したものであった。

(5)従来の人類には進化の目標が欠け、発展の必然性を有していなかった。ただ偶然に支配されるままであった。この偶然を克服しなくてはならぬ。一三七頁一六行〜一三八頁一行、三二八頁一三〜一四行をみよ。

(6)彼岸を離れ、大地の意義にかえった知性によって、肉体は浄化せられ向上せしめられる。かかる人間は、もはや曾《かつ》ての形而上学的《けいじじょうがく》人間のごとく蒼白《そうはく》でなく健康である。六九頁三行をみよ。
(7)従来の不健康な教理を説いた道徳家宗教家たちよ、まずみずから健康になれ。
(8)人類にはなお進みゆくべき無数の可能性が残されてある。

三(1)

この言葉を述べ了《おわ》って、ツァラトストラは口を噤《つぐ》んだ。あたかも最後の言葉を言わざりし人のごとくであった。彼は長い間、たゆたいつつ杖《つえ》を手の中にしていた。ついに彼は語りいでた。——声の調子も改まった。

わが弟子たちよ、われいまよりは、独り行かんとする！　なんじらもまた独り行け！　かくわれは希《ねが》う。

まことに、われなんじらに勧める。——われより去れ。ツァラトストラより自己を禦《ふせ》げ！　さらになすべきは、ツァラトストラを恥じよ！　われはなんじらを欺《あざむ》いたかも知れぬではないか。

認識の人間は、ただにその敵を愛するのみにはあらず、さらに、その友をも憎みうる者たるを要する(2)！

ついに門下としてのみ已《や》むは、よく師に報ずるの所以《ゆえん》でない。しかるに、いかなればなんじらは、わが花冠を捲《むし》り去ろうとはしないのであるか？

なんじらはわれを崇拝する。さあれ、なんじらの尊崇が一たび覆《くつがえ》ったときには如何《いかが》であるか？　心せよ、うち倒れる神像によって、なんじらが摧《くじ》かれざらんことを(3)！

なんじらは言う、ツァラトストラを信ずる、と。されど、そもツァラトストラが何であるか！　なんじらはわが信徒である。されど、そも一切の信徒が何であるのか！

なんじらはいまだ自己を求めざる時に、われに遭遇した。すべての信徒はかく為《な》す。この故《ゆえ》にこそ、一切の信仰はかくも見窶《みすぼら》しい。

いまや、われなんじらに命ずる。――われを棄《す》て、なんじら自らを発見せよ、と。かくて、なんじら総《すべ》てがわれを否定した時、われはなんじらに復帰するであろう。

まことに、同胞よ、その時は、われはわが喪失せる者たちを、異なれる眼をもって探索するであろう。その時は、われはなんじらを、異なれる愛をもって愛するであろう。

いつの日か、なんじらはわが友となっていなくてはならぬ。同じき希望の児《こ》となっていなくてはならぬ。その時にこそ、われは、大いなる正午をなんじらと共に祝わんため、三度(4)目になんじらの傍に在るであろう。

大いなる正午とは何ぞ。――すなわち、人間が獣より超人へと到《いた》る軌道の中点に立ち、彼の夕べへの道を彼の最高の希望として祝うべき、時の謂《いい》である。いかんとなれば、之《これ》ぞ、一つの新らしき朝への道であるが故に。(5)

この時には、没落し行く者は、超越しゆく者であるが故に、みずからを祝福するであろう。しかして、彼の認識の太陽は、彼のために正午の中天に燦《かがや》いているであろう。「一切の神々は死んだ。いまやわれらは、超人が生きんことを冀《ねが》う。」――之をしも、いつの日か、大いなる正午に於《お》けるわれらの最後の意志たらしめよ！――

ツァラトストラはかく語った。

(1)ツァラトストラは弟子たちに、自分を離れて精神的独立を確立せんことをすすめ、弟子たちと別離する。しかして、なんじらが完全に独立性を克《か》ち獲《え》たときに再会しよう、と約束する。

(2)一二九頁《ページ》一〇行をみよ。

(3)自己が崇《あが》める神像が仆《たお》れたときに、之《これ》によって摧《くじ》かれた、という古代の寓話《ぐうわ》のごとくに、盲目的な崇拝は、一度この崇拝が覆《くつがえ》ったときには、その崇拝者をも滅ぼす。

(4)ツァラトストラ入山の前を一度目と解すべきか。

(5)一二頁七行をみよ。

第二部

「――かくて、なんじら総《すべ》てがわれを否定した時、われはなんじらに復帰するであろう。
まことに、同胞よ、その時は、われはわが喪失せる者たちを、異なれる眼をもって探索するであろう。その時は、われはなんじらを、異なれる愛をもって愛するであろう。」

ツァラトストラ第一部――与うる徳

鏡を持てる小児[1]

ツァラトストラはふたたび山に入り、彼の洞窟《どうくつ》の寂寥《せきりょう》に帰って、人間から遠ざかった。かくて、種蒔《たねま》く人が蒔き了《お》えたときのように、待っていた。さるほどに、彼の霊魂はいらだち始め、彼が愛した人々への渇望《かつぼう》によって膨れた。かれらに与うべきなお多くの物を有していたが故《ゆえ》である。まことに、愛すればこそ開いた手を閉じ、与うる者でありながらなおその羞恥《しゅうち》を棄《す》てず、というは[2]、こよなく苦しいことである。

かく寂寥に棲《す》むツァラトストラに、月は過ぎ、年はうつろって行った。彼の智慧《ちえ》はいよいよ成長して、その充溢《じゅういつ》のために彼は苦痛を覚えた。

ある朝、彼は暁の朱に先んじて目醒《めざ》め、臥床《ふしど》の上にながく沈思していた。ついに、彼は己の心に語ったのである。――

「何故にわれは、夢のさ中に、かくも愕《おどろ》いて目醒めたのであろうか？　一人の鏡を手にした小児が、わが方に歩み来たったのではなかったか[3]？

『おお、ツァラトストラよ、』——と小児はわれに語った。『鏡の中のなんじが姿を見よ！』

鏡の中を覗《のぞ》いたとき、われは叫声を挙げた。胸は戦《おのの》いた。われはその鏡の中にわが姿を見たのではなかった。そこに現れたものは——、悪魔の顰面《しかめつら》と嘲笑《ちょうしょう》であった。

まことに、この夢の中の鏡戒をわれは余りにもよく了解する。——わが教えは危殆《きたい》に瀕《ひん》している。いま雑草は麦と呼ばれんとしている！(4)

わが敵は勁《つよ》く、わが教義の形容を歪《ゆが》めてしまった。かくて、わが最も愛する者たちは、われがかれらに与えし贈物を恥じねばならぬにいたっている。

わが友はわれから失われた。時は来た。われはわが喪失せる者たちを探索に行かねばならぬ！」——

この言葉と共にツァラトストラは起き上った。そのさま心悩《おび》えたる者の大気を求むるごとくではなかった。予見者、または霊に襲われた歌い手のごとくであった。彼の鷲《わし》と彼の蛇とは、驚き怪んで彼を眺めた。来たらんとする幸福が、暁の朱のごとくに、彼の面輪に射《さ》していたからである。

われに何事が起ったのであるか、わが生物どもよ？——とツァラトストラは言った。——われは変化した。至福が、さながら暴風雨のごとくに、われを襲った！

わが幸福は愚かしい。さればわれは愚かしく語るであろう。わが幸福はなお稚《おさな》い、——之をゆるせ！

われはわが幸福によって傷ついている。いまぞ、すべての悩める者がわが傷の治療者となるであろう。(5)

ふたたび友の許《もと》へ降り行くことができる！　敵の許へも降り行くことができる！　ツァラトストラはふたたび語り、贈ることができる！　愛する者たちに至上の愛を示すことができる！

わが抑えがたき愛は溢《あふ》れて、——東へ、西へと降る奔湍《ほんたん》となる。わが魂は静寂の山より、苦痛の雷雨より、轟《とどろ》きつつ渓谷に濺《そそ》ぐ。

われ憧憬《しょうけい》し、遠きを望むこと久しきに過ぎた。また、われ孤独の中に生きしことも久しきに過ぎた。かくて、われは沈黙する術《すべ》を忘れた。

われはすべて口と化した。また千仞《せんじん》の絶壁を下る瀑布《ばくふ》の怒号と化した。わが言説は渓谷の中に奔《はし》り降らんと冀《ねが》う。

わが愛の水流が、路拓《みちひら》きがたきほとりへも落ちてゆかんことを！　この水流がついには大洋への路を見いでずしてやむこと、いかにあるべき！

わが心の中には湖がある。ひそやかに、こころ足らって、水を湛《たた》えている。わが愛の流れはこの湖の水を低きへとおしながす。——海へ！

われは新らしい道を往《ゆ》く。新らしい言葉がわれにきたる。われもまたすべての創造者と同じく、古い舌に疲れ倦《う》んだ。わが精神は、もはや磨《す》り切れた蹠《あしうら》をして彷徨《ほうこう》するをやめたい(6)。

われにとって、一切の言葉は緩慢に過ぎる。——されば、なんじ暴風雨よ、われはなんじの車に飛び乗ろう！　なんじをすら、わが悪意をもって鞭《むち》うとう(7)！

叫喊《きょうかん》のごとく、はた歓呼のごとく、大洋を超えて船出しゆこう。かくて、わが友らの住む幸福の島々(8)を見いでよう。——

しかも、かれらの間にわが敵を！　われいかに、わが語りかけうるすべての者を愛することぞ！　さればこそ、わが敵だに、わが至福のためにはなきを得ぬのだ！

われ荒々しき悍馬《かんば》に跨《また》らんとするとき、わが槍《やり》はつねにわれを扶《たす》ける。之《これ》こそは、わが足に備われる僕《しもべ》である(9)。——

敵にむかって投げるところの、このわが槍よ！　ついに之を投げうるが故に、われはいかにわが敵に感謝することぞ！

わが霊(10)はあまりにも雷電を孕《はら》んでいる。電光の哄笑《こうしょう》の間に、われは霰《あられ》の驟雨《しゅうう》を深淵《しんえん》に投じよう！

このときに、わが胸は力強く昂《たか》まるであろう。その嵐《あらし》を力強く山々に吹きつけるであろう。かくしてこそ、胸は軽やぐ。

まことに、わが幸福とわが自由とは、きたるや、さながら暴風雨に似ている！　かくて、わが敵は、かれらの頭上を「悪」が荒れ狂う、と信ずるであろう。

さなり、わが友よ、なんじらもまた、わが粗暴なる智慧の故に驚愕《きようがく》するであろう。おそらくは、なんじらもまた、わが敵と共に奔り去るであろう。

ああ、かかるとき、われもし優しき牧人の笛声をもって、なんじらを呼び返すことができればよいが(11)！　ああ、わが智慧の牝獅子《めじし》がやさしく吼《ほ》えることができればよいが！　さらば、われらは相共に多くを学ぶであろうに！

わが粗暴なる智慧は、寂寥の山の上にあって孕んだ。しかして、巍峨《ぎが》たる巌《いわ》の上に、仔《こ》を――もっとも若い仔を産み落した(12)。

いまや、牝獅子は狂乱して不毛の沙漠《さばく》を走り、柔かい緑地《オアシス》の草を求めている(13)。この牝獅子、――このわが粗暴の智慧が！

なんじらの心の柔かい緑地《オアシス》の草の上に、わが友らよ！　――なんじらの愛の上に――、わが粗暴の智慧は、その愛する仔を眠らせんと冀う！　――

ツァラトストラはかく語った。

(1)山上の孤独に帰ったツァラトストラは幾年の後、地上に於《おい》て彼の教義が歪《ゆが》められ汚されんとし、弟子たちも離反しつつあるのを覚《さと》って、いま一度人間の間に降りゆかんと決心する。彼は充実した勇気、熟した思想、あたらしい言葉を持っている。

(2)同情的態度を以《もっ》て他人に与うることは、羞恥《しゅうち》の欠乏である。この意味に於ける「羞恥」については後章「同情者」——二〇三頁《ページ》七行以下を見よ。

(3)この小児と鏡とを何の比喩《ひゆ》と解すべきか、確定しがたい。おそらく特定の像ではないかも知れない。強《し》いて解すれば、小児は「三態の変化」に於けると同様、自由な創造精神。——ツァラトストラの理想とする自由な創造者が彼の幻想の中に現れて、その智慧《ちえ》(鏡)によって次のことを示した。——ツァラトストラが教えたところのものは今や汚され、戯画化され、嘲笑《ちょうしょう》されている。

(4)虚偽の道徳が真正のそれを圧倒して、権威を得ている。

(5)苦しむ者にこの幸福を分ち与えることによって、われは救われる。

(6)ツァラトストラは求道者であり改革者である。彼の言葉は使いへらし磨《す》りへらされた慣用句ではない。新らしい表現である。

(7)ツァラトストラの新らしい言葉は激越で、嵐《あらし》のごときリズムを持つ。彼の峻酷《しゅんこく》なる決意はさらにその調子を昂《たか》める。

(8)第二部に於けるツァラトストラの活動の地。一九五頁をみよ。

(9)悍馬《かんば》はあらあらしい智慧。槍《やり》は敵を仆《たお》すべき寸鉄の箴言《しんげん》。ツァラトストラの行くところ、つねにこの武器があって、敵を仆すのを扶ける。

(10)わが沈黙があまりにも永かった故《ゆえ》に、わが智慧は飽和状態に達している。われは之《これ》を電光の如《ごと》くに発散しよう。
(11)わが心の内に潜む優しい感情をもまた示して、なんじらを呼びよせたいと思う。
(12)ツァラトストラの智慧は山上の孤独の中にあって、あたらしい価値の表現たるあたらしい言葉を生んだ。
(13)人生の中に健闘して、その言葉を味読すべき友を求めている。

幸福の島にて(1)

無花果《いちじく》が樹《き》から落ちる。その実はうつくしく、口に甘い。落ちながら、赤い無花果の皮は剝《は》げ裂ける。われは、この熟した無花果に吹きあつる北風である。(2) 無花果に似て、わが友よ、わが教えはなんじらに落ちる。いざ、その漿《しる》を吸え。甘い肉を食《と》うべよ！——秋がわれらをめぐっている。空は浄《きよ》く、いまや午後である。みよ——。われらをめぐって、物の充《み》ち溢《あふ》れたことよ！ 豊かさのうちより遥《はる》かなる海を望む、この快さよ！

そのかみ、遠い海を眺めて、人々は神を誦《ず》した。(3)——いま、われはなんじらに超人を称《たた》うるを教う。

神は一つの臆測《おくそく》である。――われは願う、なんじらの臆測が、なんじらの創造の意志を凌《しの》ぐことのなからんことを。(4)

なんじらは神を創造することをなしえようか？――否《いな》、すべて神々について喋々《ちょうちょう》するをやめよ！　ただ、なんじらは超人を創造することはなしえよう。(5)

おそらく、そはなんじら自身では無いであろう、同胞よ！　とはいえ、なんじらと雖《いえど》も、自己を超人の父か、祖先にまでは化しうるのである。之《これ》をしてなんじらの至上の創造たらしめよ！――

神は一つの臆測である。――われは要求する。なんじらの臆測が思考しえらるるものの範囲に止《とど》まることを。(6)

なんじらははたして神を思考しえたか？――一切をして人間に思考せられうるものたり、人間に見られうるものたり、また人間に感じ得らるるものたるように変化せしむること、――之、なんじらにとっての真理への意志を意味すべきだ！　なんじらはなんじら自身の感覚を窮極まで思考し尽すべきだ(7)！

なんじらが世界と名づけたところのものは、まずなんじらによって創造さるべきものだ。かくて、なんじらの理性、なんじらの形像、なんじらの意志、なんじらの愛が、

世界にまで生成すべきものだ！　かくて、なんじら認識者らよ、ついにはなんじらの至福と化すべきものだ！(8)

この希望なくして、いかになんじらは人生に堪えうるのであるか、認識者らよ？　なんじらは理解しうべからざるものにも、また没理性的なるものの中にも、生みつけられている筈《はず》がない(9)。

ここにわれなんじらに衷心を披瀝《ひれき》しよう、同胞よ。――もし神々が存在するとせば、われいかに自ら神とならざるに堪ええようぞ！　この故《ゆえ》にこそ、いかなる神々も存在しない(10)。

この結論を牽《ひ》き出したのはわれである。いまや、この結論がわれを牽きゆく(11)。――

神は一つの臆測である。さあれ、人もしこの臆測の苦艱《くかん》を飲み干さば、人は死ぬのである(12)。創造する者よりその信仰が奪われてよいのか？　鷲《わし》から遠き空の高翔《こうしょう》が奪われてよいのか？

神とは、すべての正しきものを歪《ゆが》め、すべての直立せるものを捻転《ねんてん》せしむるところの思想である。そうではないか？　もし完全なる神というごときものがありとせば、時間は存在しない訳ではないか？　そうして、一切の過ぎゆくものは虚妄である筈ではないか(13)？

かかる事を考うるは、人間の肢体にとって旋風であり、眩暈《げんうん》である。さらになお、胃にとって嘔吐《おうと》である。まことに、かくのごとき者を臆測するを、われは惑乱の病気と呼びたい。

之をわれは悪と呼び、厭人的《えんじん》と呼ぶ。かかる唯一者《ゆいいつしゃ》についての、完全者についての、また不動、充足、不滅なる者についての、一切の教義をわれはしか呼ぶ！

げに、すべての滅び行かざるものは——比喩《ひゆ》にすぎぬ！　かくも、詩人は偽り多きものである。(14)——

されば、時間と生成について至上の比喩が語らるべきだ。この比喩こそは、一切の滅び行くものの讃美《さんび》にして、かつ是認であるべきだ！

創造、——之こそは苦悩よりの大いなる解脱《げだつ》であり、(15)生命の軽快化である。しかして、創造者が在らんがためには、苦悩と多くの変化とが在らねばならぬ。

げに、なんじら創造者たちよ、なんじらの生活の中には、多くの苦き死があらねばならぬ！　かくてこそ、なんじらは一切の滅び行くものの代弁者にして、是認者である。

創造者みずからが新たに生まれきたる子であらんがために、創造者みずからが産む女であらねばならぬ。また、陣痛であるを念願せねばならぬ。

まことに、われは百の魂、百の揺籃《ようらん》、また百の陣痛を経て、わが路《みち》を往《い》った。われ

はすでに多くの別離を経験した。げに、――われは知っている、かの胸も裂かるる最後の時刻を！(16)

しかもなお、わが創造の意志・わが運命は、かくあれ、と欲する。といわんよりは、われなんじらに率直に打明けよう、――まさにかかる運命をこそ、わが意志は欲する。

われ接するごとに、触るるごとに、つねに悩み、さながら囚屋の中に縲《つな》がれしがごとくである。(17)ただわが意欲が来たって、われを解放し、われに歓喜を与える。

意欲は解放する。(18)――之ぞ、意志と自由についての、真の教えである。ツァラトストラはなんじらにかく教える。

「もはや意欲せず、もはや評価せず、もはや創造せず――！　ああ、この大いなる疲労がわれに近づく日のなからんことを！」

認識に於《おい》てもまた、われはただわが意志の生産の欲望と、生成の欲望とのみを感ずる。しかして、もしわが認識が無垢《むく》清浄なりとせば、そは、この認識の中に生産の欲望が存する故である。

この意志はわれを誘って、神及び神々より去らしめた。そもそも、もし神々が既に存在せりとせば、いまはた創造すべき何物があろうぞ！(19)

このわが劇《はげ》しい創造の意志は、つねに新らしくわれを駆って、人間に到《いた》らしめる。

そは鉄槌《てっつい》を駆って、石を撃たしむる。(20)

ああ、なんじら人間よ、石の中に一つの像、わが多くの像の一つが眠っている！

ああ、この像が、かくも硬く醜き石の中に、眠りを続けざるを得ぬことの悲しさよ！(21)

いまや、わが鉄槌は、この像の牢獄《ろうごく》の上を酷《きび》しく乱打する。石よりは破片が飛ぶ。

さあれ、これとてわが意に介するところではない！

われは之を完成しよう。われにある影がやって来たからだ。万有の中のもっとも静《せい》謐《ひつ》にもっとも軽快なものがやって来たからだ。

すなわち、超人の美が影のごとく、われにやってきたからだ。ああ、わが同胞よ！

いまさら神々が、われに何の関わるところぞ！――

ツァラトストラはかく語った。

(1)ツァラトストラの活動の地は第一部に於《お》ては「彩牛」であったが、第二部に於てはこの「幸福なる島」である。いま、ツァラトストラは海に近く、無花果《いちじく》の樹《き》の蔭《かげ》に坐して、乾いた秋の風に吹かれながら、弟子に説いている。超絶的な神を排して、超人への創造を説く教えが再度唱えられる。二〇頁《ページ》五行、一八〇頁をみよ。

(2)地中海に吹くアルプス越えの北風トラモンタナあるいはミストラルの風は、南の風シロッコと反対に、晴れて乾いていて高爽《こうそう》の感がある。

(3)過去に於ては人間はある無限の絶対者にあこがれて、之《これ》を神とあがめた。

(4)神とはある可能な存在を想像し臆測《おくそく》するにすぎない。之に反し、超人とは人間が意志を以《もっ》て未来に於て創造すべきものである。この想像がこの意志を圧倒して麻痺《まひ》せしむることなからんことを願う。

(5)人類はかかる想像の産物たる神にまで達することはできないが、向上して超人を生むことはできる。

(6)思考はいたずらに抽象的な空疎《くうそ》な神秘主義に堕すべからず。

(7)神という観念は、肉体や感覚や官能や、すべて人間の現実的存在の仮定であった。ツァラトストラの真理はこれらのものの肯定であり、これら一切のものの人間化と、その究極的追究である。

(8)世界とはなんじらが全存在を以て産み出したなんじら自身の世界像であるべきである。強き生命力を以て、なんじの幸福の世界像を創造せよ。二六五頁二行をみよ。

(9)右のごとき、自己の世界を創造しうる希望によって、われらは生きうる。抽象的な神秘的な世界は、真の生命の世界ではない。没理性的なもの、——世界像の中に入り来《きた》らざる、いまだ精神の加工を加えられざる、素材としての実在、の意か？

(10)われらが神的なるものの存在を仮定想像するのは、人間もついにはかかる最高存在に達しうるとの希望があるからである。しかるに、従来神とせられた生命なき否定的な彼岸性はわれらの達しえず、達すべからざるものである。この故《ゆえ》に、超人はかかる神を否定する。

(11)さればわれらは必然的に超人の理想へと達せざるをえぬ。

(12)かかる仮定的な神を信ずれば、生命力が失われる。

(13)ツァラトストラは時間空間の内に存在する現実のみを唯一《ゆいいつ》の実在として認め、仮象の外に立つ本体というごときものを否定する。——もし完全永久不滅なる神の存在を認めるとすれば、この現実世界は仮象であり、虚妄にすぎぬ、という結論に達する。形而上学《けいじじょうがく》神学のかかる前提はツァラトストラにとって堪えがたいことである。

(14)故に、ゲーテの「ファウスト第二部」の結句、――すべて滅びゆくものは比喩《ひゆ》である、という言葉は、ツァラトストラの主張とは対蹠《たいしょ》の立場にある。
(15)苦悩よりの解脱《げだつ》としての創造、――ニーチェは若き日に、別な意味に於てこの思想を抱いていた。六四頁三行をみよ。
(16)ニーチェ自身がその生涯に於て多くの悲痛な別離を体験した。
(17)敏感なニーチェはあらゆる接触に於て悩み、また別離しがたき思いをなした。されど別離すべくしてなしえざる停滞は牢獄《ろうごく》である。
(18)一七八頁一行、三三三頁五行をみよ。
(19)もし至高の価値の具現者がすでに最後的に完成実現しているとすれば、もはや人間が実現し創造すべき努力も無意味な訳である。一九七頁六行以下をみよ。
(20)プロメトイスのごとき人間創造へと向わしむる。彫刻家が素材たる石より美しき姿を刻み出すごとくに、われは人間形成を志す。
(21)現在の人間の中には、理想的な人間にまで達しうべき素質が、いまだ牽《ひ》き出されずに睡《ねむ》っている。

同情者(1)

わが友よ、なんじらの友には嘲《あざけ》りの声が聞えた。――「みよ、ツァラトストラを！

彼はわれらの間を歩んで、その状《さま》、さながら獣の間を歩むがごとくではないか？」と。(2)しかし、この声はかく言わば、さらによかったのだ。――「認識する者は、人間の間を歩みながら、獣の間を歩むがごとし。」と。(3)

認識する者にとっては、人間は獣である。――ただし、赤き頬を有する獣である。(4)

何故《なにゆえ》にこの獣の頬は赤いのであるか？　すなわち、彼があまりにしばしば羞恥《しゅうち》せねばならなかったからではないか？

おお、わが友よ！　認識する者はかく言う。――羞恥、羞恥、羞恥、――之《これ》すなわち人類の歴史である！　と。

この故に、高貴なる者は自己を抑制して、他を羞恥せしめぬ。またこの故に、自己に命じて、あらゆる悩む者に対して羞恥を感ぜしむる。(5)

まことに、われはかの、同情することに於《おい》て幸福なる、憐憫《れんびん》ある者を好まない。かれらはあまりにも羞恥に乏しい。

われもし同情を有せねばならぬときにも、同情ある者と称さるるを好まない。われまた同情ある者であるときにも、遠く離れしところより然《しか》くあるであろう。

かくてわれが、いまだ見識《みし》らるる前に、われは首を裹《つつ》んで逃れ去るであろう。(6)されば、わが友よ、なんじらにも之に倣《なら》うことを命ずる！

ねがわくば、わが運命がわれをして、つねになんじらの如《ごと》く苦悩なき者にのみ出会せしめんことを！　また、希望と食物と蜂蜜《はちみつ》とを、われと共に分ちうべき者にのみ出会せしめんことを(7)！

まことに、われは苦悩する者に彼をなしまた之をなした。さあれ、自己を歓喜せしむることを学ぶとき、つねによりよき事を為《な》しつつあるを感じた。

人類が在ってより以来、人類は自己を歓喜せしむることあまりに尠《すく》なかった。之すなわち、わが同胞よ、われらの唯一《ゆいいつ》の原罪である！

われらが自己を歓喜せしむること正しければ正しいほど、われらは他人に苦痛を与えることを考えぬであろう。また、苦痛を案出することを忘れるであろう(8)。

この故に、われは苦悩せる者を助けた手を濯《すす》ぐ。また、わが魂をも拭《ぬぐ》う(9)。

われはある悩める者をその悩みつつあるときに見たが、この事をわれは、彼の羞恥の故に恥じたのである。しかして、われが彼を助けたとき、われは酷《ひど》く彼の矜持《きょうじ》を毀《そこ》ねたのである(10)。

大いなる恩義は感謝せしめぬ。むしろ復讐《ふくしゅう》を考えしめる。また、小さき恩義が忘れられざるときは、そはやがて蝕《むし》ばむ虫と化す(11)。

「すべて受けることに於て戒慎せよ！　受けることに於て例外たれ！」――かくわれ

は与うべきものを有せざる人々に勧める。

われは与うる者である。友として、友によろこんで与える。されば、未知の人はた貧しき者は、わが樹《き》より果実をみずから捥《も》ぎ取れよ。(12)――かくすれば、われはかれらを恥じしめずして済む。

ただ、乞食《こじき》はのこらず逐《お》い払えよ！　まことに、かれらには与うるも腹立たしく、与えざるも腹立たしい。

また、罪人《つみびと》と不安なる良心も同様である！　わが友よ、かく言うを信ぜよ、己れを嚙《か》む良心の苛責《かしやく》は、他人にも咬《か》みつくに至る。(13)

しかはあれ、最悪なるは小さき思想である。小さく思想せらるるよりは、悪《あ》しく行為せらるるがましである！(14)

もとより、なんじらは言う、――「小さき悪に淫《いん》することによって、大いなる悪しき行為を節することができる。」と。さあれ、いまやわれら節すべき場合ではない。

悪しき行為は腫瘍《しゅよう》に似ている。疼《うず》き、痒《かゆ》く、ついに潰《つぶ》れる。――その語るや素直である。

「みよ、われは病患である。」――悪しき行為はかく語る。之がその素直さである。

しかるに、小さき思想は菌に似ている。匐《は》い、跼《せぐく》まり、現われ出《い》でることがない。

――この小さき菌のために、全肉体は腐敗し、枯れ、萎《な》える。

悪魔より憑《つ》かれた者の耳に、われはこの言葉を囁《ささや》こう、――「むしろなんじの悪魔を育てよ！　かくなさば、なんじにとって、偉大さへの路《みち》はまだ塞《ふさ》がれてはいない。」(15)

ああ、わが同胞よ！　われらは他人について知ることあまりに多い。われらは多くの人を見透しうる。しかも、その人より抜け出でることをなし能《あた》わぬ。(16)

人間と共に在ることは困難である。沈黙が困難である故に。(17)

しかして、われらが最も不当でありうるのは、われらに反抗する者に対してではない。われらと関与するところなき者に対してである。(18)

なんじもし苦悩する友を有さば、彼の苦悩のための憩《いこ》いの所たれよ。ただ、――硬き床たれ、戦陣の床たれ。かくあってこそ、なんじは友に最も有用でありうる。(19)

もし友がなんじに悪を為さば、言え、――「なんじがわれに為せし悪について、われなんじを恕《ゆる》さん。さあれ、なんじがなんじ自身に為せし悪について、いかに恕すを得んや！」と。

すべての大いなる愛はかく言う。かくして、大いなる愛は宥恕《ゆうじょ》をも、同情をも克服する。

己が胸を縛れ。もし之を放たば、汝《なんじ》が頭もたちまちに失《う》せ去るであろう。(20)

ああ、同情者の許《もと》に於《お》けるよりもより大いなる痴愚が、いまだ世界の何処《いずこ》にありえたことぞ！　同情者の痴愚が惹起《じゃっき》したよりも大いなる苦難を、いまだ何物が醸《かも》したことぞ？

あわれむべし、すべての愛する者よ！　――かれらかの同情より高き絶頂を知らず。

かつて、悪魔がわれにかく言った。――「神もその地獄を持っている。すなわち、人間に対する彼の愛である。[21]」と。

しかして、われは悪魔がかく言うのも聞いたことがある。――「神は死んだ。人間に対する同情の故《ゆえ》に、神は死んだ。[22]」と。

されば、なんじら同情に対して警戒せよ。いつの日か、ここより、重い雲は人間に来たるであろう。[23]――まことに、われは天候やがて変じきたるべき前兆を感じる！

さらに、この言葉をも心に銘せよ。――すべての大いなる愛は、すべての同情の上にある。いかんとなれば、大いなる愛は、愛さるるものをもまず――創造せんと欲するからだ！[24]

「われはわれ自らをわが愛に献《ささ》ぐ。われ自らとひとしく、隣人をも、わが愛に献ぐ。」

――すべての創造する者にとっては、かくあるのがその言葉である。

けだし、一切の創造する者は峻酷《しゅんこく》である。――

ツァラトストラはかく語った。

(1)人間と獣との区別は人間には羞恥《しゅうち》の感情が存するにある、しかも、この羞恥は弱者へ同情を示すのを恥ずる、という心理説からはじまって、苦悩への同情よりも、克服創造の歓喜の優れるを説く。

(2)ツァラトストラは倨傲《きょごう》であって人間を獣視する、という非難をうけた。

(3)すなわち、――認識者は人間が獣であることを知っている。

(4)人間は羞恥のために頬を赤く染める。人間と獣とを区別する本質的特性は、人間にはこの羞恥感がある、ということだ。

(5)高貴なる者は己が敵を恥じしめぬ。一五八頁《ページ》一〇行をみよ。苦悩する者に対して同情するのはその人を侮辱する所以《ゆえん》であるから、他人に同情するをも慎しむ。かかる遠慮が高貴なる者の羞恥である。二四七頁一一行をみよ。

(6)他人に対して同情の行為をなすときも、知られぬようにする。

(7)われは強者とのみ出会したい。われと希望を一にし、興味と成熟とを同じくする者と共にありたい。

(8)八五頁七行、二一〇頁七行を見よ。

(9)悩める者を救うは、むしろ卑小低賤《ていせん》と交渉することである故《ゆえ》に、自己を歓喜せしめる所以にあらず。

(10)二〇三頁五行を見よ。

(11)恩義を施すことは、施されたものの弱さを知ることである故に、かえって怨恨復讐《えんこんふくしゅう》を受けやすい。

(12)乞《こ》われるを待って施すに非《あら》ずして、いつでも取って行くにまかせる。二四七頁一五～一六行をみよ。

(13)良心の疚《やま》しさを持つ者にも同情を施すなかれ。かかる者の疚しさは内攻して、かえって陰険な方法によって恩を讐に報いる。

(14)陰性な凡庸よりも悪の方がましである。悪の方が素直である故に。

(15)悪にはなお自我もあり、勇気もある。卑小な凡庸よりも偉大さへ転じうる可能性がある。三四三頁二行をみよ。

(16)われらは他人の心理を見抜きうる故に、彼への同情を振りすてることを容易になしえない、——の意か。

(17)われらはこの同情をわれら自身の羞恥の故に、現わさずにいなくてはならぬ。本来温かき心を有する者にとっては、この自己克服が困難である故に、人間と交わるは容易でない、——の意か。

(18)われらに反抗する勇気ある者に対しては同情共感を持つは不当ではない。凡庸の徒につい気の弱い寛大さを持つこそ、より大なる不当である。

(19)真の同情はきびしい高い態度を以《もっ》て対することである。

(20)弱々しい同情に惑溺《わくでき》することあらば、理智《りち》も判断も失われる。

(21)従来の宗教が説く神の絶対愛・慈悲は、その弱点であった。

(22)この為《ため》に、人間性の欠点に対して意外な逆影響を及ぼして、宗教は衰滅するに至った。(?)

(23)前に（二七頁五行）黒い重い雲を超人の先駆の比喩《ひゆ》となしている。この「重い雲」というのを之《これ》と同義に解すれば、「ここより」というのは、同情を否定することより、の義となる。

(24)人類の未来を念願して、より愛すべき種族を創造せんとする大いなる愛は、隣人愛の上にある。

祭司たち（1）

或時《あるとき》、（2）ツァラトストラは弟子たちに合図して、かれらに次の言葉を語った。

「ここに祭司たちがいる。かれらはわが敵である。しかはあれど、なんじらはかれらの傍を行くには、静かに、また眠る剣をもて過《よ》ぎりゆけよ！（3）

かれらの間にも勇者がいる。かれらの中の多くの者は、苦しむこと多きに過ぎた。——この故《ゆえ》に、かれらは他人をも苦しませんとする。（4）

かれらは悪《あ》しき敵である。かれらの謙抑より以上に、復讐《ふくしゅう》の念の深いものはない。かれらを攻むる者はたちまちに汚される。

さあれ、わが血液はかれらの血液と相通じている。われはかれらの血液に於《おい》て、わが血液が尊敬されんことを欲する。（5）」——

しかし、かれらが行き過ぎたときに、ツァラトストラは苦痛に襲われた。彼しばらくこの苦痛と闘った後、かく言いはじめた。——

この祭司らはわが心を傷《いた》ましむる。かれらはわが感興を害する。しかし、かかる事はなお、われが人間の中に交ってより経し瑣事《さじ》にすぎぬ。

われはかれら祭司たちと苦難を共にする。また、してきた。かれらは囚《とら》われの徒であり、印を烙《や》かれた者である。かれらが救い主と呼ぶかの者が、かれらを桎梏《しっこく》の中に縛《つな》いだのである。――
謬《あや》まれる価値と妄想の言葉との桎梏の中に縛いだのである！ ああ、何人かあって、かれらをかれらの救い主より救い出すを得るならば！

かつて、かれらは島に上陸したと信じていた。しかも、そのとき、大洋がかれらを呑《の》みこんでいたのであった。みよ――、この島は実は眠れる怪物であったのだ！(6)
謬まれる価値と妄想の言葉と。――之《これ》ぞ、いつか死すべき人間にとっての最悪の怪物である。この中に、おそろしき宿命は長く眠り、かつ待っている。

しかも、この宿命はついには来《きた》り、醒《さ》め、この島の上に小さき屋を造って棲《す》む人々を呑噬《どんぜい》する。

おお、これらの祭司たちが打ち建てた、小さき屋を見よ！ その甘たるい匂《にお》いに充《み》ちた洞穴を――、かれらは教会と呼ぶ！

おお、このまやかしの光よ、この黴臭《かびくさ》い空気よ！ 霊魂がその高みへと飛翔《ひしょう》するを許され――ざる、この場所よ！

霊魂は飛翔せずして、かれらの信仰が命ずる、――「膝《ひざ》を突いて階段を昇れ、なんじら罪人たちよ！(7)」と。

まことに、かれらの羞恥《しゅうち》と敬虔《けいけん》の眇目《びょうもく》を見んよりは、われはむしろ無恥なる者を見ることを好む！

かかる洞穴と、かかる悔悛《かいしゅん》の階段とを何人が造り出したのであるか？　そは、浄《きよ》き天に対して自己を恥じて、身を匿《かく》さんと欲する者がなした術ではないのか？

その甍《いらか》破れて、崩れた壁のほとりに繁《しげ》る雑草と、咲く紅《あか》い罌粟《けし》とに、ふたたび浄き空が燦《かがや》くとき、(8)――そのときはじめて、われはいま一度わが心をこの神の場所に向けよう。

かれらは、みずからに悖《もと》り苦痛をあたうるものを、神と名づけた。由来、かれらの祈禱《きとう》の中には多くの英雄の俤《おもかげ》が存したのであるのに！

かれらは、人間を磔《はりつけ》にするより他に、かれらの神を愛する術を知らなかったのである！(9)

かれらは屍《しかばね》として生きんと欲した。かれらは自己の死屍《しし》を黒布をもって蔽《おお》った。われはかれらの言葉の中から、屍体収容室の胸悪《むねあ》しき薬品の匂いを嗅《か》ぐ。

かれらに近く住む者は、黒い池に近く住む。この池からは、蟇《がま》が甘たるい鬱憂《うつゆう》の歌をうたう。

かれらの救い主をわれに信ぜしめんがためには、かれらはよりよき歌をうたうべきだ。この救い主の使徒たちは、より多く救われたる者の風貌《ふうぼう》を具《そな》うべきではないか！　われはかれらを裸形にて見たい。何となれば、美のみが悔悛《かいしゅん》を説くべきであるからだ。しかるに――、この仮面した悲哀が、そも何人をいかに説得しうるものぞ！(10)
まことに、かれらの救済者たち自身、自由と自由の第七天国(12)から来たのではないのだ！　まことに、かれら自身も、いまだ認識の絨毯《じゅうたん》を踏んだことがないのだ！
この救済者たちの精神は間隙《かんげき》から成り立っていた。しかも、かれらはこの間隙の一つ一つに妄想を塡《は》めたのである。この塡め物をかれらは神と呼んだ。
かれらの精神はかれらの同情の中に溺死《できし》した。かれらが同情によって膨れ、膨れすぎたときに、その表面にはつねに大いなる痴愚が漂っていた。(13)
かれらは、熱狂してかつ喊声《かんせい》をあげて、かれらの家畜の群をおのれの小径《こみち》の上へと追った。あたかも、未来への径は之一つのみであるかの如《ごと》くに！　まことに、これらの牧人らも、実は羊の群に属していたのである！
これらの牧人たちは小さき精神と広き霊魂とを持っている。(14)さあれ、わが同胞よ、これまで、最も広き霊魂といえども何と狭い領域であったろう！(15)
かれらは、かれらが行った路《みち》に、血の痕《あと》を印した。しかして、かれらの痴愚は、血を以《もっ》て真理を証明しうべし、と教えたにあった。

しかし、血(16)こそは、真理の証人たるべく最悪のものである。血こそは、至純なる教義をも妄想と化し、心情の憎悪《ぞうお》と化す。

ここに、もしある者が自己の教義のために火炎の中を行くとも、――之によってそも何が証明されるのであるか！　むしろ、自己の教義が自己の炎より発生しきたるに如《し》かぬではないか！

熱い心臓と冷たい頭脳――、この二者が相合するところに、飈風《つむじかぜ》が生じ、「救い主」は現われる。

まことに、民衆が目して救済者たちと呼ぶ、かの一切を巻き上げてゆく飈風よりも、より大いなる者はあった。また、さらに高く生れた者はあった(17)。

同胞よ、なんじらは自由への道を見出《みい》でんとするのであるか？　――しからば、なんじらは、過去一切の救済者たちがしかありしよりも、さらに大いなる者たちからも救済されねばならぬ(18)。

いまだ超人が存在したことはなかった。われは最大なる人間と、最小なる人間とを、――かれらを、共に裸形のままに見た。――

いまだ両者はあまりにも似通っている。まことにわれは見る。最大なる人間と雖《いえども》、

——なおあまりにも人間的であるのを！——

ツァラトストラはかく語った。

(1)キリスト教的、禁欲的僧侶《そうりょ》について。
(2)祭司たちの傍を通りながら。
(3)キリスト教の僧侶はツァラトストラの敵ではあるが、かれらの中には英雄的心情の人も多い。ツァラトストラはかれらに敬意を表して、攻撃の言葉も収めて傍を通りすぎる。——しかし、かれらは生命を否定して、苦のために苦を愛する人々である。
(4)二〇四頁《ページ》八行をみよ。
(5)一〇八頁七行をみよ。
(6)鯨の背に泳ぎついて助かったと思った漁夫のごとくに、かれらはその信仰の中に世界苦より安全な隠家を見いでたと思った。しかるに、世界苦はこの信仰をも呑《の》みこんだ。
(7)ローマのスカラ・サンタ寺院では参詣者《さんけいしゃ》は膝《ひざ》まずいたまま階段を昇る。ニーチェが之《これ》を見ての聯想《れんそう》ではあるまいか。
(8)かかる教会寺院が廃跡と化したとき、われは之を眺めよう。二九四頁九行をみよ。
(9)ただ生命を否定する方向に於《おい》て、神への愛を立証せんとした。
(10)病的な醜悪を恢復《かいふく》せしめ悔悛《かいしゅん》せしめうるのは、ただ健全な美・生命力のみである。これら悔悛を説く僧たちは、はたしてその正体が健全であろうか。否《いな》、かれらは実は生命嫌悪《けんお》が扮飾《ふんしょく》されているものにすぎない。故《ゆえ》に、かれらの説く悔悛は美と健康とを生命否定にまで導かんとする虚偽である。
(11)聖者たち、予言者たち。

(12)至高天国。
(13)二〇七頁一行以下をみよ。
(14)これら愚衆を愛する熱狂的な同情説教者たちは、貧弱な自主精神と大きな彼岸希求の思想とを持っている。
(15)殉教の血を流して宗教をひろめんとした。
(16)かかる自己嗜虐《しぎゃく》的な狂信的行為。
(17)過去に於て、民衆を席巻する熱狂徒的な説教者よりより高いものがいた。すなわち、世に知られぬ認識の徒、哲学者である。(?)
(18)ツァラトストラの弟子たちは超人に達する道を辿《たど》らんがためには、右の(註(17)にいう)哲学者をも克服せねばならぬ。

道徳家たち(1)

惰気の中に眠る心に語るには、霹靂《へきれき》を轟《とどろ》かしめ、天の花火を打ちあげねばならぬ。

ただ、美のみはその語る声音《こわね》が柔《やわら》かである。そは、ただ最も醒《さ》めた霊魂のうちにのみ忍び入る。

きょう、わが楯はかそけくも顫《ふる》え、笑った。これぞ、美の聖なる哄笑《こうしょう》と戦慄《せんりつ》である。(2)
きょう、道徳家たちよ、わが美はなんじらを嗤笑《あざわら》った。その声はわれにかく響いた
――、「かれらはなお――支払われることを欲している！(3)」
げに、道徳家たちよ、なんじらは支払われることを欲している！　まことに、道徳
に対して報酬を、地に対して天を、なんじらの今日に対して永遠を欲している！
報酬者あることなく、支払者もあることなし。――かくなんじらに教うればとて、
なんじらはわれに憤《いきどお》るのであるか？　まことに、道徳自体がそれ自身報酬である、と
すら、われは教えぬ。
ああ、之《これ》を思って悵然《ちょうぜん》とする。人は欺《あざむ》いて、報酬と刑罰とを一切の事物の根柢《こんてい》に置
いた。――しかも、之をなんじらの霊魂の根柢にすら置いた。おお、なんじら道徳家
たちよ！
さあれ、わが言葉は、野猪《やちょ》の鼻にひとしく、なんじらの霊魂の根柢を突き穿《うが》たんと
する。われはなんじらにとっての犁頭《すきがしら》とならんとする。(4)
なんじらの根柢のすべての秘密は曝露《ばくろ》さるべきである。しかして、なんじらがうち
砕かれかき乱されて、白昼の下に横わるとき、なんじらの虚偽と真実とははじめて分
離されるであろう。

すなわち、なんじらの真実はかくある。(5)——復讐《ふくしゅう》、刑罰、報酬、報復、——これらの汚らわしい言葉に対しては、なんじらはあまりに清浄である。(6)

なんじらは、母が子を愛するごとく、なんじらの道徳を愛する。しかるに、母がその愛に対して支払いを欲する、というが如《ごと》きことがあったか？

なんじらの道徳こそなんじらの愛児である。なんじらの中には、円環をねがう渇望《かつぼう》がある。すべての円環は、自己に到達せんがために、闘い、旋《めぐ》る。

なんじらの道徳のなす業は、消えゆく星に似ている。その光線はつねに進行の途上にある。——その到達するは何時であろうか(7)？

かくて、なんじらの道徳の光線は、その業の完了したる後も、なお途上にある。その業が忘れられ、死したる後も、その光線はなお生きて動いている。

なんじらの道徳がなんじら自身であり、外物にあらず、皮膜にあらず、また外套《がいとう》(8)にもあらざること、——之ぞ、なんじら道徳家たちよ、なんじらの霊魂の根柢からの真実である！——

しかるに、世のある人々の道徳たるや、鞭《むち》の下の痙攣《けいれん》(9)と呼ばるべきものに過ぎない。なんじらは、かかる人々の叫声を耳にすること多きにすぎた。

また、ある人々の道徳は、まことはその人々の悪徳の弛緩《しかん》である。一度かれらの憎《ぞう》

悪《お》と、かれらの嫉妬《しつと》が身を横えるとき、かれらの「正義」は醒めいでて、寝呆《ねぼ》けたる眼を擦《こす》る。(10)

また、ある者はつねに曳《ひ》き降されつつある。かれらの悪魔がかれらを曳くのである。しかるに、(11)かれらが沈めば沈むほど、かれらの瞳《ひとみ》は燦《かがや》き、かれらの神への欲望は熾《も》ゆるのである。

また、ああ、かくの如き者の叫声もなんじらの耳を劈《つんざ》いたであろう、なんじら道徳家たちよ、――「われがしかあらざるところのもの、之ぞわれにとって神であり、道徳である！」と。(12)

また、ある者は重々しく軋《きし》りつつ来る。さながら石塊を下に運びゆく車に似ている。かれらは品位につき、道徳につき、しきりに喋々《ちようちよう》する。――かれらはその制動機を以《もつ》て道徳と号する！(13)

また、ある者は発条《ぜんまい》を捲《ま》きたての柱時計の如くである。かれらは小刻みに鳴り響く。しかして、この小刻みの音を道徳と呼ばれんと願う。(14)

まことに、かかる徒輩はわが玩弄《がんろう》のよき対象である。かかる時計を発見するや、われは嘲笑《ちようしよう》をもってその発条を捲く。之によって、かれらはふたたび鈍い音を立てはじめる。

また、ある者はかれらの一握の正義を誇って、之あるが故《ゆえ》に、いたるところに非行を敢《あえ》てする。——かくして、世界はかれらの不正の中に溺《おぼ》れて了《しま》う(15)。

ああ、かれらの口から「道徳」なる言葉が、いかに拙劣に響きたることよ！　かれらが、「われは正義である」というとき、その声はつねに「われは復讐した」と響く(16)。

かれらは、仇敵《きゅうてき》の眼を抉《えぐ》り抜かんとするときに、かれらの道徳を用いるのである。

かれらは、他人を屈辱せしめんとするためにのみ、自己を高揚するのである。

またさらに、ある者は沼の中に坐《ざ》して、蘆《あし》の間よりかく言う。——「道徳とは、かく静かに沼の中に坐してあることだ(17)。

われらは何人をも咬《か》まぬ。また咬まんとする者を避ける。しかして一切の事物についてわれらが持する見解は、他人より与えられたところのものである。」

また、ある者は身振りを愛し、考える、——道徳とは一種の身振りである、と。

かれらの膝《ひざ》はつねに礼拝している。かれらの掌《てのひら》は道徳の讃歌《さんか》である。しかるに、かれらの心は、之につき何の知るところもない。

また、さらにある者は「道徳は必要である」と言うを以て、道徳である、と考えている。しかるに、彼は根柢に於てはただ、警察が必要である、と考えているにすぎない[18]。

また、多くの者、人間に於《お》ける高貴なるものを見えざる者は、人間の低劣を近く見ることを以て、道徳と呼んでいる。かくて、かれは己の邪悪の眼を道徳と呼ぶ。

またさらに、幾人かの人々は心高められ心正されんと願い[19]、之をしも道徳と呼ぶ。

また他の者は心を覆《くつが》えされんと欲し、之をしもまた道徳と呼ぶ[20]。

かくの如く、ほとんどすべての人間は、道徳に参与せりと信じている。しかして、何人も「善」と「悪」との通暁者《つうぎようしや》であると主張する。

ツァラトストラは、これらすべての虚妄者及び痴人らにかく言わんとして来たのではない、――「道徳についてなんじらが何を知るものぞ！　何を知りうるものぞ！」と。

しかあらずして、わが友よ、なんじらが虚妄者及び痴人らより学んだところの古い言葉について、なんじらに倦怠《けんたい》を感ずるを教えん、とて来た。

「報酬」、「報復」、「刑罰」、「正義の名による復讐」――かくのごとき言葉について、なんじらに倦怠を感ずるを教えん、とて来た。

また、「一つの行為は没自我なるときに善である」――と言うことについて、なんじらに倦怠を感ずるを教えん、とて来た。――

ああ、わが友よ、――なんじらの自我が行為の中にあること、さながら母が子の中にあるが如くであれ。――これをこそ、道徳についてのなんじらの言葉たらしめよ！

まことに、われはなんじらから、なんじらの言葉の数百と、なんじらの道徳の最愛の玩具とを奪い去った。之によって、なんじらは、小児の怒るごとくにわれを怒っている。

小児らは渚《なぎさ》に戯《たわむ》れていた。――そこに浪《なみ》(21)がうねり来たって、かれらの玩具(22)を海底へ奪い去った。之によって小児らは泣いている。

さあれ、この同じき浪が小児らに新らしき玩具を齎《もたら》すであろう。しかも、新らしき五彩の貝殻(23)を、かれらの前に撒《ま》き散らすであろう！

されば、かれらは心安んじてあれよ。かれらと等しくなんじらも、わが友よ、なんじらの慰藉《いしゃ》を獲《え》、――かくて、新らしき五彩の貝殻を獲るであろう！――

ツァラトストラはかく語った。

(1)従来の道徳観念は自己価値を有せず、何らかのより高い価値に従属せしめられ、之《これ》を獲《え》る手段とされている。ツァラトストラの道徳観念はそれ自身が目的である。

(2)ツァラトストラの調和のとれた「美しき魂」が語るときには、大声叱呼《しっこ》せずして、静かに語る。わが心が微笑したのは、すなわち美としての大いなる発言である。三五〇頁《ページ》一〇行をみよ。

(3)世の道徳家は己の徳に対して報酬を要求している。わが「与うる徳」を具《そな》えた魂はいかなる報酬をも期待しない――(次段以下)われが徳を行うは天国に容《い》れられんがために非《あら》ず、徳自体が徳の報酬であるとすら思わない。

(4)なんじらの徳性の底に功利的動機が潜んでいるのを剔抉《てつけつ》しよう。

(5)以上の如《ごと》くなんじらの徳性は検討せらるべきものがある。なんじらの真の理想的な姿は、以下二一八頁一三行までに述べる如くあれ。

(6)復讐《ふくしゅう》、刑罰、報酬等は従来の道徳説の根柢《こんてい》であったが、ツァラトストラと同じき徳性の人々は創造的な自律自発の動機から徳を行うので、これらの結果的なる期待を持って行うのではない。二三一頁一三行をみよ。

(7)星は消えても、光は宇宙の中を進行してゆく。真の道徳も斯《かく》のごとく、他を照らすべく、一度主体から発せられては逆行することなく、収穫を意図せず、休むことなく働きかけてゆく。

(8)表面的な扮飾《ふんしょく》。

(9)恐怖による強制。以下、不純な動機による道徳家の型をかぞえ上げる。

(10)自分の悪徳を行う力が老い衰えると、道徳を説教しだす人々がいる。道楽をしつくしての聖人ぶり。

(11)堕落しゆくほど神に縋《すが》ろうとする、また、人間として下劣になるほど道徳を口にする人々もある。

(12)自己の本質と反対のものを理想とする人々もいる。

(13)ある者にとって道徳とは外面的威重を飾り、自己の精神に愚劣鈍重な制限を加えることである。

(14)ある者にとって道徳は単に習慣である。

(15)馬鹿《ばか》の一つ覚え、というように狭い道徳をふりまわして、為《ため》に多くの害悪もかもす。

(16)正義である gerecht と復讐した gerächt とのしゃれ。かかる正義感の底には復讐の動機が潜んでいる。二三一頁一二行より二三二頁を見よ。

(17)すべての進化革新を回避して、沈滞した状態の中に固執することだ。
(18)道徳を以《もっ》て社会の保全のための手段と見なしている。
(19)高潔な人間になったとの自己陶酔に耽《ふけ》らんとす。
(20)また他の者は倒錯的な自己嗜虐《しぎゃく》を以て道徳と考えている。
(21)ツァラトストラの新らしい倫理観。
(22)古い賤小《せんしょう》なる諸道徳観念。
(23)新鮮な美しき倫理価値。

愚衆(1)

人生は悦楽の泉である。しかるに、愚衆が来たって共に飲むとき、すべての泉は汚毒される。

われは一切の純潔なるものを愛する。われは、汚穢《おわい》なる者たちの歯を剝《む》きだして笑う口と飢渇《きかつ》とを、見るに堪えない。

かれらはかれらの眼を泉の中に投げた。いまや、厭《いと》わしい笑が泉の中よりわが方へ

と反映する。(2)

かれらは清き水をかれらの淫蕩《いんとう》を以《もっ》て汚毒した。かれらがかれらの汚らわしい夢を悦楽と呼んだとき、かれらはさらに言葉をも汚毒した。(3)

かれらがその湿った心臓を火の傍に置くとき、炎は憤《いきどお》る。愚衆が火の傍に近づくとき、精神もまた沸き上り、煙立つ。

かれらの手中にあるとき、果実は甘たるく、軟かく、熟れすぎる。かれらの眼に見られるとき、果実の樹《き》は風触れれば黄ばみ落ち、その木末《こずえ》は枯れ萎《な》える。

人生より背き去りし者の多くは、まことは愚衆より背き去ったのである。この人は、泉と、炎と、果実とを、愚衆と共に分つを潔《いさぎよ》しとしなかったのである。

また、沙漠《さばく》の中へ逃れて、猛獣と共に渇に苦しんだ者の多くは、汚らわしき駱駝《らくだ》追い共とともに水槽のほとりに同座するに堪えなかったのである。

破壊者のごとくに、また穀物畑に降る雹《ひょう》のごとくに来《きた》った多くの者は、(4)賤民《せんみん》の顎《あご》に足を掛けて、その喉《のど》を扼《やく》して、之《これ》を塞《ふさ》がんと欲したのである。

人生そのものが敵意と、死と、受難の十字架とを不可欠とする、――この事実は、いまだ以て、嚥下《えんか》してわが喉を塞ぐべき異物ではなかった。――

しかるに、かつてわれはかく問い、かく問うて、ほとんど窒息したのであった。

——「何たることだ！　人生は愚衆をも不可欠とするのであるか？　毒された泉、臭《にお》いある炎、汚らわしき夢、生命の麵麭《パン》の中の蛆《うじ》、——かかるものをも不可欠となすのであるか？」——と。

わが生命を貪《むさぼ》り啖《くら》ったのは、わが憎悪《ぞうお》ではない、わが嘔吐《おうと》なのだ！　賤民と雖《いえど》も、機《き》智《ち》の精神に富むことを知って、われはしばしば精神そのものにすら倦怠《けんたい》した！

また、今日の支配者らが支配と名づくるところのものを見て、われは支配者たちからも背を向けた。まことに、かかる支配とは、愚衆を相手の、権力に至らんための掛引と取引とのことである！

言語を異にする民衆の間⑸に、われは耳を蔽《おお》って生きていた。権力に至らんためのかれらの掛引と取引とを、われにとっていつまでも未知の言語たらしめんがためである。

鼻をつまみながら、昨日を、今日を、われは忿懣《ふんまん》の中に歩いた。まことに、昨日も、今日も、操觚者流《そうこしやりゆう》の賤民の悪臭は紛々として鼻を衝《つ》く！

聾《ろう》であり盲であり啞《あ》であるところの不具者のごとくに——、われが生きたること久しかった。すべてこれ権力の賤民、操觚の賤民、また快楽の賤民と共に生きざらんがためである。

かくて、わが精神は、刻苦しつつまた四囲を警戒しつつ、一歩一歩階段を登って行った。ときに天与の悦楽の施物があって、わが精神は蘇生《そせい》することがあった。しかも、盲者のごとく行くわれの傍を、生活は杖《つえ》によって抜き足して過ぎ去った。(6)

さるを、何事がわれに起ったのであるか？　いかにしてわれは嘔吐より脱け出《い》でたのであるか？　何人がわが眼を若からしめたのであるか？　いかにしてわれは、もはや一人の賤民も泉のほとりに坐《ざ》せざる、高みに翔《かけ》り来ったのであるか？

わが嘔吐が、――翼と、また迸《ほとばし》る泉を思わする力を、みずからわれに造りいだしたのであるか？　げに、ふたたび悦楽の泉を見いでんがために、われは至高の域へと翔り去らなくてはならなかった！

悦楽の泉を、おお、われは見いでたのだ、わが同胞よ！　ここに、この至高の域に、そは迸っている！　ここに、もはや愚衆が来たって口づけざる、一の生命がある！

悦楽の泉よ、なんじ噴き出ずること激しきに過ぎるほどだ！　しかも、なんじはそをふたたび充《み》たさんと願うによって、しばしば杯を空ける！

しかもなお、われはなんじに心して寄らねばならぬ。わが心とて、なんじに向って噴きいずること、激しきに過ぎるからだ(7)――。

わが心の上にわが夏は燃えている。倏《はや》く、暑く、憂鬱《ゆううつ》に、――はた幸福の過剰に悩んで燃えている。このわが夏の心が、いかばかりなんじの冷気にあくがれていること

ぞ！(8)

去りがてのわが春の悲哀もはや過ぎた！　六月のわが雪屑《ゆきくず》の悪心もはや過ぎた！
いまや、われは全き夏、夏の正午とはなった！(9)
高山の絶頂の夏、――ここには冷たい泉と、幸ある静寂がある。(10)おお、きたれ、わが友よ、きたってこの静寂にさらに幸あらしめよ！

いかんとなれば、これぞわれらの頂きであり、われらの故郷であるからだ。われらここに棲《す》むことあまりに高く、あまりに嶮《けわ》しく、一切の汚穢の徒とその飢渇とは近よるを得ないからだ。

わが友よ、なんじらの清純の眼をわが悦楽の泉に投ぜよ！　何とて、之によって泉の濁ることがあろうぞ！　泉は、その純潔をもって、なんじらに微笑《ほほえ》みかえすであろう。

われらはわれらの巣を未来の樹の上に営む。われら孤独なる者たちに、鷲《わし》は食物を嘴《くちばし》に啄《つい》ばんで齎《もた》らすであろう！(11)

まことに、この食物は、汚穢の徒が共に分つを得ざる食物である！　かれらもし之を受けなば、かれらは火を啖ったと思い、口を烙《や》くであろう！

まことに、われらの棲むこの場所は、汚穢の徒をば容《い》るべくはない！　かれらの肉体とかれらの精神とにとっては、われらの幸福は、氷窟《ひょうくつ》とも言わるるであろう！(12)

われらは強烈なる風のごとく、かれらを超えて生きよう。鷲の隣人、雪の隣人、また太陽の隣人、——われら強烈なる風はかく生きる。

しかも、いつの日かは、われは風のごとくにかれらの間に吹き入ろう。しかして、わが精神を以てかれらの精神の息を奪おう(13)。わが未来は之を欲する。

まことに、ツァラトストラはあらゆる低地に向う強烈なる風である。ツァラトストラはかく言って、彼の敵及びすべての唾吐《つばき》く者に戒める、——「風に向って唾吐くをやめよ！」と。

ツァラトストラはかく語った。

(1)第一部「市場の蠅《はえ》」のヴァリエーション。人生の泉を汚す愚衆を罵《ののし》って、——いまや「夏の正午」成熟の頂上に達したツァラトストラは、愚衆の及びえざる高さにある、と言う。
(2)きよい生命の泉も愚衆にとっては淫欲《いんよく》の根源である。
(3)たとえば、Wollust, geil, Hure という字等は、元来は醜い意味はなかったに拘《かかわ》らず、愚衆によって使用されて今日の意味となった。(ナウマン)——日本語でいえば、貴様、女郎、亭主の類《たぐい》か。
(4)破壊的な急進的な改革者。
(5)われと愚衆との間には共通な感情がありえない。
(6)わが本来高翔《こうしょう》する精神は、愚衆のために妨げられ、警戒しながら、人生を一段一段と攀《よ》じ上って行った。喜びを感ずる時は稀《まれ》であった。かくてわれは社会より離れ、わが生活は悲しく、孤独であった。
(7)一二頁《ページ》一四行、一九〇頁一六行以下をみよ。
(8)いまやわが精神は創造のために成熟して、あまりの歓喜に溢《あふ》れ苦しむほどである。生命の冷泉に浸って、この苦悩を洗い去りたい。二四三頁九行をみよ。
(9)青年時代にわれは憂鬱《ゆううつ》であった。(「悲劇の出生」の時代まで。)その後に実証的な、懐疑的な時代があった。(「人間的な、あまりに人間的な」の時代。)いまわれは生命の肯定、歓喜の奔湧《ほんよう》の中にある。
(10)盛夏の高山のきよい静かな清爽《せいそう》な空気、——ニーチェは之《これ》を彼の魂に最も適《かな》える雰囲気とした。九〇頁一行を見よ。
(11)孤独の中に創造に従事する人間にとって精神の栄養となるのは、高邁《こうまい》な勁《つよ》い人々の生む作品である。二四三頁八行をみよ。
(12)われらの幸福は愚衆が理解すべく、あまりに高く、酷《きび》しく、非感傷的である。
(13)われは愚衆の世界の浄化を志ざして、かれらの思想をわが精神を以《もっ》て正そう。

タランテラ(1)

みよ、之《これ》がタランテラ(2)の棲《す》む穴である！　この毒蜘蛛《どくぐも》を見たいというのか？　ここにその巣が懸っている。触れよ。そを顫《ふる》わせよ。

毒蜘蛛は這《は》い出てきた。よくぞ現れた、タランテラよ！　なんじの背には黒い三角の紋章が印されている。われは知る、なんじの魂にもこの黒い三角の紋章が印されてあることを。(3)

なんじの魂には復讐《ふくしゅう》が印されている。なんじが咬《か》むところに、黒い痂《かさぶた》が生ずる。なんじの毒は、復讐を以《もっ》て、人の魂を悩乱せしめる。

ここに、われはなんじらに比喩《ひゆ》を以て語りかけよう、——なんじら魂を悩乱せしむる者たちよ、なんじら平等の説教者たちよ！　——なんじらはタランテラである。内心に復讐の念を養って隠るる者たちである！

いまわれはなんじらの隠れ家を明るみに引き出す。かくして、なんじらに面とむかって、わが高山の哄笑《こうしょう》を投げつける。

われはなんじらの網を引裂く。なんじらを怒らして、その虚言の洞穴から誘《お》びき出す。そうして、なんじらの「正義」という言葉の背後に、復讐という正体を曝露《ばくろ》する。

いかんとなれば、人間が復讐より解放されること、(4)——これぞ、われにとって最高の希望への橋梁《きょうりょう》であり、長き嵐《あらし》の後に立つ虹《にじ》であるからだ。

勿論《もちろん》、タランテラたちの欲するところは之に反する。「世界がわれらの復讐の嵐によって充満すること、これぞわれらの正義である。」——かくかれらは相互いに語りあう。

「われらと平等ならざる一切の者に、われらは復讐し、誹謗《ひぼう》する。」——かくかれらは相互いに誓いあう。

また誓う。——「平等への意志。——爾後《じご》は之を以て道徳の名となそう。しかして、権力を有する一切の者に対して、怒号の声を昂《たか》めよう！」(5)

なんじらの心底に潜む平等の説教者たち、また虚脱せる無力の暴虐《ぼうぎゃく》の狂乱は、「平等」を求めてかくて絶叫する。なんじらがひそやかに抱く暴虐の淫乱《いんらん》は、かく仮装して、道徳的表現をもって現れる！

怨恨《えんこん》と化した自負心、抑圧された嫉妬《しっと》、またおそらくはなんじらが父祖から稟《う》けた自負心と嫉妬、——これらが、なんじらの内心より外に発して、炎となり、復讐の狂乱となる。(6)

父が黙していたところのものを、子は語る。われはしばしば、子を父の曝露された秘密として見た。

かれらは熱狂徒の如《ごと》くである。さあれ、かれらをして熱狂せしむるものは心情にあらず、——復讐である。また、かれらが敏感にかつ冷静であるときも、かれらをしてかくあらしめるのは、精神にあらず、嫉妬である。

かれらの嫉妬は、かれらを馳《か》って思想家の道を行かしめる。しかして、かれらはつねに行きすぎる。――これぞ、かれらの嫉妬の徴候である。されば、かれらは疲れて、ついには雪の上に臥《ふ》さなくてはならぬ。(7)

かれらの愁訴の一つ一つには、復讐の響が罩《こも》っている。かれらの讃美《さんび》の一つ一つは加害である。かれらにとっての幸福とは、批判者たることである。

かかるが故《ゆえ》に、わが友よ、われはなんじらに忠告する。――罰せんとする衝動強きすべての人間を信ずるなかれ！

かかる者こそ劣悪なる種属、劣悪なる系統の人間である。かれらの顔からは、死刑執行人また探偵の相好が覗《のぞ》いている。自己の正義について多言を費すすべての者を信ずるなかれ！ まことに、かれらの魂に欠けたるは、ただに蜜《みつ》(8)のみではないのである。

かれらはみずからを「善き者、義《ただ》しき者」と呼ぶが、心せよ、かれらをしてパリサイの徒(9)たらしむべく、不足なるはただ権力のみであることを！

わが友よ、われは混淆《こんこう》されたくはないのだ――。

わが説く生命の教義、之をもまた説く徒がいる。(10)しかも、かれらは同時に平等とタランテラをも説く。

これらの毒蜘蛛は、みずからはその穴に潜んで生命に背きいるにもかかわらず、なお生命の教義を説く。之ぞ、かれらが他を加害せんとして、為《ため》にするところあってなすに他ならぬ。

之ぞかれらが、いま権力を握る者たちに加害せんとしてなすに他ならぬ。すなわち、いま権力を握る者たちの間に、死の説教が頻《しき》りであるからだ(11)。

これと異なる事情の許《もと》にあっては、タランテラは異なる教えを説いたであろう。さればば、かつて異なる時代にあっては、かれらこそよなき世界誹謗者であり、異教徒の焚殺者《ふんさつしゃ》であった(12)。

これら平等の説教者たちと、われは混淆されたくはない――。何となれば、正義はわれに言うからである、――「人間は平等にあらず。」と。

また、人間は平等たるべからざるものである！　もしわれかく言わずとせば、わが超人への愛は意義を失うではないか(13)！

人間は千の橋梁と小径を超えて、未来へと迫り行くべきである。しかして、いよよ多くの戦争と不平等とが、人間の間に置かるべきである。かくわれが語るは、すべてわが大いなる愛より語るのだ！

人間はその敵対行為に於《お》いて、形像と精霊とを創《つく》り出すべきである。しかも、この形像と精霊とを以て、さらに相互いに最高の戦を戦うべきである！

善悪、貧富、上下、ならびに一切の価値の概念、――之は武器であるべきだ。生命が絶ゆる間なく自己を克服すべきことの、警笛であるべきだ。

生命は円柱を建て、階を刻んで、高く冲《のぼ》らんとする。生命は遠くを展望し、幸ある美しき者を目交《まなか》いに見んとする。――この故にこそ、生命は高さを必要とする(14)！高さを必要とすればこそ、生命は階段を必要とする。また、階段とそを登りゆく者との矛盾を必要とする、生命は昇らんと欲する。昇りつつ自己を克服せんと欲する。

みよ、わが友よ！　ここに、タランテラの穴のあるところに、古代の寺院の廃墟《はいきよ》が聳《そび》え立っている。――明るき眼を以て之を観ぜよ！

まことに、そのかみ、ここに彼の思想を石を以て高く積み上げた者は、一切の生命の秘密を、最大の賢者に劣らず知っていたのだ(15)！

美の中に於てもまた闘争と不平等とが存在する。また権力と、さらにその上の権力とを得んための戦闘が存在する(16)。――このことを、彼はわれらに、ここに明白なる比喩によって教えている。

穹窿《きゆうりゆう》と迫持《せりもち》とが、相互いに格闘しつつ、いかに神々《こうごう》しく屈折していることぞ！　光と影とを以て、いかに頡頏《けつこう》していることぞ！　おお、この神の如くに迫りゆく者よ

――。

されば、わが友よ、われらもまた動《ゆる》ぎなき美しき敵となろう！　われら、神の如くに相互いに頡頏しよう[17]！

あな――、いまタランテラがこのわれを咬んだ[18]！　わが古い敵のタランテラが――。神の如くに動ぎなく、美しく、わが指を咬んだ！

「これが刑罰だ。われらの正義だ。」――とタランテラは考える。「ここにこの男が、敵対行為の讃歌を歌った上は、これぞその酬《むく》いである！」

「まことに、タランテラはいま復讐をした！　おそるべし！　タランテラは復讐をして、わが魂をも悩乱させようとする！

われが悩乱せざらんがために、わが友よ、われを緊《きび》しくこの円柱に縛せよ！　われは、復讐の旋風たらんよりは、むしろ円柱の聖者たらんことが願わしいのだ[19]！

まことに、ツァラトストラは旋風ではない。羊角風ではない。しかして、もしわれが舞踏者であるとするも、断じてタランテラの舞いは舞わぬのだ[20]！」――

ツァラトストラはかく語った。

(1)平等を説く社会主義的ジャーナリストについて。

(2)中南イタリア、特にソレントに棲《す》む毒蜘蛛《どくぐも》。之《これ》に咬《か》まれると、人間はその毒のために狂乱して踊りだす。あるいはその毒を消すために激しく踊って後眠る、といわる。(事実に非《あら》ず。) この毒蜘蛛が人をして惑乱した行為に出《い》でしむるという事から、ジャーナリストの比喩《ひゆ》として用いた。

(3)タランテラの背には三角の斑紋《はんもん》がある。ナウマンは註して言う、――三角の印、三位一体、キリスト教、平等観、――の聯想《れんそう》によって、ニーチェはこの黒い(邪悪な)斑紋を社会主義的平等を説くジャーナリズムの比喩として用いたのであろう、と。

(4)二一八頁《ページ》一行を見よ。

(5)二二〇頁四行以下、三三一頁一六行をみよ。

(6)自己を力ありと自惚《うぬぼ》れながら之が遂げられざる怨恨《えんこん》、また社会道徳の手前抑圧されている嫉妬《しっと》、――かかる感情は先祖からも伝承してなんじらの心内に潜んでいるが、之が発して復讐《ふくしゅう》となるのだ。

(7)涸渇《こかつ》して創造性を失う、位の意か。

(8)成熟。一七一頁一〇行を見よ。

(9)形式論理をかざして支配する特権階級。

(10)たとえばデューリングの如《ごと》く、同時に生命肯定をも説く流行社会主義思想家もいる。二八二頁一一行をみよ。

(11)今日の宗教界哲学界に生命否定の厭世《えんせい》的な調子が勢力を占め、この派の人々が権力を握っている故《ゆえ》に、之を仆《たお》さんとして楽天説を説くのだ。

(12)たとえば生命肯定的なルネサンス時代にあっては、狂信的な破壊否定的な厭世思想が行われたが(サヴォナローラ)、之も実は権勢を得んがためのものであった。

(13)人間は不平等である、と前提しなければ、超人を生め、というわが人類への愛より発する要求は無意味な訳である。二九七頁九行をみよ。

(14)生命は大石造建築の如くに、高く高くへとそそり立って、超人にまで達せんとする。高さが生命の本質的な属性である。
(15)古代のギリシアの建築家は、生命の美と力とは天に冲《ちゅう》するまで高く積み上げることである、という秘密を知っていた。
(16)神殿の石の築き方を指す。
(17)生命の美のためには変化と闘争とが不可欠のものである。されば、われらも友として相共に美を生み出すべく、堂々と競い争おう。
(18)上のツァラトストラの言葉をそのまま逆用して、タランテラは復讐すべく加害した。(ニーチェは批評家によって悪意ある非難をされた。)
(19)タランテラに咬まれれば狂乱して踊り出す。復讐心ある批評家に加害せらるれば、同じく毒意ある弁難論撃の渦に巻きこまれる。――しかしわれは之を為《な》すまい。むしろ沙漠《さばく》の円柱に坐《ざ》した聖者の如くに、孤独に逃れた方がましである。
(20)ツァラトストラは超人の嵐《あらし》の予言者ではあるが、無意味な旋風ではない。舞いを愛するものではあるが（九一頁一二行、二五一頁六行を見よ）、タランテラの毒を受けた悩乱の踊りは踊らない。

高名なる賢者たち(1)

なんじらは民衆に仕え、民衆の迷信に仕えた、高名なる賢者たちよ！——ただ、真理には仕えたことがない！しかも、正にこの故《ゆえ》にこそ、人々はなんじらに尊敬を払う。

また、正にこの故にこそ、人々はなんじらの不信仰をも寛恕《かんじょ》してきた。それがただの機智《きち》であり、結局民衆へ到達する廻り路《みち》にすぎないからである。あたかも、君主がその奴隷《どれい》を寛恕し、かれらの燥宴にすら興じたに似ている。

しかるに、狼《おおかみ》が犬に憎悪《ぞうお》せらるる如《ごと》く、民衆に憎悪せられる者がある。そは自由なる精神である。桎梏《しっこく》の敵である。非礼拝者である。森に棲《す》む者である。

かかる者をその伏匿《ふくとく》の所より猟《か》り出すこと、——之《これ》ぞ、つねに民衆にとっての「正義感」であった。かかる者に、民衆はいまなお牙鋭《きば》き犬を嗾《けしか》ける。

「なんとなれば、民衆のあるところに真理があるからである！災いなるかな、探求する者よ！」——古《いにし》えよりかく言われた。

なんじら高名なる賢者たちよ、なんじらは民衆を崇拝し、以《もっ》て民衆に諛《へつら》ってその正義を是認せんとする。之をしもなんじらの「真理への意志」と呼ぶ。

なんじらの心はつねに自らに言った、——「われは民衆から来たった。神の声もまた、かしこからわれに来たった。」と。

なんじらは驢馬《ろば》のごとく、頑《かたく》なに、さかしらに、つねに民衆の代弁者であった。

多くの権力者は、民衆と共によく馳《はし》らんと欲して、彼の馬の前に、さらに驢馬を――高名なる賢者を繋《つな》いだ。(2)

いまや、われは冀《ねが》う、なんじら高名なる賢者たちよ、――いまぞ、なんじらがその獅子《しし》の裘《かわごろも》を脱ぎ棄《す》てんことを！(3)

斑《まだら》なる色模様ある猛獣の裘を。また研究者、探求者、征服者の辮髪《べんぱつ》を！(4)

ああ、われをしてなんじらの「誠実」を信じ得しめんがためには、なんじらはまずなんじらの古き崇拝の意志(5)を廃棄せねばならぬ。

誠実――。かくわが呼ぶは、かの神の足跡無き沙漠《さばく》に行って、みずからの古き崇拝の心情を破却したる人である。

かかる人は、黄いろい砂の中にあって、太陽に燬《や》かれている。しかして、幽暗《おぐら》き樹々《きぎ》の下に生命ある者が憩《いこ》いいる、かの泉滾《あふ》るる島の彼方《かなた》を、咽渇《のどかわ》きつつ目路《めじ》もはるかに見はろかす。

さあれ、彼はその渇望《かつぼう》の故に、かかる悦楽の民に等しくあらん、とは願わない。オアシスのあるところ、偶像もまたあらざるを得ないからである。(6)

飢えながら、荒々しく、寂寥《せきりよう》に、神を知らず――。獅子の意志はみずからがかくあらんことを意欲する。

奴隷的幸福より解放せられ、神々と礼拝より救済せられ、恐れなく、恐ろしく、偉大に、孤独に——。誠実なる者の意志はかくある。

いにしえより誠実なる者は沙漠に棲《す》んだ。彼こそは沙漠の主、自由なる精神の人である。——都市に住むは、栄養よき徒、高名なる賢者たち——、すなわち車を輓《ひ》く駄獣である。

かれらはつねに輓きゆく。驢馬となって輓きゆく——。民衆のぼろ車を！

われ敢《あえ》てこの故にかれらを責めるのではない。ただかれらは、よし燦爛《さんらん》たる黄金の馬具によって輝くも、(7)所詮《しょせん》使役さるる僕《しもべ》であり、轡嵌《くつわは》められたる者であるに過ぎない。

かれらと雖《いえども》、しばしばよき使用人であり、賞讃《しょうさん》に価《あたい》した。何となれば、かれらの道徳はかく言うからだ、——「僕たるからには、なんじの奉公によって、最も利を得る者を求めよ！」と(8)。

また、——「なんじの主の精神と道徳とを、なんじが彼の僕であることによって、増大せしめよ。かくすれば、彼の精神と道徳との増大に伴って、なんじ自身も増大するであろう！」と。

まことに、なんじら高名なる賢者たちよ、なんじら民衆の僕よ！　民衆の精神と道徳の増大に伴って、なんじら自身は増大した。——しかも、民衆もなんじらによって増大した！　われあえて之を、なんじらの名誉のために附言する！

しかはあれど、なんじらはなんじらの道徳を以てして、実は、依然民衆に過ぎないのだ。鈍き眼光もてる愚衆に過ぎないのだ。——精神の何たるかを解せざる愚衆に過ぎないのだ！

精神とは、みずからの生命の中に切り入る生命である。(9)精神とは、みずからの苦艱《くかん》によって、みずからの智《ち》を増大せしめるところのものだ。——なんじらは之を知っているか！

精神の幸福とは、涙によって膏《こう》ぬられ浄《きよ》められて、犠牲の獣となることである。——なんじらは之を知っているか？

盲《めし》いたる人の盲目、その探求、その摸索は、かつて彼が視《み》たる太陽の威力を証《あか》しすべきである。(10)——なんじらは之を知っているか？

認識する者は山を以て建築するを学ぶべきだ！　精神は山をも移す、とは、いまだ瑣末《さまつ》である。(11)——なんじらは之を知っているか？

なんじらはただ精神の火花を知っているに過ぎない。なんじらは精神そのものたる鉄敷《かなしき》を見ない。またその鉄槌《てっつい》の酷《きび》しさを見ない！

まことに、なんじらは精神の矜持《きょうじ》をば知らぬ！　しかも、精神の謙譲が語りいでんとするとも、之を容《い》るることはさらに為《な》しえぬであろう(12)！

なんじらは、未《いま》だなんじらの精神を雪の穴の中に投ずることを為しえなかった。之を為すべく、なんじらは充分熱くない！　なんじらは雪の冷たさの歓喜をば知らぬ(13)。総じて、なんじらは精神に狎《な》るるに過ぎた。されば、なんじらは叡智《えいち》を化して、しばし拙悪なる詩人の為《ため》の救貧院、または病院となす(14)。

なんじらは鷲《わし》ではない。なんじらは精神の戦慄《せんりつ》の幸福を味《あじわ》ったことがない。およそ鳥ならざる者、その巣を深淵《しんえん》の上に懸けることはできない(15)。

なんじらは生温い。しかるに、一切の深刻なる認識は冷たく流れゆく。精神の秘奥の泉は氷のごとく冷たい。燃ゆる手、熱き行為者は、その中に浸って快癒する(16)。なんじら高名なる賢者たちよ！　なんじらはもはや柔軟を失って硬直した背をして、謹厳に立っている。――強き風はた強き意志も、なんじらを動かすことがない。

なんじらはいまだ海を越えてゆく帆を見たことはないのか？　強烈なる風を孕《はら》んで、膨れ、はためき、顫動《せんどう》しつつ、輾《まろが》りゆく帆を見たことはないのか？

強烈なる精神を孕んで戦慄しつつゆく帆にひとしく、わが叡智は海を越えゆく。――荒々しいわが叡智は！

げに、なんじら民衆の僕よ、高名なる賢者たちよ、――いかなればわれなんじらと共に行くをえようぞ！

ツァラトストラはかく語った。

(1)第一部「道徳の講壇」に述べられた指導的思想家哲学者について、ふたたびその態度の非独立性が痛撃される。

(2)多くの政治家たちは、民衆を煽動《せんどう》使駆せんとして、思想家哲学者を利用した。――とは彼らのために働く選良たち（一一三頁《ページ》二行をみよ）。さらにその前に民衆に接触する思想家をおく、の意か。

(3)哲学者たちは、威容ある外面の虚飾をつけている。之《これ》を去れ。

(4)また勇敢なる精神的探求者、征服者というごとき虚飾を去れ。

(5)古き価値、神の崇拝。

(6)かかる誠実の人は沙漠《さばく》――荒涼たる人生の孤独の中を行きながら、蜃気楼《しんきろう》に浮ぶオアシスの安息を憧《あこが》れはするが、彼には創造欲がある故《ゆえ》に、このオアシスに行こうとは願わない。何となれば、安息のあるところ、価値の固定、生命の凝滞が生ずるからである。

(7)一一三頁八～九行をみよ。

(8)かれらは使用人としては有能であった。立ちよらば大樹の下、という風の考えをもっているが故に。

(9)なんじらの動機はつねに功利的である故に、なんじらは真の精神を知らない。真の精神とは、自己を否定し克服してそこに新生面を切りひらいて行く難行を行うものである。二六八頁一六行をみよ。

(10)真理の徒は、かれの盲目探求に於《お》ても、かれが一度予感した真理に進みつつあるものである、――の意に解したい。ファウスト、「天上の前戯」に、――「善い人間はよし暗い促しに動かされてはいても、正しい道を失うものではない。」。
(11)信仰は山をも移すというが、之にては足りない。山の如《ごと》き困難を材料として、なんじの精神の大建築を築くべきだ。
(12)精神の真の誇りを知らぬ故に、謙譲を知らない。
(13)真の懐疑虚無不安に徹底しうるほど創造力に燃えていない。二二八頁一六行をみよ。
(14)精神は安っぽくあつかわれて、凡庸な詩人や病的な瞑想家《めいそうか》の避難所と化している。
(15)二二八頁一一行をみよ。
(16)二三七頁一六行をみよ。

夜の歌(1)

夜は来た。いま、すべての迸《ほとばし》りいずる泉はその声を高める。わが魂もまた、迸りいずる泉である。

夜は来た。いま、すべての愛する者の歌は目醒《めざ》めいずる。わが魂もまた、愛する者の歌である。

鎮《しず》められざるもの、鎮めがたきもの、わが心の内にあって、声あげて語りいでんとする。また、愛への希求がわが心の内にあって、おのずから愛の言葉を語りいずる。

われは光である。ああ、われにして夜なりせば！　さるを、われがかく光に囲繞《いにょう》せられたること、之《これ》、わが寂寥《せきりょう》である(2)！

ああ、われにして暗かりせば！　夜なりせば！　――さらば、われいかに光の乳房に縋《すが》って、その乳を吸わんとしたであろう！

さらに、なんじらをすら祝福せんとしたであろう。なんじら、閃《ひらめ》く星屑《ほしくず》よ、天上の蛍火よ！　――かくて、なんじらの光に浴して幸福であったろう(3)。

さるを、あな、われはわれ自らの光の中に生きている。わが吐いた炎を、われはふたたび噉《の》み下す。

われは受くる者の幸いを知らぬ。しかもしばしば、受くるよりはむしろ盗むことの、幸せなるべきを夢想する(4)。

わが手はつねに与えて、休むを知らぬ。これぞわが貧困である。われはつねに待ち焦《こが》れる眼と憧憬《しょうけい》にきらめく夜とを見る。これぞわが嫉妬《しっと》である(5)。

おお、すべて与うる者の不幸よ！　おお、わが日輪の日蝕《にっしょく》よ！　おお、渇望《かつぼう》への渇望よ(6)！　おお、この充足のうちのこの飢餓よ！

人はわれより受くる。さあれ、われはかれらの魂に触るることができない。げに、

与うる者と受くる者との間には断崖《だんがい》がある。しかも、最小断崖といえども、之に架すべき橋がない。(7)

わが美より飢餓は生れる。われはわが光を浴びる者に苦痛を加えたい。われによって与えられし者を奪いたい。――かくわれは悪心に飢える。(8)

受くる者が手をさしのべた時、われはわが手を引く。まさに落下せんとしてたゆたう瀑布《ばくふ》に似て、われは与うるにためらう。――かくわれは悪心に飢える。

わが充溢《じゅういつ》のうちより、かかる復讐《ふくしゅう》は考えられた。わが寂寥のうちより、かかる邪悪は湧《わ》きいでた。

与うるに於《お》けるわが幸福は、与うるに於て死んだ。わが道徳は、その過剰なるによって、みずからに倦《う》んじた。

つねに与うるのみなる者には危険がある。――この人は羞恥《しゅうち》を失う。つねに与うるのみなる者は、ただ与うるのみなることのために、その手と心に胼胝《たこ》を生ずる。(9)

わが眼は、もはや乞《こ》う者の羞恥のために涙することがない。わが掌《てのひら》は、もはや硬きに過ぎ、施物によって充《み》たされた手の顫《ふる》うを感ぜぬ。

わが眼の涙と、わが心の柔毛《にこげ》とはいずくに去ったのであるか？　おお、すべて与うる者の寂寥よ！　おお、すべて耀《かがや》く者の沈黙よ！

多くの太陽が荒涼たる空間を運行する。かれらは、その光を以《もっ》て、一切の暗黒に語りかける。——が、ただわれにのみ黙している。(10)

おお、これこそは耀く者に対する光の敵意である。耀く者はただ峻酷《しゅんこく》にその軌道を行く。

耀く者に対して衷心より不当に、すべての太陽に対して冷厳として——、一つ一つの太陽は運行する。(11)

嵐《あらし》のごとく、もろもろの太陽はその軌道を翔《かけ》りゆく。之ぞかれらの運行である。また、自らの仮借することなき意志に追従する。之ぞかれらの非情である。

おお、なんじら暗き者よ、なんじら夜に似た者よ、なんじらこそは耀くものより熱を創《つく》りいだす者である。なんじらこそはじめて、光の乳房より、乳と蘇生《そせい》とを吸う者である！

ああ、氷がわれを取り繞《ま》いている。わが手は凍結に触れて火傷《やけど》する。(12) ああ、わが心の内には、なんじらの渇望を渇望する渇望がある！(13)

夜は来た。ああ、かくわれが光たるべしとは！——幽暗に対するこの渇望よ！この寂寥よ！

夜は来た。いま、わが願望は、さながら泉のごとくに、わが心の底より噴きいずる。

――われは言葉を希求する。

夜は来た。いま、すべての迸りいずる泉はその声を高める。わが魂もまた、迸りいずる泉である。

夜は来た。いま、すべての愛する者の歌は目醒めいずる。わが魂もまた、愛する者の歌である。――

ツァラトストラはかく歌った。

(1)ローマのバルベリニ広場のトリトーネの噴水を主題としてこの叙情詩的な章が作られた。第一部の「与うる徳」と相対する。かしこでは愛に充《み》ちて与うる者の矜持《きょうじ》が讃《たた》えられたが、この章では与えるのみで受けることなき偉大なる者の寂寥《せきりょう》が詠嘆されている。
(2)われは溢《あふ》るるばかりの愛、光、与うるの徳を持っている。われひとりあまりに大きく輝く故《ゆえ》に、われは孤独である。時には、夜が光を吸うごとく、他より与えられる幸福をも味《あじわ》いたい。
(3)人生の喜びなる小さい優しい贈物を受けて心楽しむこともあるであろうに。
(4)弱々しい同情を受けるよりも、むしろ積極的な強い悪を以《もっ》て他より奪うを念願している。三四三頁《ページ》九行以下をみよ。
(5)われは常に与えて、受くる者のよろこびを知らない。今のわれは受くる者を羨《うらや》ましく思う。
(6)われより受けんとする欲望をわれは欲しく思う。――日輪は「与うる徳」の象徴。一一頁九行、一七四頁一二行をみよ。

(7)われはつねに他に与えながら、依然われから受けた者とは本質的な関係を持ちえない。与える者と受ける者との間には内的な交渉がない。
(8)わが精神の充溢《じゅういつ》はかく度を過ぎて、いまはかえって受けたい、奪いたいという欲望を生じた。
(9)高貴な心情の持主は、他人へ同情することを恥ずる。(二〇三頁九行以下を見よ。次段も同じ。)われはただ与うるのみであった故に、この高貴な羞恥《しゅうち》を失い、感情の硬化を来《きた》さんとしつつある。
(10)他にも「与うる徳」を有する偉大なる人々が存在するであろう。しかし、彼らの光はツァラトストラ自らの光があまり強烈である故に、彼を照さない、彼に与えない。
(11)偉大なる者は互に交渉なく、ただ己の周囲を照らしながら、孤独に、決然と、その運命を行く。
(12)天才は彼の偉大さのために孤独である。この孤独のために、彼の他に働きかけようとする意欲は傷《きず》つけられる。
(13)われより奪うべく、なんじらから働きかけてほしい。

舞の歌(1)

ある夕、ツァラトストラは弟子たちと共に森を分け入った。泉の在り処《か》を求め行ったとき、みよ、彼は、樹立《こだち》と叢《くさむら》とにしずかにとり繞《ま》かれた、とある緑の草地に出た。ここに乙女らが相共に舞っていた。乙女らはツァラトストラの姿を認めるや、舞うを止《や》めた。されど、ツァラトストラは親しげな身振りして乙女らに近より、かく言った。

——

「愛らしき乙女らよ、舞うをつづけよ！　ここに来たったわれは、邪《よこし》まの眼尖《まなざし》して遊戯を妨げる者ではない。乙女らの敵ではない。(2)

われは、悪魔の前にあって、神に代って言う者だ。この悪魔とは重圧の霊(3)である。われいかにして、なんじら軽快なる者よ、神のごとき舞踏の敵でありえようぞ？　また、美しき踝《くるぶし》もつ乙女の足の敵でありえようぞ？

われはもとより森である。幽暗の樹木の夜である。さあれ、わが暗黒を畏怖《いふ》せざる者は、わが糸杉の下に、薔薇《ばら》の丘のひろごるをも見いずるであろう。

また、乙女らにとって懐《なつ》かしき、小さき神をも見いずるであろう。この児神は静かに、眼瞼《まぶた》を塞《と》じて、泉のほとりに臥《ふ》している。(4)

まことに、この児神は白昼に熟睡している。戯《たわむ》れに蝶《ちょう》を追いすぎたのであろう。

美しい踊り子たちよ、われはこの児神を少しばかり叱《しか》ってやろうと思う。いかるなかれ！　児神は叫び、泣くであろう。——泣きつつも、そのさま人を笑わすであろう！

さて、彼は眼に涙を湛《たた》えつつ、なんじらに共に踊ってくれと頼むであろう。されば、われ、かれの舞踏に合わせて歌を歌おう。

この歌は、人呼んで『世界の支配者』という至高至大の悪魔、かの重圧の霊に与うる舞踏の歌、また嘲笑《ちようしよう》の歌である。」——

かくて、クピドと乙女らが共に舞ったとき、ツァラトストラは次の如《ごと》くに歌った。

——

なんじの眼《まなこ》を、おお生命よ、さる日われは眺め入った！　そのときわれは、無限の中へ沈みゆくか、と怪《あや》しんだ。(5)

さあれ、なんじはこのわれを黄金の鉤《かぎ》もて引き上げた。(6) 測りがたし、とわれ汝《なんじ》を呼べば、なんじは嘲《あざけ》りうち笑った。

「すべての魚はかく言う。」となんじはわれに語り聞かせた。「かれらが測らざりしもの、すなわち測りがたいのだ。(7)

われただ渝《かわ》り易《やす》きのみ。荒々しきのみ。すべてに於て女性のみ。操《みさお》を知らぬ女性のみ。(8)

よしやなんじら男たちが、われを名づけて、『深き女』、『操ある女』、または『久遠《くおん》の女性』、はた『神秘の女性』、と呼ばうとも(9)——。

所詮《しょせん》なんじら男たちは、みずからの徳をわれに贈って、かくはわれを呼ばうのだ。おお、なんじら徳多き者よ！」

かく言って後、生命は――この信ずべからざる女は――うち笑った。されど、生命がみずからを貶《おと》しめて語るとき、われは彼女とその笑いとを信ずることを得ないのだ。(10)

――

荒々しきわが智慧《ちえ》と、われひそやかに語ったとき、智慧は忿《いか》ってかく言った。「なんじ意欲し、なんじ欲望し、なんじ愛する。この故《ゆえ》にこそ、なんじは生命を讃《たた》えるのだ！」(11)

ここにわれ怫然《ふつぜん》として、かく忿れる智慧に答え、真実を告げんとした。みずからの智慧に「真実を告ぐる」ときほど、怫然として答うるときはない。

すなわち、われら三者の関係はかくあるのだ。(12)わが心より愛するは、ただ生命のみ。――しかも、まことに、そを憎むときに――こよなく愛する！

われが智慧に篤《あつ》く、しばしば篤きに過ぐるは、そは他なし、智慧がよく生命を想《おも》わしむるにあるからだ！

智慧もまた眼を持ち、笑いを持ち、しかも黄金の釣竿《つりざお》を持つ。智慧と生命と、――両《ふた》つながらかくも似たるをいかにしようぞ？――

またさらに、かつて生命がわれにかく問うた、「智慧とは何者であるか？」——われは心激して答えた。「ああ、げに、この智慧とよ！

人は智慧に渇《かつ》して、飽くことがない。そを面紗《めんさ》の奥に見、捕えんとして網の間に逸する。(13)

智慧、——この女は美しいのであるか？　われ何をか知ろう！　さあれ、いと老いたる鯉《こい》(14)もなおこの餌《えさ》によって誘われる。

この女は心渝り(15)やすく、情に剛《つよ》い。われはよく見た、この女が唇を噛《か》み、髪を逆に梳《くしけず》っているのを。

この女はおそらくは邪まにまた偽っている。すべてに於《お》いて女性である。しかも、彼女がみずからをいと悪《あし》ざまに語るとき、たぐうかたなく誘惑(16)する。」

われかく生命に語ったとき、生命は悪意もて笑い、目蓋《まぶた》を塞《ふさ》いだ。「かく言うは何人についてであるのか？」と生命は言った。「そは、わが事ではないのか？

よししか言うが正しくとも、——わが面と向ってかく言うとは——！　それもよし、なんじの智慧について、なお語れよ！」

ああ、いまや汝はふたたび眼をひらいた、——おお、わが愛する生命よ！　われは感ずる、われがふたたびかの測りがたき底窮《そこひ》へ沈みゆくを(17)——。

ツァラトストラはかく歌った。されど、舞いが果てて、乙女らが去ったとき、彼は悲哀に捉《とら》われた。

「太陽が没してより、時はや久しい——。」と彼は言った。「牧草は濡《ぬ》れている。森からは冷たい風が流れて来る。

ある未知のものがわが身のほとりに立って、物思わしげに眺めている。何事ぞ！ツァラトストラよ、なんじまだ生きているのであるか？(18)

何の故に？何の為《ため》に？何によって？いずくへか？いずこにか？はた、いかにして——？なおかく生きてあることは痴愚ではないか？

ああ、わが友よ、かくわが心の内より問うは黄昏《たそがれ》である。われにゆるせよ、この悲哀を！

黄昏は来た。われにゆるせよ、黄昏が来たことを！」

ツァラトストラはかく語った。

（1）生命の讃美《さんび》。流動する生命は知性以上である。

（2）ツァラトストラはディオニゾスを讃《たた》えるものであり、軽快な柔軟な優美な舞踊を愛する。九一頁《ページ》八行以下、二七四頁一五行以下をみよ。

(3)生命の流露を礙《さまた》げる鈍重陰鬱《いんうつ》な北欧的形而上《けいじじょう》的精神。九一頁一三行をみよ。

(4)ツァラトストラの精神の中には、キューピッド、優しい恋愛の情も潜んでいないではない。しかし、之《これ》はツァラトストラの創造的活動の間は睡《ねむ》っている。いまツァラトストラは彼を呼び醒《さ》まして舞わしめ、生命の讃歌を歌おうとする。

(5)生命を探求しようとして、その解決すべからざる謎《なぞ》の中に彷徨《ほうこう》して、出口を見出《みい》でえなかった。——以下の難解な「歌」は三つの部分から成っている。第一は二五三頁の四行まで、主題は——この頁註(8)をみよ。第二は二五三頁一六行まで、——この頁註(12)をみよ。以下第三——二五七頁註(16)をみよ。

(6)しかし、生命はその至高の徳、創造的な意志（一七七頁八行を見よ）を以《もっ》て、われを混迷の境より救い出し、健全な現実へと牽《ひ》き上げてくれた。

(7)この生命を形而上学的に解釈し尽さんとして、その不可能を嘆ずるのは、なんじが生命の本質を知らぬからだ。

(8)生命の本質は流動変化にある。

(9)女性に対して深刻な解釈を附与するのは、男性が自己の徳性を投影したのである。生命を道徳的に形而上学的に固定して解釈するのも、人間が之に附加した性質である。

(10)かく生命が善悪の彼岸にある、ということを、ツァラトストラは直に信ずることができない。何となれば、彼は超人の理想、また永劫《えいごう》回帰によって裏づけられる新らしい倫理観を予感しているからだ。——かく解しうるでもあろうか？

(11)認識と生命とは相剋《そうこく》し易《やす》い。智慧《ちえ》は、ツァラトストラが生命を尊重するのを嫉妬《しっと》して、ツァラトストラは生命に憧憬《しょうけい》する故《ゆえ》に之を愛するのだ、と責める。

(12)ツァラトストラが智慧を愛するのは、智慧が生命に類似するところがある、その限りに於《おい》てである。

(13)ツァラトストラの智慧はディオニゾス的智慧であって、生命に酷似している。人間の渇《かつ》を医《いや》し、明《めい》晳《せき》な論証にあらずして、むしろ暗示的な、確定しがたい、流動的なものである。
(14)老いたる経験者、賢者。
(15)智慧が非論理的な展開を示す、ごときことを指すのであろう。
(16)智慧も生命と同じくコケティッシュな女に似て、自己矛盾、皮肉、転回を示すとき、もっとも誘惑的である。九〇頁一行をみよ。
(17)かくツァラトストラは認識以上に生命を愛するが、しかし、この時ツァラトストラの心中には之まで思いもかけなかった新らしい認識問題（永劫回帰）が漠然とながら浮び上った。ために彼はふたたび生命不可解の感の圧迫に苦しむのである。――この難解の箇所をかく解したい。
(18)あたらしい困難な認識の問題の予感があまりに大であるので、ツァラトストラはその圧迫のためにほとんど自己の無力を感じて、黄昏《たそがれ》の空気の中の悲哀に浸る。――かく解したい。

墓の歌(1)

「かしこには墓の島がある。(2)沈黙の島がある。かしこにはわが青春の墓がある。われはかなたに、うつろわぬ生命の緑の花束を運んでゆきたい、と冀《ねが》う。」

かく思いさだめて、われは海を越えて行った――。

おお、なんじらわが青春の俤《おもかげ》よ、幻よ！　おお、なんじらすべて愛の眼尖《まなざし》よ、神々《こうごう》しき瞬間よ！　いかなればかく夙《と》く死に果てたことぞ！　われはきょう、いまは亡《な》き人々を慕うがごとく、なんじらを憶《おも》うて止《や》まぬ。——

いまは亡き最愛の人々よ、なんじらの方より甘き匂《にお》いはきたる。心を融《と》ろかし、涙を誘う甘き匂いはきたる。げに、孤《ひと》り船出しゆくわが心だに、かくは顫《ふる》え、かくは融けつつ。

いまもなお、われは富みかつ羨《うらや》まるるに足る——。われ、この孤独なる者すら——！　いかんとなれば、われ嘗《かつ》てなんじらを持ち、なんじらは今もなおわれを持つ故《ゆえ》に。——言え、われを措いて、かくまでも薔薇《ばら》いろの林檎《りんご》の、梢《こずえ》より落ちきたりし人のありやを！

いまもなお、われはなんじらの愛の後を嗣《つ》ぐ者、またその愛の国土である。ここには、なんじらの追憶のためにと、もろもろの野生の道徳が目も彩《あや》に花咲いている。おお、なんじらわが親しかりし人々よ！

ああ、なんじらいまは遠き優しき奇蹟《きせき》らよ、われらは相共に近くあるべく造られていた。なんじらがわれとわが願望とに来たった時は、物怯《ものお》ずる鳥の如《ごと》くにではなかった。——否《いな》、信ずる者として、信ずる者の許《もと》に来たったのであった！

げに、なんじらはわれと同じく、誠実のために造られ、優しき永遠のために造られてはあれど、なおわれは、なんじらの不実を責めざるを得ぬ。おお、なんじら神々しき眼尖《まなざし》よ、また瞬間よ。——かく呼ばずして、われなんじらを如何《いか》に呼ぶべき。

まことに、逃れ行きし者らよ、なんじらはわれより死に去ること、夙《はや》きにすぎた。しかはあれど、なんじらはなおわれを逃れず、われまたなんじらを逃れたるにあらず。

われらはわれらの不実をもってして、なお罪は犯さぬ——。

なんじらわが希望を歌いし鳥よ、人々はなんじらを縊《くび》った——、げに、われを殺すべく！　まことに、愛する者よ、なんじらを目ざして悪はつねに矢を放った——、げに、わが心をば射当てるべく！

わが心をば射当てたのだ！　なんじらこそわが最愛の者、わが所有、わが憑《つ》かれし心であったのだ。この故にこそ、なんじらは若くして、夙く、あまりに夙く死なねばならなかったのだ！

わが所有せしもののうちの最も傷つき易《やす》いものに向って、悪は矢を放った。それがなんじらであった。なんじらの皮膚は柔毛《にこげ》に似ている。さらになお、一瞥《べつ》によって消えも失《う》すべき微笑に似ている！

われはこの言葉をば、わが敵に告げよう。——なんじらがわれに為《な》したことに比すれば、一切の人間殺戮《さつりく》も何するものぞ！

なんじらは一切の人間殺戮にもます悪を、われに為した。ふたたびは呼び返し難きものを、われより奪った。——わが敵よ、かくわれはなんじらに告げる！

なんじらはわが青春の俤となつかしき奇蹟とを殺害した！　わが戯《たわむ》れの友、幸ある霊たちを牽《ひ》き去った！　かれらの想《おも》い出にとて、われはこの花束とこの呪詛《じゅそ》とを、ここに置く。

われなんじらにこの呪咀を吐く、わが敵どもよ！　ものの音《ね》が冷たき夜に砕くる如く、なんじらはわが永遠を短かくした。わが永遠がわれに来るや、そは、見ひらく神々の瞳《ひとみ》にひとしく、——倏忽《しゅっこつ》の間にすぎなかった！(3)

かつてなお楽しかりし日に、わが純潔はかく語った。「万象よ、われにとって神々しくあれよ——！」と。

このときに、なんじらは汚穢《おわい》なる幽霊と共にわれを襲った。ああ、いまにしてかの楽しかりし時いずくにか逝《ゆ》きたる！

「日はなべてわれにとって神々しくあれよ——！」かつてわが青春の智慧《ちえ》はかく言った。まことよ、げに悦《よろこ》ばしき智慧の言葉なりしよ！

しかるに、このときに、なんじら敵たちはわが夜を盗み、売り、あとに不眠の苦しみをば残した。ああ、かくて、かの悦ばしき智慧はいまいずくにか逃れゆきたる？

かつて、われは幸運ある鳥占いを願った。このときに、なんじらは忌《いま》わしき怪しき梟《ふくろう》をわが前に引きいだした。(4)ああ、かくて、わが優しき願望はいまいずくにか逃れゆきたる?

かつて、われはすべての嘔吐《おうと》をば避けんと誓った。このときに、なんじらはわが近き者、親しき者をば膿瘡《のうそう》と化した。ああ、かくて、わがこよなく高貴の誓いはいまいずくにか逃れゆきたる?

かつて、われ盲《めし》いつつ幸ある路《みち》を行った。このときに、なんじらは盲いし人の行く路に汚物を投げた。かくて、この盲いし人は、むかし辿《たど》りし盲いの路に、いまは嘔吐を催おす。

かつて、われ至難を遂げ、わが克服の勝利を祝した。このときに、なんじらは、われを愛する者たちをして叫ばしめた、——われかれらに酷《きび》しき苦痛を加う、と。

まことに、これぞ常になんじらの業《ごう》であった。なんじらはわが至醇《しじゅん》の蜜《みつ》を苦くした。また、わが至上の蜜蜂《みつばち》の勤勉を空しくした。

なんじらはわが慈悲にむかって、最も厚顔の乞丐《こつがい》を送り寄こした。また、わが同情のほとりに、済度すべからざる無恥の徒を群がらしめた。かく、なんじらはわが道徳をその信仰に於《おい》て傷《きずつ》けた。

われがわれにとって最も神聖なるものをも犠牲に捧《ささ》げたとき、たちまちに、なんじらの「敬虔《けいけん》」はその脂臭《あぶらくさ》き供物《くもつ》を並べ置いた。之《これ》によって、なんじらの脂の濛気《もうき》は、わが最も神聖なるものをも窒息せしめた。

かつて、われいまだ舞いしことなき舞いを舞おうと欲した。天涯の彼方《かなた》にまで踊りゆこうと欲した。このときに、なんじらはわが最愛の歌い手を惑わした。(5)

かくして、この歌い手は凄《すさ》まじい鈍い調べを歌い出《い》でた。(6) ああ、この調べはわが耳に暗い角の音と鳴り響いた！

殺戮する歌い手よ、最悪の手段よ、非情の者よ！　われは、すでに至上の舞いを舞いはじめんとしていた。さるを、なんじはその響をもってわが恍惚《こうこつ》を屠《ほふ》り去った！

ただ舞踏に於てのみ、われは最高の事物の比喩《ひゆ》を語りうる。(7)　――しかもいまや、わが最高の比喩は、語られることなくわが四肢に残っている！

なお語られず、なお充《み》たされず――、わが至高の希望は残っている！　しかも、わが一切の青春の俤も慰めも――はや泯《ほろ》びた！

われはそもいかにして之に堪えたことぞ？　いかにしてかかる傷を克服しえたことぞ？　いかにして、わが魂は、かかる墓より蘇《よみがえ》って立ち上りしことぞ？

げに、ある傷け難きもの、葬《ほうむ》りえざるもの、また岩をも爆《は》じしむる力が、わが内に潜んでいる。之ぞわが意志である。それ年月の間を、声黙して志渝《かわ》ることなく、歩みゆく。

わが昔ながらの意志は、わが足によってその路を行かんとする。その本質は冷酷にして傷けうべからず。

われは只《ただ》わが踵《かかと》に於てのみ傷けうべからず。(8) わが意志よ、よく堅忍する者よ、なんじは依然わが踵に潜み、つねに渝ることがない。いつの日も、なんじはすべての墓を破って出で来たる！

わが青春のなお充たされざりしものが、まだなんじのうちに生きている。かくて、なんじは生命として青春として、希望しつつ、この黄なる墳墓の廃墟《はいきょ》の上に立つ。

げに、なんじはなおわが為《ため》に一切の墳墓の破壊者である。健《すこや》かなれ、わが意志よ！

ただ墓あるところに、復活がある――！


ツァラトストラはかく歌った。

(1)失われし青春を悼《いた》んで、あらゆる人生の幻滅にもかかわらず、わが意志のみは屈せざるべきを歌う。
(2)幸福なりし青春を惜みつつ回想していう。
(3)寒い夜には楽の音は長い余韻を引かない。――邪悪を見て、神々は目をとざす。

(4)ニーチェの初期のギリシア文化研究に対する専門の学者（メレンドルフ等）の非難をさすのであろうか。
(5)ワグナーが禁欲的キリスト教世界観に転向した。
(6)ワグナーは明るい強い「ニーベルンゲンの指環《ゆびわ》」の調べを棄《す》てて、厭世《えんせい》的な「パルチファル」の音楽を作るに至った。
(7)九一頁《ページ》一二行をみよ。
(8)アキレスは踵《かかと》に於《お》てのみ傷《きずつ》けられることができたが、われは他のすべてが奪われ葬《ほうむ》られようとも、この意志に於ては傷けられることが出来ない。この意志は過去のわれの墳墓から復活し、立上る。

自己克服(1)

はたしてなんじらは、なんじらを馳《か》り立てなんじらに激情を与うるものを、「真理への意志」と呼んでいるのであるか、おお賢者たちよ！

一切の存在を思考しうべきものとなさんとする意志、――われはなんじらの意志をかく呼ぶ(2)！

なんじらは、一切の存在をまず思考しうべきものとなさん、と欲する。それが思考

しうべきものなりや否《いな》や、を、当然の不信を以《もっ》て疑うからである。(3)

さあれ、一切の存在はなんじらに屈服し、追従すべきものなのだ！　――なんじらの意志は之《これ》を欲せよ。一切の存在は滑《なめら》かにならねばならぬ。精神の鏡としてまた映像として、精神に臣事せねばならぬ。(4)

之ぞ、なんじら賢者たちよ、権力への意志であり、なんじらの意志の全部である。なんじらが善と悪とについて語り、また価値評価について言う時も、なんじらの意志は之より他にはない。

なんじらは、その前に拝跪《はいき》しうる世界を創造せんと欲している。(5)之ぞなんじらの最後の希望であり陶酔である。

もとより無智《むち》なる者――民衆は、河にひとしい。河の面に小舟が泛《うか》んでいる。小舟の中には、覆面し仮装せる評価が厳かに坐《すわ》っている。(6)

なんじらは、なんじらの意志と価値とを、生成の河の上に置いた。民衆によって善また悪として奉ぜられているものによって、われはなんじらの昔ながらの権力への意志を察しうる。(7)

かかる客たちをこの小舟に載せ、(8)かれらにきらびやかに誇らしき名を与えたのは、賢者らよ、なんじらの為《な》したことなのだ。――なんじと、またなんじらの支配的なる意志との為したことなのだ！

河はなんじらの小舟を先へ先へと運びゆく。運びゆかざるを得ないのだ。よし砕かれた波が泡だち、いかってその龍骨を嚙《か》むとも、いかんとも為すべきようはなし！(9)

なんじらの危険は河にあらず、また、なんじの善と悪との終末にもあらず。賢者たちよ、なんじらの危険はかの意志である、権力への意志である、――尽くることなく産みいだす生命の意志である。(10)

なんじらが、善と悪とについてのわが言葉を理解せんがために、われはいま一度、生命と、生きとし生けるものの様態とについての、わが言葉を言おう。

われは生けるものを追い行った。われは、生命の様態を知らんとして、最大にして最小の路《みち》を行った。

生命の口が塞《と》じたとき、その眼をしてわれに語らしめんとて、われは百の鏡もてその眼尖《まなざし》を捉《とら》えた。(11)かくして、その眼尖はわれに語り告げた。

われ之を聞く、生命あるものの在るところ、かならず服従の言葉があるのを。まことに、生きとし生ける者は服従する者である。(12)

第二に聞く、自己に服従しえざる者は他者によって命令せらるるを。(13)――かくの如きが生命ある者の様態である。

第三に聞く、命令は服従よりも難いことを。命令者はただにすべての服従者の重荷を負うのみならず、また、この重荷によって斃《たお》るることも稀《まれ》ならざるのみならず、(14)——

われ之を思う、——一切の命令には試験と冒険とが潜んでいる。生命ある者は、他に命令するとき、つねに之に自己を賭《と》する。

げに、さらに、生命ある者が自己に命令するとき、この時もなお、彼はみずからの命令をば贖《あがな》わねばならぬ。彼はみずからの律法の裁判者となり、復讐者《ふくしゅうしゃ》となり、且《かつ》その犠牲とならねばならぬ。

いかなればかくとはなったのであるか？——われはかく自らに訊《き》いた。——生命ある者をして服従すべく、命令すべく、また命令しつつなお服従すべく、彼を説得したのはそも何の為す業であるか？

いまわが言うところに耳傾けよ、なんじら賢明なる者たちよ！　なんじら之を験《ため》せよ！——このわれがよく生命そのものの心臓に忍び入ったのであるかを。また、その心臓の根柢《こんてい》にまで穿《うが》ち入ったのであるかを。

われ生命ある者を見たとき、そこに必ず権力への意志を見た。しかして、奉仕する者の意志の中に於《お》てすら、支配者たらんとするの意志を見た。

弱者が強者に奉仕するは、すなわち、より弱者の支配者たらんとする弱者の意志が、彼を説得するからである。この快楽のみは欠くをえないのだ(15)。

小さき者がより大いなる者に帰依《きえ》するは、以てより小なる者に対して快楽と権力とを得んがためである。――かくのごとく、最大の者もまた捨身して、権力を獲《え》んためにー―生命をも賭《と》する。

冒険――、危険――、また死をめぐる賭博《とばく》――。之ぞ、最も大なる者の捨身である。

しかるに、犠牲と、奉仕と、愛の眼尖とのあるところ、そこにもまた、支配者たらんとするの意志がある。弱者は間道を忍んで城塞《じょうさい》に入り、強者の心臓に潜入する。――かくしてここに権力を偸《ぬす》みいだす。

かつて、生命は、われに次の如《ごと》く秘密を告げたことがあった。「――みよ。」と生命は言った、――「われはつねに自らを克服すべきものである(16)。

なんじらは之をあるいは生産への意志、――あるいは目的への、より高くより遠きものへの、より多様なるものへの衝動と呼ぶ。さあれ、これらすべては一つであり、ただ一つの秘密にすぎない(17)。

この一つのものを断念せんよりは、われむしろ没落せんことを冀《ねが》う。まことに、没落と葉落(18)とのあるところ、みよ、そこに生命は――権力のために自己を犠牲にする！

ああ、われは争闘たらねばならぬ。生成たり、目的たり、また目的と目的との矛盾たらねばならぬ。ああ、わが意志を測りうる人は、わが意志がいかに羊腸の路[19]を行くべきかをも測りうるであろう。

われ何を創造し、われ如何《いか》に愛するとも――、いつか、われはわが創造しわが愛したるところのものに敵たらねばならぬであろう[20]。わが意志は之を要求する。

なんじ認識する者よ、なんじもまたわが意志にとっての行路であり、足跡であるに過ぎぬ。まことに、わが権力への意志は、行くや、なんじの真理への意志の足をすら借りるのである[21]！

かの『存在への意志』なる言葉を、真理をめがけて投げつけた人は、真理に的中しえなかった[22]。かかる意志は――存在せぬのである！

いかんとなれば、いまだ存在せざるものは意志することができない。また、既に存在するものは、さらに存在を意志することはありえないではないか！

ただ生命のあるところにのみ、意志がある。さあれ、そは生命への意志にあらずして、――かくわれはなんじらに教える、――権力への意志である！

生ける者によって、多くのものが生命そのものより高く評価せられる。すなわち、この評価するということそれ自体から語っているではないか、――権力への意志が[23]――！」

生命はわれにかく教えた。なんじら賢明なる人々よ、われは之よりなんじらの心の謎《なぞ》を解くであろう。

まことに、われなんじらに言う。不朽不滅の善と悪、——かくの如きものは在りえない！　善と悪とはつねに自らより出《い》でて、自らを克服せねばならぬ。

なんじら価値評価する人々よ、善と悪とについてのなんじらの評価と言葉とを以て、なんじらは暴力を縦《ほしい》ままにする。(24)之ぞ、なんじらの隠約の愛であり、なんじらの魂の光彩であり、戦慄《せんりつ》であり、氾濫《はんらん》である。

しかも、なんじらの評価よりして、さらに強き力と新らしき克服とが生れいずる。之によって卵と殻とは破られる。(25)

まことに、善と悪との創造者たるべき者は、まず破壊者たるべきである。しかしてもろもろの価値を粉砕すべきである。

されば、最高の善のため、最高の悪が必要である。(26)かかる善、すなわち創造的なる善のために——。

いざわれら語ろう、なんじらいと賢明なる人々よ。悪《あ》しくともわれらは語ろう。沈黙はさらに悪いではないか。一切の語られざる真理は毒と化する。

われらの真理によって砕破されうる一切の事物は、崩るるならばいさぎよく崩れよ！　建てらるべきなお多くの家があるではないか！

ツァラトストラはかく語った。

(1)権力意志に基《もとづ》く自己克服が超人への道である。この章の構成については二七三頁の註の補足をみよ。
(2)従来の哲学者思想家たちは真理への意志を持つというが、之《これ》は外界を知的に解釈する、感性的に与えられたものを理性を以《もっ》て処理する、という事にすぎないではないか。
(3)世界人生の多くの現象は人間の理知を以ては解決し能《あた》わないが、人間はこの不可能を感知する故《ゆえ》に、さまざまの法則を仮定してなんとかして解釈せんと試みる。
(4)しかし、右のごとき知的態度は真実ではない。真実は、――自己拡充を欲するなんじらの意志が外界を支配する、というにある。世界はなんじらの主我によって思うままに支配され（滑《なめら》かになる）、なんじらの主我の反映とならねばならぬ。一九六頁《ページ》一五行をみよ。
(5)真実の思想家は、権力意志の欲するままに、一つの支配的な命令的な世界像を描き出さんとする。（そうして之を民衆に課す。）
(6)民衆は河のごとく無言に流れゆくが（二一頁一一行をみよ。）之を支配するものはさまざまな姿に於ける立法者の価値判断である。一三七頁一〇行をみよ。
(7)河はまた生成し変化するものの比喩《ひゆ》である。生成し変化する民衆の思想は、実は少数の立法者が権力意志よりしてかれらに命令したところのものである。
(8)かかる価値判断を民衆の代表的思想たらしめ――。
(9)民衆はかれらに与えられた価値評価の規準に対して反抗せんとすることもあるが、結局いかんともすることができない。

(10)なんじら立法者たちが創造した価値を覆《くつがえ》すべき危険のあるのは、民衆にあらず、また既成の価値観念がおのずから朽敗しゆくことにもあらず、――よりあたらしい価値を創造する権力意志である。之は固定した価値観念を破壊する。

(11)生命が自己の様相を直接に語り告げないので、自分は之をありとあらゆる角度から観察した。

(12)生命の最初の様相として現れるのは、権力意志そのままにあらずして、かえって服従への意志である。二六七頁一六行及びこの頁註(15)をみよ。

(13)自己の偽るべからざる内発の生命感に聴従する者こそ、強者であるが、之を為《な》しえざる者は畜群の一員であって、他者の命令に服従する者である。

(14)真の命令者は大使命を自己に課して、自己に服従し、他者を支配する。その結果については彼みずから責任を負い、自己の立法したところを贖《あがな》わねばならぬ。

(15)前述の真の命令者に反し、大凡《おおよそ》の人間は臆病《おくびょう》であって、かえって服従の中にこそ安全な自己保全を見いだし、強者に服従することによって、より弱者を支配してそこに己の権力意志を満足さす。

(16)生命とは断えず自己を克服してより高く権力意志をめざして向上しゆくものである。

(17)人間のさまざまの名で呼ばれる努力も、結局右の生命の自己克服による向上ということに帰する。

(18)葉落という言葉に特に意味はない。没落を強調したもの。――前行の没落は単なる破滅。「没落と葉落」の没落は克服される自己。

(19)困難な行程。二四二頁六行をみよ。

(20)わが行程は不断の新らしい克服である故に。

(21)抽象的な真理への意志も、その本質に於《おい》ては、やはり支配的な権力意志の一つの変形であり、われは之を道具として使う。

(22)ショペンハウエルは形而上学《けいじじょうがく》の根柢《こんてい》を「生存意志」に見た。またダーウィンは生存への欲望を前提とした。しかし、これらの規定は間違っている。

(23)単なる自己の存在や生命の維持よりも高く尊重されているものがいくらもある。たとえば、母性愛、信仰、祖国愛、その他の自己犠牲。之すなわち、生命維持以上により高い価値の追求、自己拡充、昂揚《こうよう》の意志の存在を示す。されば、単なる生存への意志は最終のものではない。

(24)倫理的価値を創造する人々は、その倫理観念を以て、人類向上のために力を致し、あるいは支配しあるいは命令する。一三七頁八行以下をみよ。

(25)二六六頁四行をみよ。

(26)三四三頁七行以下をみよ。

(二七一頁註(1)の補足) この章は六の部分からなっている。一、二六五頁七行まで、――その主題は二七一頁註(4)。二、二六六頁六行まで、――二七一頁註(5)。三、二六七頁七行まで、――二七二頁註(14)。四、二六八頁八行まで、――二七二頁註(15)。五、二六九頁一六行まで、――二七二頁註(16)。六、――不断の自己克服によって新らしき価値が創造される。

崇高なる者(1)

わが海の底は静かである。諧謔《かいぎゃく》の怪獣があってそこに隠るることを、何人がよく思いうることぞ!(2)

わが水底は揺るぐことがない。さあれ、そこには謎《なぞ》と哄笑《こうしょう》とが漂って、光り輝いている。

今日われは一人の崇高なる者、荘厳なる者、精神の悔恨者を見た。おお、彼の醜悪の故《ゆえ》に、いかにわが魂が笑ったことぞ！

胸高らかに、さながら呼吸を吸いつめし人のごとくに、彼は立っていた。崇高に、——黙然と。

彼の狩猟の獲物たる醜悪の真理を身にまとい、襤褸《らんる》の衣を重ね、さらに多くの荊棘《けいきょく》すらつけて——。しかも、一輪の薔薇《しょうび》だに掛けてはいない。

彼はいまだ笑いと美とを学んでいない。この猟人は、認識の森から、陰惨の相貌《そうぼう》をもって帰って来た。

彼は野獣との闘争から帰って来た。しかるに、彼の厳粛味のうちからは、いまだなお一匹の——克服されざる怪獣が覗《のぞ》いている！

さながら、跳びかからんとする虎《とら》のごとくに、彼は構えている。われはかかる緊張した魂を好まない。わが趣味は、一切のかかる隈《くま》を負った姿勢に嫌悪《けんお》を感ずる。

友よ、なんじらは、趣味と美味とについて論《あげつ》らうべきでない——、と言うのであるか？　さあれ、一切の生命は、趣味と美味とのための争《あらそい》である。(3)

趣味、——之《これ》は法馬《ふんどう》である。秤皿《はかりざら》である。また同時に秤る人である。(4)法馬と秤皿と秤る人についての争なくして生きんことをねがう、一切の生きたる者は禍《わざわい》なるかな！

この崇高なる人が、自己の崇高味に倦《う》んじたとき、その時はじめて、彼の美は湧《わ》き起るであろう。この時はじめて、われは彼を味《あじわ》い、彼の美味を怡《たの》しむであろう。(5)

この崇高なる人が、自己に背《そびら》を向けて去るとき、その時はじめて、彼はみずからの影を跳び越えるであろう——。跳び越えて、まことに！自己の太陽の中に跳び入るであろう。

かれ影の中に坐《ざ》すること、すでに長きに過ぎた。精神の悔恨者の頬はいろ蒼《あお》ざめながら、しかも、期待のために餓《う》え死なんとしている。

彼の眼にはなお侮蔑《ぶべつ》がある。彼の口には嘔吐《おうと》が潜んでいる。もとより、いまは憩《いこ》いつつあれど、この人はいまだ太陽の中に憩ったことがない。(6)

彼は牡牛《おうし》(7)のごとく為《な》すべきであった。彼の幸福は大地の匂《にお》いすべく、大地の軽蔑の悪臭を放つべきではなかった。

われは彼を白い牡牛として見たい。鼻息あらあらしく咆哮《ほうこう》しつつ、犂頭《すきがしら》を牽《ひ》きゆく牡牛として見たい。かれ咆哮して、一切の地上のものを讃美《さんび》せよ！

彼の面はなお暗い。翳《かざ》す手の影はその上にまつわっている。彼の眼の性能はなお翳《かげ》のうちにある。

彼の行為すら、なお彼を蔽《おお》う影である。手は働いて、手を働かす者を薄明に鎖《と》ざす。彼はなお彼の行為をば克服していない(8)。

もとよりわれは、彼に於《お》いて牡牛の項《うなじ》(9)を愛する。しかし、われ今はさらに天使の瞳《ひとみ》(10)をもみたいと冀《ねが》う。

彼はみずからの英雄的意志を忘却せよ。昂揚《こうよう》せられたる人であれ。ただ単なる崇高の人であるなかれ。——天の灝気《こうき》が来たって、彼、意志無き者を高く翔《かけ》らしめよ(11)!

彼は怪獣をも制御した。謎をも解いた。されど、彼はさらに、彼の怪獣と彼の謎をも救うべきであった。しかして、それらを天の小児に変ぜしむべきであった(12)。

彼の認識はいまだ微笑することを学ばなかった。また嫉妬《しっと》なくしてあることを学ばなかった。彼の潮だつ情熱は、いまだ美の中に鎮静していない。

まことに、彼の欲求は飽満の中に沈黙し潜没すべきではない。むしろ、美の中に沈黙し潜没すべきである! 優雅は、気宇《きう》雄大なる者の剛毅に欠くべからざるものである。

腕を首に横たえて(13)、——かく勇者は休息すべきである。しかして、彼はまた、彼の休息をも克服すべきである。

勇者にとっては、美こそまさに一切の中の至難事である。美は、すべての激烈なる意志によっては捉《とら》えられることがない。

美に於ては少しく過ぐるも、少しく足らざるも、すべて多であり、過多である。

ゆるやかな筋肉と、馬具を解かれたる意志とを以《もっ》て立つ、(14)――これこそ、なんじら崇高なる者にとって、一切の中の至難事である！

権力が柔《なご》みたる心となって、視覚の世界に降りきたるとき、――かく降りきたることを、われは美と呼ぶ。

なんじ力ある者よ、われは他の何人からよりも、なんじからこそ美を期待する。なんじの柔みたる心をして、なんじの最後の自己克服であらしめよ。

われなんじが一切の悪の力を持てるを信ずる。この故に、われはなんじから善を期待する。

まことに、われはしばしばかの虚弱者を嘲笑《あざわら》った。かれらが自らを善なりと信じているのは、その前足麻痺《まひ》(15)したるが故なのだ。

なんじの道徳をしてかの円柱の如くならしむべく努力せよ。――円柱は高く昇るほど、より美しく、より優雅に、いよよ内剛に、いよよ重きに堪《たえ》うる。(16)

げに、なんじ崇高なる者よ、なんじいつしかは美となるべきだ。かくて、なんじ自らの美にむかって鏡を示すべきだ。

この時に、なんじの魂は神聖なる欲望を得て、ために戦慄《せんりつ》するであろう。なんじが自らを誇る衒華《げんか》の中に、なお崇拝の心は起るであろう。(17)

魂の秘密はかくある。——すなわち、魂——アリアドネを半神——テゼウスが見棄《みす》てたとき、ここにはじめて彼女に超半神——ディオニゾスが、夢幻のうちに近づく。(18)——

ツァラトストラはかく語った。

(1)前章に説く如《ごと》き自己超服の人は、困難にうち克《か》つ勇者であり、精神の贖罪者《しよくざいしや》であり、崇高なる者である。しかし、この人は未《いま》だに「重圧の霊」によって汚されている。超人にはさらに軽快柔軟な美の性質が加わらなければならない。

(2)わが精神の底には(いかめしく厳粛に構えた者に対する)嘲笑《ちようしよう》の欲望が潜んでいる。

(3)道徳的価値の問題を個人的美的欲求に帰納せしむる(たとえばニーチェの欲求する金髪獣のごとき)ことは不可であるというのか。しかし、一切の判断は結局個人的好悪《こうお》に左右されるものであって、美的興味こそ人生を決定する規準である。

(4)美的価値の評価、解釈、また解明等をいうのであろう。

(5)この「重圧の霊」に憑《つ》かれた暗いいかめしい人は、その崇高味を克服してはじめて軽快柔軟な生命の美を獲得しうる。

(6)かかる認識の苦行者たちはあまりにながく世界に背いて生きていたので、かの禁欲の宗教家たちと同様、生命と世界に対する侮蔑《ぶべつ》がその相に現れている。彼は苦闘を切りぬけていまは落着いているが、しかしその休息は明るい地上のものではない。

(7)強健な頑丈な生き生きしたものの象徴。

(8)崇高なる者の暗い心情に発する行為は、なお背世界の影を帯びている。彼が手をあげて眼を翳《かげ》にかざすように、彼の行為は彼自身を暗い世界にひき入れる。

(9)強靱《きょうじん》、堅忍。

(10)無邪気、優雅、明るさ。二五一頁《ページ》三行、九一頁八行をみよ。

(11)透明な輝く新鮮な雰囲気が、この生活への意欲を欠く背世界者を昂揚《こうよう》せしめねばならぬ。

(12)彼は神話のエジプス王のごとくにスフィンクスを征服して、人生の謎《なぞ》を解いた。しかし、彼はこの人生をいたずらに客観的な形而上学《けいじじょうがく》として解決した。むしろ彼は自己の生命を解放し、創造的な自由な精神に化すべきであった。七七頁一三行以下をみよ。

(13)ヴァチカンの睡《ねむ》れるアリアドネの像を聯想《れんそう》しての表現か。疲労困憊《こんぱい》にあらずして、しずかな充《み》ち足りた休息の姿勢。二七八頁三行をみよ。

(14)過度の緊張や激しい硬直は美を生み出す所以《ゆえん》でない。之《これ》を去って、諧調《かいちょう》ある柔軟性を得ること。

(15)獅子《しし》の前足の聯想。戦闘的な生命力。

(16)古代建築の円柱が高い部分ほど優雅で、しかも強く見えるごとく、道徳も向上するほど峻酷《しゅんこく》粗剛の趣を失って、無邪気に優美である。二三五頁四行をみよ。

(17)なんじらが美の境地にまで達したとき、なんじらの魂は人類向上の理想という神聖な欲望を孕《はら》むであろう。そして、なんじらが自己の美しさに陶酔する誇りの中に、超人崇拝の心が湧《わ》くであろう。

(18)アリアドネはナクソスの地で、クリエタから共に逃れ来《きた》ったテゼウスによって見棄《みす》てられた。アリアドネが睡っている間にディオニゾスは彼女に通じた。——精神は荒々しい過度の力と離れた時にはじめて、明るい陶酔的な美に触れられる。

教養の国(1)

われは未来を翔《かけ》ること遠きに過ぎた。われは恐怖に襲われる。(2)

わが身のめぐりを見廻したとき、見よ！　われと時を共にする伴侶《はんりょ》は、ただ時のみであった。

ここに於《おい》て、われは逆に翔って、いよよ速かに故郷へと戻った。われは、現代人よ、なんじらの許《もと》へ、教養の国へと帰り来たった。

われは初めて、なんじらに対する眼とよき願望とを以《もっ》て来たった。まことに、心に憧憬《しょうけい》を抱いて来たったのである。

しかるに、何たる事であるのか？　われはしかく不安ながらに、なお笑わずにはいられなかった！　いまだわが眼は、かかる雑色の斑紋《はんもん》(3)を見たことがない！

われ笑いに笑った。足が顫《ふる》え心臓が顫えながらも、なお笑った。「これぞ、ありとあらゆる顔料の本場である！」――われはかく言った。

なんじら現代人たちよ、なんじらは顔に肢体に五十の斑を塗って坐《すわ》っている。われ之《これ》に驚く。(4)

しかも、なんじらのめぐりには五十の鏡(5)が並んでいる。そうして、なんじらの色の綾《あや》に媚《こ》び、かつ倣《なら》う。

まことに、なんじら現代人たちよ、なんじら自身の容貌《ようぼう》よりも優れた仮面は被《かぶ》りようがない！　何人がなんじらを見破りえようぞ！(6)

すべて過去の記号を以て書き埋められている。(7)この過去の記号はさらに新らしい記号を以て塗りつぶされている。――かくして、なんじら自身、もはやいかなる記号解読者からも解読せられ得ざるべく、自らを匿《かく》してしまった！

もはやいかなる腎臓《じんぞう》検査官も、なんじらが腎臓(8)を有することを信じえまい！　なんじらは顔料と膠《にかわ》づけられた紙片とをもって、焼いて製造されたのではあるまいか！(9)

なんじらの面紗《めんさ》の蔭《かげ》からは、あらゆる時代と、あらゆる民族とがきらびやかに覗《のぞ》いている。なんじらの姿態の間からは、あらゆる風俗と、あらゆる信仰とが目も綾に物語る。

なんじらから面紗と衣裳《いしょう》と顔料と姿態とを剝《は》ぎ去ったときには、残るものとては、ただ鳥を脅かすに足るに過ぎまい。(10)

まことに、われみずからも脅かされた鳥である。なんじらの扮飾《ふんしょく》を去りし赤裸の姿を見て、われは脅かされた。しかして、かの骸骨《がいこつ》がわれに秋波を送ったので、舞い去った。(11)

われはむしろ冥府《めいふ》や、また過去の亡霊の間にあっての、一介の日傭人《ひようにん》でありたいと思う！(12)――冥府に棲《す》む幽鬼たちですら、なんじらよりは肥え太っているではないか！

なんじら現代人たちよ、われはなんじらが赤裸たるをも、衣裳つけたるをも正視するに堪えない。これぞわが内臓の苦痛である！

一切の未来の恐怖も、またかつて鳥をして戦《おのの》き飛び去らしめたところのものも、なんじらの「現実」に比すれば、なお親しみを以て接しうる。(13)

何となれば、なんじらはかく言うからだ。――「われらは真に現実に生きる。しかして、信仰もなく、迷信もない。」と。かく言ってなんじらは胸を張る。――ああ、胸も無いままに！(14)

げに、なんじらはいかにして信ずることを為《な》しえようぞ、雑色な斑紋ある者たちよ！――なんじらは、かつて過去に信ぜられたる一切を材料とする画家に過ぎぬ！なんじらは信仰そのものの反証が、生きた姿をとって現れたものだ。また、一切の思想の引裂かれたる四肢である。信ずるべからざる者よ！　――と、われはなんじら現実の人々を呼ぶ。

なんじらの精神の中に於て、すべての時代が相互に饒舌《じょうぜつ》を振《ふる》っている。しかはあれ、すべての時代の夢想と饒舌とは、なんじらの覚醒《かくせい》よりもはるかに現実的であった！

なんじらは生産することができない。この故《ゆえ》に、なんじらは信仰を欠いている。さあれ、すべて創造せざるべからざりし者は、つねに彼の予言の夢と、星の記号とを持っていた。――さらに、信仰を信仰していた！

なんじらは半ば開いた門である。そこには墓掘人が待っている。「一切は滅亡に価《あたい》する。」――之すなわちなんじらの現実である。(15)

ああ、なんじら不生産的なる人々よ、わが前に立つ、なんじらのその有様は何たる態《ざま》であるか！　何と肋骨《ろっこつ》の痩《や》せたることとぞ！　しかして、なんじらの中の多くの者は、自らこのことを首肯していた。

かれらはかく言っていた、――「一の神があって、わが眠っている中に、われから何物かを抜き取ったのであろうか？　まことに、それによって女を造りうるほどのものを奪い去ったのであろうか！

わが肋骨はかく驚くほど貧弱となり果てた！(16)」――すでにかく語った多くの現代人

がいる。

げに、なんじらは笑うに堪えた者だ、現代人たちよ！　しかも、なんじらが自己礼《らい》讃《さん》を為す故に、われは捧腹《ほうふく》絶倒する！

厭《いと》うべきかな、もしわれにしてなんじらの礼讃を笑いえず、ありとあらゆる汚物をなんじらの壺《つぼ》より啜《すす》るべしとするとき！

とまれ、われは今なんじらを軽く取扱おう。われは重いものを負い行かねばならぬからだ。よしわが重荷の上に、甲虫また黄金虫の類が留まるとも、何かあろうぞ！

しかはあれど、わが重荷をば、なおこの上重からしめてはならぬ！(17)　しかして、なんじら現代人たちよ、なんじらの故に、わが疲労の加重さるる如《ごと》きことがあってはならぬ。――

ああ、わが憧憬を以て、われはいまいずくへ登ろうぞ！　あらゆる山の頂より、われは父の国、母の国を見はろかす(18)。

しかるに、われはわが故郷をいず方にも見出《みいだ》しえぬ。われは、いずくの市府に往《ゆ》くも、心安からず、いずくの城門のほとりにあっても、つねに出発する。

近き日にわが心を喚《よ》びしかの現代人たちは、われにとって、よそ人であり嘲笑《ちようしよう》であるにすぎない。かくてわれは父の国を逐《お》われ、母の国をも逐われる。

われいまはただ、わが子の国のみを愛する。遠き大洋の中の、かの未発見の国のみを愛する。われはわが帆に命じて、かの国を求めしめ、求めしむ。

われは、わが父祖の子たることをわが子に於て償おう、と思う。また、一切の未来に於て、――この現在を償いたい、と冀《ねが》う！――

ツァラトストラはかく語った。

(1)現代人の教養は過去の遺産、および他国の文化のよせ集めにすぎず、創造的生命を失っている。
(2)これまでの章に於《お》て、あまりに人類の将来の幻影たる超人について語りすぎ、衆に先んずる故《ゆえ》の自己の孤独に慄然《りつぜん》とする。
(3)現代の文化社会はあまりにも雑然混沌《こんとん》としている。文化の標識たる「生の表現の様式的統一」を欠いている。
(4)現代人はありとあらゆる文化材を寄せあつめて、仮装した道化役者のごとくに、自己を扮飾《ふんしょく》する。
(5)多くの新聞雑誌等の流行宣伝機関がそれを反映する、――というほどの意か。
(6)なんじらの教養は仮面である。なんじらの本質はその裏に没してもはや見いだしえない。
(7)一切は、ニーチェの「歴史の功罪」の意味に於ける、歴史的知識である。
(8)本質、中核。
(9)いわゆる紙と鋏《はさみ》で作った知識の集成にすぎない。
(10)案山子《かかし》である。
(11)現代の教養人の赤裸の姿を見て、われは逃れ去った。もし自分がかれらの間に留《とど》まらば名声を以《もっ》て酬《むく》いられる可能性もあったが、われは彼らに伍《ご》するを潔《いさぎよ》しとしなかった。
(12)われは現代人の間に伍するより古人を相手として、その間に低い地位を占めた方がましだと思う。
(13)われは空《むな》しき将来に期待することを否定して現在に還《かえ》りきたり（本章冒頭）、また文化的虚飾に恐れをなして現代人から立去ったが（比喩《ひゆ》に飛躍あり）、かかる期待かかる虚飾すら、現代人のいわゆる現実主義に比すればなお愛すべきものである。二三三頁《ページ》一五行以下をみよ。
(14)なんじらは唯物的《ゆいぶつ》現実家であって、過去の先入観に捉《とら》われていない、と自称するが、実はなんじらはいかなる信念をも持つ力がないのだ。
(15)門のほとりの墓掘人とは、古代都市の墓地は城門の近くにあったことからの聯想《れんそう》であろう。歴史的知識を蓄積する教養人（墓掘人、四〇頁八行を見よ）は頽唐期《たいとう》の人間であって、創造の意力を失っている。
(16)アダムとイヴの物語をもじったもの。現代人はいつの間にか肋骨《ろっこつ》（強靭《きょうじん》な意力）を失って、かくも女性的になってしまった。
(17)ツァラトストラの精神には永劫《えいごう》回帰の思想が徐々に熟しつつある。
(18)われはわが生きた過去の国を展望するが、そこはわが住むべき地ではない。

純粋なる認識(1)

昨夜、月が昇ったとき、われは夢想した、――月が一つの星を産もうとしている、と。しかく膨れて孕《みごも》った風情《ふぜい》に、月は地平線に懸っていた。(2)しかるに、かくも懐妊《かいにん》と見せたのは、月の欺罔《ぎもう》であった。月が女性であるというよりも、むしろ男性であるというのを、(3)われは信じよう。

しかはあれど、この内気なる夢遊病者はあまりに男性的ではない。彼は疚《やま》しき良心を抱いて、屋根の上を輾《まろが》りゆく。

月の中の僧侶《そうりょ》は淫欲《いんよく》に充《み》ち、嫉妬《しっと》に充ちている。そして、大地と、すべて愛する者の快楽に対して、みだらなる流眄《りゅうべん》を送る。

否《いな》、屋根の上のこの牡猫《おすねこ》をば、われは好まぬ！　半ば鎖《とざ》された窓のほとりを忍び足してゆききする一切のものは、われに厭《いと》わしい！

いと敬虔《けいけん》に、また黙々と、牡猫は星の絨氈《じゅうたん》の上を彷徨《さまよ》う。――われはすべての柔《やわら》かに踏む男の足を好まない。まして拍車も鳴り響かぬに於《おい》ては――。

率直な人の足音はかならず語りかける。しかるに、猫のみは床の上を忍び足して消ゆる。みよ、月は来るや猫のごとく、去るもまた率直ではない。――

われはなんじらにこの比喩《ひゆ》を贈る、なんじら敏感なる偽善者たちよ、「純粋なる認識者たち」よ！　ここにわれはなんじらを――淫欲に充つる、と呼ぶ！(4)

なんじらも実は大地を愛し、地上的なるものを愛している。われはなんじを尽《ことごと》く見抜いている！　なんじらの愛の中には疚しき良心と羞恥《しゅうち》がある。——なんじらは月に似ている！

なんじらの精神は地上的なものを侮蔑《ぶべつ》すべく説得されている。ただ、なんじらの内臓(5)はいまだかく説得されていぬ。しかも、之《これ》こそはなんじらに於て最も強力なものである！

いま、なんじらの精神は、なんじらの内臓に服従するを恥じている。しかして、この羞恥の故《ゆえ》に、間道を抜け、虚偽の路《みち》を行く。

「之ぞわが至高であろう。」——なんじらの欺《あざむ》かれたる精神は、かく自らに言う。——「われは生命を視《み》て欲望なく、かの舌垂らす犬に似ないでいよう。

観照に於て幸福でいよう。死滅した意志を以《もっ》て、利我の把握と貪欲《どんよく》となくして、——冷たく、全身灰白に、酩酊せる月の眼もて、ただ観照しつつ、そこに幸福を見出《みい》でよう！

大地を愛するときは、月が大地をば愛するごとくに、ただ眼のみをもってその美を撫《な》でまわす。——之、われにとって、こよなく好ましい事であるだろう。」——誘惑せられたる者は、かく自らを誘惑する。

「われ之をしも無垢《むく》の認識と呼ぶ。すなわち、われは万象からいかなる事をも意欲せぬ。ただ冀《ねが》う、万象の前に、さながら百の眼を持つ鏡の如《ごと》くに横臥《おうが》してあらんことを。」——

おお、なんじら敏感なる偽善者たちよ、なんじら淫欲に充《み》てる者たちよ！ なんじらの欲望には無邪気さが欠けている。この故にこそ、なんじらは欲望を誹謗《ひぼう》する！(6)

まことに、なんじらが大地を愛するは、創造者としてではなく、生産者としてでもなく、また生成の喜悦者としてでもない！

無邪気さがあるのはいかなる処《ところ》にであるか？ ——すなわち、生産への意志の存する処にである。自己を超えて創造せんと欲する者、此者こそ至純の意志を有する。

美があるのはいかなる処にであるか？ ——すなわち、われが一切の意志を挙げて意欲せざるべからざる処にである。また、一つの形象をしてただに形象にのみ止《とど》まらざらしめんがために、われが愛し、没落せんと欲する所にである。(7)

愛すると、没落すると、——これは永遠のこのかた相押韻《おういん》する。愛への意志、——之は、また死に対しても意志あることだ。(8) なんじら卑劣なる徒に、われはかく告げる！

しかも、いま、なんじらの女々しき流眄は、「観照」と呼ばれんと欲求する！ しかして、卑劣なる眼をもて撫でまわさるるものを、「美」と命名せよという！ おお、なんじら、かかる高貴の名を汚瀆《おとく》する者共よ！

　さあれ、なんじら汚れなき者よ、純粋の認識者よ、なんじらは決して産むことがないであろう。よしなんじらが膨れて孕った風情に地平線に懸るとも、なんじらは分娩《ぶんべん》しないであろう。これぞなんじらの呪《のろ》いである！

　まことに、なんじらは高貴の言葉もてなんじらの口を充たした。之を以て、なんじらの心が溢《あふ》れたりと、敢《あえ》てわれに信ぜよと言うのか、この妄語者共よ！

　ここに、わが語る言葉は卑小に、侮《あなど》られ、歪《ゆが》める言葉である。われは、なんじらが食事の際に食卓の下に零《こぼ》れたるものを、悦《よろこ》んで拾う(9)。

　しかるに、われはこれらの言葉を以て、偽善者に――真理を告げることができる！然《しか》り、わが拾う魚の骨、貝の殻、また刺《とげ》ある葉は、以て偽善者の鼻を擽《くすぐ》るに足る！

　なんじらとなんじらの食卓のめぐりには、つねに悪《あ》しき空気がある。なんじらの淫欲の思想、虚偽、また秘密がそこの空気に罩《こも》っている！

　なんじらはまず自己を信ずることを敢てせよ。――なんじらの自己と、なんじらの内臓とを！　自己を信ぜざる者は、つねに偽る。

　なんじら「純粋なる者」たちは、なんじら自身の前に、ある神の仮面を懸けめぐらす。この神の仮面の下に、なんじらの忌《い》まわしき環虫が這《は》い込んだ(10)。

まことに、なんじら「観照者」たちよ、なんじらは欺いている！　ツァラトストラと雖《いえど》も、なお、かつてなんじらの神々《こうごう》しき皮膚に恍惚《こうこつ》として痴《し》れたる如くであった。(11)　われは、その皮膚の内に詰る蛇のとぐろを見抜きえなかった。

かつてわれは、純粋の認識者たちよ、なんじらの戯《たわむ》れ(12)の中に、ある神の魂が戯るる、と夢想した。なんじらの芸術に優《まさ》る芸術なし、と迷妄した！

遠く隔たりしが故に、蛇の不潔と悪臭とは隠れて見えなかった。また奸黠《かんかつ》なる蜥蜴《とかげ》が淫欲に充ちて忍び歩くことも見えなかった。

われはなんじらに近づいた。このときに、暁はわれに来たり、――なんじらにも来たった。――月の情事はここに終った！

かなたを見よ。月はその戯れを捉《とら》えられ、いろ蒼《あお》ざめて――東天紅の前に立っている！

なんとなれば、既に太陽(13)が、かの炎々たる者が、また大地へのその愛が、出現して来たからである！　すべて太陽の愛は天真爛漫《らんまん》である、創造の欲望である。

かなたを見よ、太陽が海原を越えて、みずからを抑え難《が》てに近づき来《きた》るさまを見よ。かの太陽の愛の渇望《かつぼう》と熱き息づかいとを、なんじらは感じないのであるか？

太陽は海によって乳を吸い、その深みを己が高さにまで牽《ひ》き上げるべく、飲んでい

る。ここに、千の乳房つけた海の欲望が昂《たか》まり来たる。(14)

海は太陽の渇望によって接吻《せっぷん》せられ、乳吸わるるをねがう。海は大気と化さんとする。高く騰《のぼ》らんとする。光の条路《すじみち》とならんとする。さらには光にまで変ぜんとする！

まことに、われは太陽に等しく、生命と、あらゆる深き海洋とを愛する。

かくて、われが認識と呼ぶところのものは、次の事の謂《いい》に他ならぬ。――一切の深みは――わが高みにまで昇り来れよ！――

ツァラトストラはかく語った。

(1)芸術的直観や哲学的認識によって世界意志の苦悩から脱《のが》れるべし、というショペンハウエルの哲学や、現実を逃避して高踏的な主観的な観照に耽《ふけ》る独逸《ドイツ》浪漫派への攻撃。

(2)月は（次の猫と同じく）陰性な、不生産的な、創造し享楽《きょうらく》する者に対して嫉妬《しっと》を抱くものの比喩《ひゆ》である。――またこの点、月は僧侶《そうりょ》に似ている。

(3)ドイツ語では、月は男性名詞である。

(4)なんじら高踏的な禁欲的な人々は、その衷心に於《おい》ては地上の欲望に充《み》ちているのだ。ただ之《これ》を率直に告白しえないのだ。一二五頁《ページ》一一行をみよ。

(5)なんじらの本能侮蔑《ぶべつ》は単なる理知的了解にすぎない。なんじらを根本的に強力に支配する本然はなおこの侮蔑を肯定してはいないのだ。六七頁一行以下、七三頁九行をみよ。

(6)たとえばショペンハウエル自身の如《ごと》く、自己は強い地上の欲望を有しながら、之を肯定する無邪気さと勇気を有せぬ故《ゆえ》に、かえって変形的な欲望の禁止諦念《ていねん》を説くに至るのだ。
(7)美は能動的意志の働くところにある。無関与の快適ではない。一つの個体が凝滞停止することなく、さらに自己以上の個体を生まんとして、愛し死して生まれるところにある。
(8)愛とは自己以上のものを生むべく、自己を否定するの義である。
(9)ロマンティックな詩人たちは美しい言葉を濫用《らんよう》し、意志の否定を説く哲学者たちは深遠な言葉を以《もっ》て虚無を体系づけて美とよぶ。わが使用する言葉はそのような大げさな高貴な言葉ではない。かれらによって顧みられぬほどのつつましい言葉である。二九五頁一六行をみよ。
(10)純粋の観照、青き花、美しき魂、ヘラスというごとき、偽われる理想を掲げる故《ゆえ》に、その隙《すき》に乗じて意志否定という頽廃《たいはい》が生ずる。
(11)ニーチェは初期に於て、ショペンハウエル及びワグナー、さらにルソーを崇拝した。六三頁「背世界者」の冒頭をみよ。
(12)ワグナー、それからヘルダーリンその他の浪漫派詩人。
(13)「与うる道徳」を持った、創造的精神の象徴。
(14)太陽に吸引せられ、また太陽から施され昂《たか》められる、無数の浪頭をもつ海は、人類の象徴。

学　者(1)

われ伏して眠りいたとき、一匹の羊が来たって、わが頭の常春藤《きづた》の花冠を啖《くら》った。啖って、言った、――「ツァラトストラはもはや学者ではない。」と。(2)

かく言って、よろめきつつ誇らしげに彼方《かなた》へ去った。一人の小児が之《これ》を語って呉《く》れた。

われ喜んで此処《ここ》に臥《ふ》す。ここには小児(3)が戯《たわむ》れている。崩れたる壁に沿う花蔭《はなかげ》である。薊《あざみ》が咲き、赤い罌粟《けし》が咲いている。

われはなお小児にとっては学者である。また薊と、赤い罌粟の花にとっても学者である。かれらは天真爛漫《らんまん》である、――その悪意に於《お》いてすら、なお無邪気である。

しかるに、羊にとっては、われはもはや学者ではない。かくある事を、わが運命は要求する。――かくある事に祝福あれ！

すなわち、真実を語れば、――われは学者の家をば立ち去った。そして、わが背後の扉を激しく打ち閉じた。(4)

わが魂が空腹を抱いてかれらの食卓についていたこと、長きに過ぎた。われが認識のために養成せられたこと、かれらの如《ごと》く、胡桃《くるみ》を割らんがため(5)とは類を異にする。われは自由を愛す。また鮮《あた》らしき大地を超えて吹く風を愛す。われは、かれらの官位と尊厳の上に眠るよりは、むしろ牡牛《おうし》の皮の上に眠らんと冀《ねが》う(6)。

われはあまりにも熱く、自己の思想に燬《や》かれている。為《ため》に、わが呼吸はしばしば奪われる。されば、われはあらゆる埃《ほこり》積む室《へや》を出て、大気の中に出《い》で行かざるを得ない。

かれらは依然、冷然として寒い影の中に坐《すわ》っている。かれらはすべてに於てただ傍観者たらんとする。しかして、太陽が階段の上に燃ゆるところに坐《ざ》(7)することを避ける。さながらに、街に立って行人を眺めいる者の如くに、かれらは待っている。待って、他人の考えた思想に唖然《あぜん》としている。

手を以《もっ》てかれらを摑《つか》めば、穀物の袋のごとく、濛々《もうもう》たる埃をあげる。かれらの埃が、元はこれ穀物と夏の畠《はたけ》の黄いろく熟れた歓喜より生ぜしものと、何人が想《おも》いえようぞ(8)。

かれらが自らの賢明を称するとき、かれらの卑小なる格言と真理とは、われに悪感《あっかん》を催さしむ。かれの智慧《ちえ》にはしばしば悪臭がある。あたかも沼から湧《わ》いたに似ている。まことに、われはその中に蛙《かえる》が鳴く(9)声をも聞いた！

かれらは器用である。巧妙な指先を持っている。かれらの複雑に比して、わが単純は何するものぞ！　かれらの指はあらゆる紡《つむ》ぎ方、結び方、織り方を心得ている。かくて、かれらは精神の靴下(10)を編んでいる！

また、彼らは巧妙な時計仕掛である。ただ間違いなく捲《ま》いてやらねばならぬ！　しかるとき、かれらは正確に時刻を告げ、告げながらつつましく鳴る(11)。

かれらは挽臼《ひきうす》のごとく、唐臼のごとく働く。ただ穀粒を投げ入れてやらねばならぬ！　――穀粒を細かく挽き、白い粉を製造する術は、かれらの心得たところである。

かれらは互に監視して、多く信頼しない。小さき奸策《かんさく》に長《た》けて、足萎《あしな》えて行く智識(12)の人を待伏せする。――その待つや、さながら蜘蛛《くも》に似ている。

われは、かれらがつねに慎重に毒を製するを見た。しかもその際、かれらは硝子《ガラス》の手袋を指に嵌《は》めていた(13)。

また、かれらは不正なる骰子《さいころ》を弄《ろう》する術にも長けている。われは見た、かれらが骰子を弄するにあたって、熱中のあまり汗滴《したた》らしているのを。

われとかれとは相関《あいかかわ》るところがない。しかも、かれらの道徳は、かれらの不正と不正なる骰子とより以上に、わが趣味に悖《もと》る。

われかれの間に棲《す》んだとき、われかれらの上に住んだ。この故《ゆえ》に、かれらはわれに怨恨《えんこん》を抱く(14)。

何人と雖《いえど》もかれらの頭上を歩く者あるは、かれらの快しとせざるところだ。この故に、かれらは、われとかれらの頭の間に、木材と土塊《つちくれ》とを置いた。(15)

かくして、かれらはわが跫音《あしおと》の響を消した。この故に、わが跫音はこれまで、最も学殖ある学者から聞かれること最も少なかった。

かれらは、自らとわれとの間に、一切の人間の錯誤と弱点とを置いた。かれらの家屋にあっては、之が一の遮音壁である。

さもあらばあれ、われはなお、わが思想を以《もっ》てかれらの頭上を歩む。仮令《たとい》みずからの過失によって行くことあらんとも、(16)われはなお、かれらとかれらの頭の上にある。

何となれば、人間は平等ではないからだ。——公平はかく言う。(17)まことに、われが欲望するところのものを、かれらは欲望することをなしえない！

ツァラトストラはかく語った。

(1)学問研究に晏如《あんじょ》たる凡庸な学者を攻撃する。

(2)ニーチェは専門の言語学者、また哲学者から、厳密な専門的学者でないとして誹《そし》られた。常春藤《きづた》の花冠はディオニゾスへの聯想《れんそう》があるから、この一句は「悲劇の出生」に対するヴィラモヴィッツ・メレンドルフの攻撃を指すのであろう。(ナウマン)

(3)空《むな》しき多智多識《たちたしき》によって汚されざる、新鮮な創造的精神の人。五四頁《ページ》一六行をみよ。——薊《あざみ》や罌《け》粟《し》はいきいきしたものの象徴。
(4)ニーチェがバーゼル大学の教授職を辞したのは一八七九年である。
(5)瑣末《さまつ》にして煩《わずら》わしい機械的な特殊問題の解決をいうのであろう。
(6)学者たちの愛する官位と世間的声望に満足し了《おえ》るよりも、むしろ独立不羈《ふき》の強い粗悪な生活に甘んじたい。二七五頁一二行、一一五頁五行、一二二頁一六行をみよ。
(7)書斎の外の荒い現実社会。
(8)これらの学者を攻撃論難すれば、かれらは死んだ引用句を雲のごとくみなぎらせて反証する。これらの引用句といえども、元来は偉大な思想家たちの熟した収穫であったのだが、かれらの手にかかっては埃《ほこり》にひとしい。
(9)二一二頁一五行を見よ。
(10)価値すくなき学問的細工品。二九〇頁七行をみよ。
(11)適当なテーマと刺戟《しげき》を与えてやれば、機械的な仕事はきちんと遂行する。二一九頁一二行参照。
(12)何らかの欠陥を指摘せられうるような学的業蹟《ぎょうせき》。
(13)かれらが奸計《かんけい》を遂行するには、慎重な用心をもってする。
(14)一二二頁五行以下をみよ。
(15)あらゆる陋劣《ろうれつ》な手段によって、われを隔てた。
(16)たといわが所有する天才につきまとう錯誤はあっても——。
(17)二三四頁九行以下をみよ。

詩人(1)

「われ肉体を知ることいよよ深くして、」——とツァラトストラは彼の弟子の一人に言った。「われは知った、——精神はついに精神であることを。また、——一切の『不滅なるもの』は比喩《ひゆ》に過ぎないことを(2)。」

「師がかく言うをわれは既に聞いたことがある、」と弟子は答えた。「かの時に、師はさらに言った。——『かくも詩人は偽ることが多い(3)。』と。何故《なにゆえ》に師は、かく、詩人が多く偽る、と言ったのであるか？」

「何故に？——」とツァラトストラは言った。「なんじ、何故に、と問うのか？　われは、われに向って、何故に、と問うを許さぬ。

　そもそもわが体験は昨日以来のことであるのか？　われはすでに長年月の以前に、わが見解の論拠を体験し了《お》えた。

この故に、われはわが論拠を今すべて持ち合わせてはいない(4)。もし然《しか》らんとせば、われは一箇の記憶の樽《たる》と化さねばならぬではないか？
わが見解を保存せんとするだに、われには多きに過ぎる。しかも、飛び去った鳥も多い。(5)

わが鳩舎《きゅうしゃ》の中には、他より飛び来たった珍らしい鳥を見ることも稀《まれ》ではない。かかる鳥は、その背の上にわが手を置くと、身を戦《おのの》かす。(6)

かつて、ツァラトストラがなんじに何と言った、というのであるか？ 詩人は偽ることが多い、と言ったというのであるか？ ——まことに、ツァラトストラもまた一個の詩人である。

ツァラトストラが言うことによって、彼は真理を語る、と信ずるか？ なんじ、何故にかく信ずるか？」

弟子は答えて言った。「われはツァラトストラの言うことを信ずる。」と。——しかし、ツァラトストラは頭を振って、微笑した。

信ずることはわれを幸福ならしめぬ、——と彼は言った。ことに、信ぜらるるによっては、幸福たることを得ない。

もし何人かあって真摯《しんし》に「詩人は偽ること多きに過ぐ。」と言いたりとせよ、此人《このひと》は正しいのである。——げに、われらは偽ること多きに過ぎる。(7)

われらは知ることあまりに尠《すくな》く、学ぶにも拙《つたな》い。ここに、われらは偽らざるを得ないのである。

われら詩人の中の何人が、その葡萄酒《ぶどうしゅ》を佯《いつわ》って醸《かも》さなかったものぞ？　われらの酒《さか》窖《ぐら》では、多くの毒ある混ぜ物が造られ、多くの名状し難き事が遂げられた(8)。

われら知るところ尠きが故に、心貧しき者はわれらの珍重するところである。うら若き女性ならばことに然《しか》り(9)。

夕べ、年老いたる女たちが物語るところのものにすら、われら詩人は渇望《かつぼう》する。之《これ》をわれらは、われら自らに於《お》ける久遠《くおん》の女性と呼ぶ(10)。

さらに、われらは、民衆と民衆の「智慧《ちえ》」とを信ずるに至るが、これすなわち、学ぶ者には塞《ふさ》がれたる知への通路が、詩人には開かれたかの如《ごと》くに思うが故である。

さらに、すべての詩人はかく信じている。――草の上かあるいは寂寞《せきばく》たる山腹に臥《ふ》して、耳を欹《そばだ》つる時は、天と地の間に存在する事物についての何事かを感知し得、と(11)。

時あって、機微の感動に酔わさるることあらば、詩人らは思う、――自然がかれらに恋慕したのだ、と(12)。

かくて、自然がかれらの耳のほとりに忍びよって、秘密ありげに語り、恋慕の媚《こび》を囁《ささや》くことあらば、かれらは誇らしげに、万人の前に之を呼号する！

ああ、天地の間には、ただ詩人のみが夢みたと思える、多くの事物がある！(13)
さらに況《いわ》んや天上にをや。何となれば、すべての神々は詩人の比喩であり、詩人の詭《き》弁《べん》であるからだ！

まことに、——われらを牽《ひ》きて行かしむ、である。(14)——われは雲の国まで牽きゆかれる。ここに、われらはわれらの色とりどりの皮袋を置いて、之を呼んで神々といい、また超人という。——

この神々も超人も、——この座に堪《たえ》うるほどに軽いのである！(15)

ああ、われはすべてこれらの、事実なりと主張せらるるところの、到達しがたき曖《あい》昧《まい》模《も》糊《こ》に倦《う》んじた！　ああ、われは詩人に倦《あ》いた！

ツァラトストラがかく語ったとき、弟子は師を怒った。(16)されど黙していた。ツァラトストラもまた黙した。彼の眼は、遥《はる》かなる遠くを眺めるごとくに、心の内に向けられていた。ついに彼は太息《たいそく》して、深く吸った。

われは今日のものである、また過去のものである、——と彼は言った。さあれ、わが内部には或物《あるもの》がある。之ぞ明日のものであり、明後日のものであり、さらに将来のものである。

われは古き、また新らしき詩人に倦いた。かれらは総じて表面にすぎない、また浅薄な海面にすぎない。

かれらは深みへと考えたことがない。この故に、かれらの感情は海底まで潜ったことがない。

いくらかの佚楽《いつらく》と、いくらかの倦怠《けんたい》と。——これぞ、かれらの最上の瞑想《めいそう》である。

かれらの竪琴《たてごと》の調べは、すべて幽霊の吐息と裾音《すそおと》に似ている。そもそも、楽の音の情熱について、かれらが何を知ったことがあるか！

かれらはまたしかく清純でない。かれらは、己の水を深く見せんがために、之を混濁せしむる(17)。

かれらは自ら和解者と称する。しかれども、実は媒合者であり、混合者であり、さらに不潔なる中間者である(18)——！

ああ、われかれらの海の中に網を投じて、よき魚を捕えんと欲した。さるに、われは常に古き神の首をば曳《ひ》き上げた(19)。

かくて、海は餓《う》えたる者に石を与えた。詩人とて、おそらく海より生れ出《い》でた者ではあるまいか(20)。

確かに、詩人の中には真珠が見出されることがある。かくて、かれらはいよいよ硬い貝殻に似ている。しかも、われはしばしば、その内に霊魂を見出でずして、鹹《しおから》い粘液を見出でた。

かれらは海からその浮気を学んだ。げに海は孔雀《くじやく》の中の孔雀ではないか？

海は醜悪な水牛の前にもその尾を展《ひろ》げて見せる。己の銀と絹とのレースの扇に見惚《みと》れて、厭《あ》きることを知らない(21)。

水牛は之を傲然《ごうぜん》と眺めている。眺めながら、その魂は砂に近い。叢《くさむら》により近い。さらに沼には最も近い。

美も、海も、孔雀のよそおいも、水牛にとっては何であろう！　――われは詩人たちに向って、この比喩を与える。

まことに、かれらの魂自体が孔雀の中の孔雀、浮気な海である！

詩人たちの精神は観客を欲しがる。――よしそれが水牛でもいいから欲しがるのだ――！

ただ、われはかかる精神には倦いた。われは見る、この精神が自らに倦きつつあるのを。

われは見る、詩人たちがすでに変化してきたのを、その眼尖《まなざし》を自己に向けてきたのを。

われは見る、精神の懺悔者《ざんげしゃ》が来たるのを。かれらは詩人たちからさらに成長したものだ(22)。——

(1)さまざまの型の本質的ならざる詩人を攻撃する。ツァラトストラ自身も自己の言葉に確信なき詩人的性格の弱点をそなえたものとして自責の的になっている。三〇六頁《ページ》註(15)をみよ。
(2)本然——本能的肉体的自我を知るに従って、精神及びその所産たる絶対的なものは、実は本然の反映に過ぎないことを悟った。七二頁、一七六頁一四行をみよ。
(3)一九八頁六行をみよ。以上までは、この言葉を導くための序であって、本章の内容とは関係がない。以下については註(7)をみよ。
(4)われは体験より生命より発して言葉を発するが故《ゆえ》に、またわが思想はあふるる如《ごと》く豊富である故に、過去の言葉について一々その論理的根拠を記憶していない。(わが言もまた詩人の言であって、その時々によって相違がある。)
(5)われは過去の自我に拘泥《こうでい》することなく更進する。故にわれがもはや棄《す》て去った思想も多い。
(6)他より来《きた》っていまだ充分わがものになっていない思想もある。
(7)以上までは、ツァラトストラが詩人として、過去の自己の言葉に拘泥せず、みずから己の言に信をおきがたいのを言う。——以下、詩人の弱点を述べる。
(8)詩人はまた技巧的な偽りの激情を交える。——名状云々《うんぬん》は「ファウスト」第二部第五幕の合唱の句のパロディ。
(9)内容貧弱である故に、空疎《くうそ》な読者にはたらきかける。
(10)センチメンタリズムも詩人にとってなくてならぬものである。吾人の心中には「久遠《くおん》の女性」——すなわち、センチメンタリズムの権化《ごんげ》が潜在する。

(11)単なる夢想や怠惰な観照によって、自然の秘奥に接しうる、と考えている。
(12)あやしげな性的感情に陶酔しつつ、今ぞ自然がその秘密をかれらに啓示する、と自惚《うぬぼ》れる。「ファウスト」第一部三二八二行以下の如きか。
(13)ハムレットがホレーショに言う有名な言葉への聯想《れんそう》があるのであろう。
(14)「ファウスト」第二部の結句「永遠の女性はわれらを牽《ひ》きてゆかしむ、」――より。かく詩人はわれらを空虚な天上の世界へと誘惑する。
(15)神々とか超人とかいう観念も、やはり詩人が主観的に夢想したものにすぎず、この抽象的な雲の上の世界にのみありうるほどに稀薄《きはく》な存在にすぎない。――ツァラトストラは自分のこれまでの説教を詩人的のものとして自嘲《じちょう》している。いま彼の心中には、新らしい重大な思想が萌《きざ》しつつあって、彼はこのために圧迫されて己の力に対して不安懐疑を抱きつつある。三四六頁「静かなる時」をみよ。
(16)師が沮喪《そそう》した気分のうちに、自嘲の言葉を吐いた故に。
(17)深刻に見せんがために、わざと難解な朦朧《もうろう》たるスタイルを用いる。
(18)詩人は人類の和解者を以《もっ》て自ら任じながら、実は不純な無性格な人間にすぎない。
(19)詩人によってよき智慧《ちえ》を獲《え》んと欲しながら、獲たものは古びた理想の破片にすぎなかった。さながら、南国の海の漁師が魚の代りに古代彫刻を網にかけたに似ている。
(20)アフロディテは海から生れたが――。ハイネの有名な詩に、詩人の胸を、嵐《あらし》も吹き真珠も潜む海にたとえたのがある。ここでは、あの詩の聯想から、詩人を海にたとえているのであろう。
(21)詩人は海の如く、孔雀《くじゃく》の如く気紛《きまぐ》れに虚栄心に充《み》ちていて、いかなる愚衆の前にもその綺羅《きら》を示す。
(22)愚衆の喝采《かっさい》をあてこむ俳優にあらずして、霊魂の告白者たる真の詩人が待望される。之《これ》は現在の詩人がさらに向上して達すべきものである。

大いなる事件（1）

海の中に一つの島がある。――ツァラトストラの幸福なる島々より遠くはない。この島に一つの火山があって、常住噴煙を騰《あ》げている。民衆と、ことに民衆の中の老婆《ろうば》たちは言う、――この島はさながら巌《いわ》のごとく幽界の門の前に置かれてある、――火山の中には一条の隘路《あいろ》が通じていて、之《これ》を下ればかの幽界の門に至る（2）、と。

ツァラトストラが幸福なる島々に滞留していた頃、この煙吐く山ある島に、一艘《そう》の船が錨《いかり》を投じた。この船の水夫たちは、兎《うさぎ》を射んとて、陸に上った。しかるに、正午の頃、船長と水夫とが再び相寄ったとき、突如、かれらは空中からかれら目がけて一人の男が降り来《きた》るのを見た。そうして、一つの声が明白に言った、――「時は来た！時は迫った！」と。しかるに、この姿はいと近くまで来た時に、――遽《にわ》かに、さながら影の如《ごと》くに身を飜《ひるが》えして、火山の彼方《かなた》へと飛び去った。――人々はそがツァラトストラなるを認めて、驚駭《きょうがい》した。かれらは、船長を除くの他、すべてツァラトストラを見識《みし》っていたからである。(3)しかして、民衆が彼を愛するように、――すなわち半ば愛と半ば畏怖《いふ》を交えて、――彼を愛していたからである。

「見よ！　見よ！」と老舵手《だしゅ》は言った。――「ツァラトストラは地獄へ行く！」

この水夫たちが火の島に上陸した頃、ツァラトストラが姿を消した、という噂《うわさ》が拡《ひろ》まっていた。彼の友に訊《ただ》せば、彼は夜半いずくへ旅するをも告げずして船に乗って去った、と告げた。

かくて不安が生じた。しかも、三日の後、さらに前の水夫たちの物語が之に加わった。――ここに人々は、悪魔がツァラトストラを攫《さら》ったのだ、と言った。之を聞いて、彼の弟子たちは笑い、その中の一人はかく言った。「われむしろ、ツァラトストラが悪魔を攫った、と信じよう。」と。さあれ、魂の底に於《おい》て、かれらはすべて心痛し追慕に堪えなかった。されば、第五日、ツァラトストラがふたたび姿を現わしたとき、かれらの歓喜は大きかった。

ツァラトストラが火の犬(4)となせし対話は、次の如くである。――

大地は、――とツァラトストラは言った。大地は皮膚(5)を持っている。この皮膚は病を持っている。かかる病の一つは、例《たとえ》せば「人間」である。

他の一つの病は「火の犬」である。之について、人間は多く欺《あざむ》き、また欺かれて来た。

この秘義を闡明《せんめい》せんとて、われは海を越えて行った。かくて、われは赤裸々なる真理を見てきた。まことに、項まで裸足《はだし》なる真理を！　火の犬がいかなるものであるか、をわれは知った。また、すべての投棄し打倒する悪魔をも知った。げに、かかる者に対して恐怖を抱くは、ただに老婆のみではないのである。

「出て来い、火の犬よ、なんじの深淵《しんえん》から出て来い！」とわれは叫んだ。「告白せよ、――なんじの深淵がどれほどの深みを有するものであるかを！　また、なんじが噴き上げる毒気はいずくから来たのであるかを！

なんじは海のほとりにいて、夥《おびただ》しくその水を飲んでいる。この故《ゆえ》に、なんじの雄弁はしかく鹹《しおから》いのだ！(6)　まことに、深淵に棲《す》む犬としては、なんじはあまりに表面から栄養を摂《と》りすぎた！

われはなんじを、せいぜい大地の腹式話術者と見ている。(7)　投棄し打倒する悪魔の言うを聞くとき、われはつねに、かれらもまたなんじに等しく、鹹く、欺罔《ぎもう》に充《み》ち、浅薄なるを感じた。

なんじらはよく咆哮《ほうこう》し、かつ灰を以《もっ》て昏《くら》ませるに巧みだ！　なんじらはこの上なく大言壮語をする。そうして、泥土を熱く煮立てる術をいやというほど習得している。(8)

なんじらの居るところ、その近くにはかならず汚泥と、海綿と、空洞と、強制せられたるものとが居る。これらが自由へと脱《のが》れ出《い》でたいと願っている。(9)

なんじらは何より好んで『自由』を咆哮する。されど、この自由を繞《めぐ》って大いなる咆哮と濛煙《もうえん》とが包むとき、われはただちに、かの『大いなる事件』(10)に対する信仰を喪失する。

大いなる事件とは、——われに之を信ぜよ、友よ、地獄の喧騒《けんそう》よ！　——大いなる事件とは、われらが最も喧《かまびす》しき時にあらずして、最も静かなる時である。(11)

世界がその周囲を廻転するは、新らしき喧騒の発見者をめぐってではない。新らしき価値の発見者をめぐってである。廻転するや、世界は音なく廻転する。(12)

潔《いさぎ》よく承認せよ！　——なんじの喧騒と濛煙とが収《おさま》ったとき、真に起ったこととては、つねに殆《ほとん》ど何もなかったではないか。たとい、一つの市府が木乃伊《ミイラ》と化し、一つの塑《そ》像《ぞう》が泥土の中に仆《たお》るるとも、それが何であったか！

われは塑像を倒壊する者たちに、この言葉を言おう。——塩を海に投じ、塑像を泥土に倒すは、之、最大の痴《ち》呆《ほう》である！(13)

なんじらの侮《ぶ》蔑《べつ》の泥土の中に、塑像は横わる。さあれ、侮蔑の中から、その生命と生ける美とが萌《も》えいずること、これ塑像の法則である！

前にも増して神々《こうごう》しい姿に、悩みつつ蠱惑《こわく》的に、塑像は起ち上る。しかも、まことに！——なんじら倒壊者らよ、そはなんじらに、そを投げ倒したこと故に感謝するであろう！

王者、教会、また一切の老耄《ろうもう》と道徳との故に衰弱したるものに、われはかく忠告する。——なんじらをして倒壊せしめよ！　これによって初めて、なんじらは生命に蘇《よみがえ》り、なんじらに——道徳は来たるであろう！——」

われはかく火の犬にむかって語った。このときに、火の犬はわれを遮って、唸《うな》りつつかく言った。「教会——？　教会とは何であるか？」

「教会——！」とわれは答えた。「之は一種の国家である。しかも、最大の虚偽に充《み》ちた国家である。さあれ、黙れ、なんじ偽善の犬よ！　なんじはなんじの眷属《けんぞく》を熟知している筈《はず》ではないか！

国家もまた、なんじと等しく偽善の犬である。彼もまた、なんじと等しく咆哮と濛煙とを以て語る。——之によって彼は、なんじと等しく、事物の腹心より語っている(14)ことを信ぜしめんとする。

之すなわち、国家が地上の最重大の獣たらんと欲するからである。しかも、民衆は之を信じている。」——

われがかく言ったとき、火の犬は嫉妬《しっと》のあまり狂おしく猛《たけ》り立った。「何というのか？」と彼は叫んだ、——「地上での最重大の獣だというのか？　しかも、民衆が之を信じているというのか？」——かくて、彼の顎《あご》からは濛気と凄《すさ》まじい声が迸《ほとばし》りいで、彼は憤怒《ふんぬ》と嫉妬とのあまり窒息するかと思われた。

　ついに彼は鎮《しず》まった。その喘《あえ》ぎも歇《や》んだ。彼が落ついたとき、われは笑いながら言った。

「火の犬よ、なんじかく怒る。之によっても、わが言の当れることが分るではないか？

　わが言の当れることをなお一度証せんがため、他の火の犬についてわが言うを聞け[15]。この火の犬は真に大地の心臓より語っている。

　この犬の気息は黄金と黄金の雨[16]とを吐く。彼の心は之を欲求する。灰や、濛煙や、熱き泥土は何の拘《かかわ》るところがない！

　彼からは、五彩の雲のごとくに、笑が舞い出《い》ずる。彼は、なんじの含嗽《がんそう》と、咳痰《がいたん》と、疼《うず》く内臓とを嫌悪《けんお》する！

　この黄金とこの笑と。——彼は之を大地の心臓より取りいだす。いかんとなれば、なんじよろしく之を銘せよ、——大地の心臓は黄金である。」

之を聞いたとき、火の犬はもはやわが言うを聞くに堪えなかった。恥《はじ》らって、尾を巻き、声も低く、うおう！　うおう！　と唸《うな》った。――かくて、彼の洞穴へと這《は》い込んだ。――

ツァラトストラはかく物語った。されど、彼の弟子たちは、ほとんど師に耳傾けなかった。水夫たちについて、兎について、また飛びゆきし人について、師に物語らんとして、かれらは焦慮していた。

「われはその事をいかに考うべきであるのか！」とツァラトストラは言った。「このわれはあるいは幽霊なのであろうか？(17)――

そはわが影であったのだろう。なんじらは、漂泊者とその影(18)ということについて、何事か耳にした事もあったろう。

われは彼を緊《きび》しく捉《とら》えておかなくてはならぬ。これだけは確かである。――さもなくば、この影はわが名声を毀《そこな》うに至るであろう。」

ツァラトストラはいま一度頭を振って、訝《いぶか》り怪んだ。「われはその事をいかに考うべきであるのか！」と彼はさらに言った。

「何故にその幽霊は、――『時は来た！　時は迫った！』と叫んだのであるか？　時は迫った――？　何のために――？」――

ツァラトストラはかく語った。

(1)革命家について。
(2)ツァラトストラの住む幸福の島の近くに他のおそろしい火山の島がある。(シシリーとエトナやストロンボリ火山とを聯想《れんそう》して描いたものであろうか。) 之《これ》は破壊的な革命混乱の世界である。以下——、ツァラトストラはかかる否定的な煽動《せんどう》暴力の世界を探らんがために、火山の島に飛んでその地獄に下って、火の犬(革命家)と会話して、その本体を看破する。
(3)社会の指導的立場にある人間の方が、かえってツァラトストラを知らぬ、の意であろうか。
(4)すべての秩序、高貴なる伝統を顚覆《てんぷく》せんとする社会主義的、無政府主義的革命運動家。
(5)有機体、生物。——その中の一つの病的現象として人間がある。
(6)革命家は浅い海——浅薄な詩人の空想(三〇四頁《ページ》一行以下を見よ)に影響されている故《ゆえ》に、その言葉はしかく刺戟《しげき》的であり誇張されている。
(7)社会主義者たちも地上の生活を讃美《さんび》するが、それは没理想の唯物《ゆいぶつ》説である故に(二三三頁一五行、二八二頁一一行以下をみよ)偽りの言葉である。腹式話術——傍らに離れた別の人が話しているように聞かせる、腹から声を出す話し方。三一一頁一三行をみよ。
(8)愚衆の煽動に巧みである。
(9)なんじらは人間、社会の腐敗虚弱の分子に自由解放を約束する。
(10)人類にとって真に決定的なるもの。
(11)真に重大な意義を蔵する事件とは、政治革命のごとき外見的な擾乱《じょうらん》にあるのではない。たとえばツァラトストラの山上の生活や、イエスの沙漠《さばく》の苦行のごとき静かな思索、創造者の新らしい立法の中に行われる。
(12)一一七頁一四行、三四七頁四行をみよ。
(13)塑像《そぞう》の比喩《ひゆ》は前文とは異なる。前文に於《おい》ては政治的権威、王室。ここでは精神的理想が意味されている。人間から理想を仆《たお》さんとしても無駄である。之は必ず復活する。
(14)真実を語る。
(15)真の革命者、――創造的天才の立法的精神について、わが語るをきけ。
(16)黄金は与うる徳の象徴。(一七四頁一五行以下を見よ。)
(17)以下この章の結末までは明白には意をとり難いが、次のように解したい。――ツァラトストラの心中には潜在的にようやく「永劫《えいごう》回帰」の思想が醞醸《うんじょう》しつつある。ツァラトストラはなお之を充分意識的に自覚していないので、彼は目下一種の分身離魂の状態にある。この彼の影法師が彼を離れて天を翔《かけ》って「時は来た!」と叫ぶ。すなわち次章「予言者」に於て、「永劫回帰」が語られるに至る。しかし、ツァラトストラは未《いま》だなお確信がなく、われ自らを疑い、彼の影法師をあやしみ、大いなる思想の予感を孕《はら》んだまま佇立《ちょりつ》している。
(18)一三二頁註(2)をみよ。

予言者(1)

「――かくてわれは見た、人類の上に大いなる悲哀が来たるのを。人類のうちの最良の者たちすら、はやかれらの業《ごう》に疲れた。

一つの教義が現れた。一つの信仰が之《これ》と並んで拡《ひろ》まった。――『一切は空である。一切は同じことだ。一切は過ぎ去った！』と。

このときに、あらゆる丘より谺《こだま》して来た。――『一切は空である。一切は同じことだ。一切は過ぎ去った！』と。

まことに、われらの収穫(2)は果てた。さるを、いかなれば、われらが果実はすべて腐れ、褐《かち》いろであるのか？　過ぎし夜に、邪《よこし》まの月より何が滴《したた》り落ちたのであるか？(3)

労役はことごとく無駄であった。われらの酒は毒と化した。悪《あ》しき眼尖《まなざし》(4)があって、われらの緑野と心を黄に焦《こ》がした。

われらはすべて干乾《ひか》らびた。われらの上に炎が落ちるとき、われらは灰のごとくに

舞い立つ。――われらは火をすら疲らせた。(5)

われらの泉は涸《か》れ果てた。海の潮も退いた。地はことごとく裂けんとしている。もはや地底もわれらを呑《の》もうとはせぬ！(6)

『ああ、溺《おぼ》れ死ぬるもうべき、海はいずくに在るのか？』――これぞわれらの嘆きである。――底浅い沼の彼方《かなた》に、この声が響く。

われらはすでに死ぬることにすら疲れた。いま、われらは醒《さ》めていよう、そうして、生き永らえていよう、――墓穴の中に！」――

ツァラトストラは、一人の予言者がかく語るのを聞いた。この予言の言葉は彼の心肝に徹して、彼の心を変ぜしめた。いまや、彼は傷《いた》ましく疲れ、彷徨《ほうこう》した。彼自身、あたかもこの予言者が語った人々の如《ごと》くであった。

まことに、――と彼は弟子たちに言った。まことに、いま少時して、かの果しなき薄明は来たるであろう。(7)ああ、いかにせばわれ、わが光をばその先にまで救いうるであろうぞ！

この悲哀のうちに、わが光が窒息せざらんことを！　わが光は、より遠き世界のために、また最も遠き夜のために、消えずにあれよ！――

かく心の内に憂悶《ゆうもん》して、ツァラトストラは行き巡った。三日の間、飲まず、啖《く》わず、また憩《いこ》わずして、言語をも失った。ついに彼は深い眠《ねむり》に陥った。弟子たちは彼を繞《めぐ》って坐《すわ》り、長き夜を守った。かれらは師が醒めてふたたび語り、その憂愁より恢癒《かいゆ》する日ありやなしや、を心遣った。

されど、ツァラトストラは目を醒した。その時の彼の言葉はかくある。その声はさながら遠くより来《きた》れるものの如くに、弟子の耳に響いた。――

「わが見たる夢をきけ、友よ。しかして、この夢の解読を助けよ(8)! この夢はわれにとって尚《なお》一つの謎《なぞ》である。その意味は匿《かく》されている。囚《とら》えられている。いまだ自由の翼を以《もっ》て翔《かけ》り出《い》で、この夢を超えゆくことができない。

わが夢に――、われはすべての生命を拒否した。われはかしこの寂しき死の城に於て、夜と墓とを守る者となった。

山上にわれは死の柩《ひつぎ》を守護した。暗い円天井の室《へや》には、かかる勝利の記念(9)が一面に安置してあった。克服されたる生命は、硝子《ガラス》(10)の柩の中より、われを眺めていた(11)。埃《ほこり》に埋れた不朽(12)の香をわれは嗅《か》いだ。わが魂もまた暑苦しく埃に埋れて臥《が》していた。

――かかる時、何人がその魂に爽《さわや》かな風を吹き入れえようぞ!

わが身のめぐりには明るい深夜があった。その傍に寂寥《せきりよう》が蹲《うずく》まっていた。さらに傍には、わが凶《まが》つ女の友・かの死の静けさが臨終の咽《のど》を鳴らしていた。

鍵《かぎ》を、あらゆる鍵のうちの最も銹《さ》びた鍵を、われは携えていた。われは之《これ》を以て、あらゆる門のうちの最も軋《きし》む門をも開く術を知っていた(13)。

われ門の扉を開いたとき、その反響は、腹立たしい鳥の叫びのごとくに、長い廻廊を伝わった。この鳥はいらだたしく叫んだ。呼び醒まされて忿《いか》ったのだ(14)。

さあれ、この声はふたたび黙して、あたりは静まり返った。われひとりこの奸悪《かんあく》なる無音の中に坐《ざ》して、畏怖《いふ》に心戦《おのの》いた(15)。

なお時があったならば、かく音もなく忍び過ぎたであろう。之について、われ何をか知ろうぞ！　ついに或事《あること》が起った。そうしてわれは目が醒めた。——

何者か(16)門を、三度、霹靂《へきれき》のごとくにうち叩《たた》いた。円天井は三度谺して轟《とどろ》いた。ここにわれは門の口へと赴いた。

アルパ！　——とわれは呼んだ。——おのが灰を山に運ぶは何人であるか？　アルパ！　アルパ！　——おのが灰を山に運ぶは何人であるか(17)？

われは鍵を差し入れ、扉を擡《もた》げ、力を竭《つく》した。しかるに、扉は一指を容《い》るるほどにも開かなかった。

かかるとき突如、一陣の突風がきたって、門の扉を引裂かんばかりにうち開いた(18)。

笛吹くごとく、身劈《さ》くごとく、身を切るごとく、烈風は一つの黒い柩をわが前に投げ出した。

鳴動と悲鳴のうちに、柩は裂けた。そして中より千の哄笑《こうしょう》を吐き出した。(19)

小児、天使、梟《ふくろう》、痴呆《ちほう》、また小児の大きさの蛾《が》、――これらのものの千の戯画は、われに向って笑い、嘲《あざけ》り、また怒号した。(20)

われは慄然《りつぜん》とした。われは地に突き倒された。われは恐怖のあまり曾《かつ》てなき絶叫を発した。

されど、この自らの叫び声によって、われは目が醒めた。――われは我に復《かえ》った。」

――

ツァラトストラはかく夢を語って、沈黙した。いまだ彼はその夢の意義を知らなかったのである。ここに、彼が最も愛した一人の弟子は急ぎ身を起した。彼はツァラトストラの手を把《と》って、言った。

「なんじの生涯そのものこそ、われらにこの夢を解くではないか、おお、ツァラトストラよ！(21)

死の城の門を引き裂かんばかりにうち開いた、耳劈く音の風とは、すなわち、なんじではないのか？(22)

生命の目も綾《あや》なる悪意と、天使の戯画とに充《み》ちた柩とは、すなわちなんじではないのか！

まことに、千の小児の哄笑のごとくに、ツァラトストラはすべての死の室へと入りきたる。――夜と墓とを守る者を嘲《さげす》みつつ、また、すべて凶《まが》つ鍵を鳴らす者を笑いつつ(23)。

なんじはかれらをば、なんじの哄笑を以て慄然たらしめ、また地に突き倒すであろう。なんじがかれらの上に振《ふる》う力は、失神と覚醒《かくせい》とあるによって証せらるるであろう(24)。

よし長き薄明が来たるも(25)、また死の疲労が来たるも、なんじはわれらが天空より没し去ることはあるまい。――おお、なんじ生命の代弁者よ！

なんじはわれに、新らしき星と新らしき夜の壮観とを指し示した。まことに、なんじは笑いをば、多彩の天幕のごとくに、われらの頭上に張り拡げた。

いまや、渇《かつ》することなく、小児の笑が柩の中より湧《わ》きいずるであろう。いまや、強烈なる風が、死の疲労よりの勝利を誇って絶ゆることなく吹きつづけるであろう。この事の、なんじはわれらに対する証人であり、予言者である！

まことに、なんじは他ならぬなんじの敵を夢見たのだ(26)。さればこそ、なんじの夢は苦しかったのだ！

とまれ、なんじその夢より醒めて、なんじに復りしごとく、なんじの敵もまたみずからより醒めて、――なんじに復るべきだ[27]！」――

弟子はかく語った。いまや他の弟子もみなツァラトストラのめぐりに集って、師の手を把《と》え、その病床と憂愁とを離れて、かれらの許《もと》に復り来たらんことを勧めた。しかるに、ツァラトストラはなお端然と床の上に坐して、異様な眼尖《まなざし》を続けていた。さながら、長く他国に淹留《えんりゅう》して帰り来たりし者のごとくに、かれは弟子たちを凝視して、その顔を験《ため》した。しかもなお、かれらが誰なるかを弁《わきま》えなかった。されど、かれらが彼を扶《たす》け起して立たしめたとき、みよ、忽然《こつぜん》としてその双瞳《そうどう》は変じた。彼は起りし事の一切を了解した。さて、髯《ひげ》を撫《ぶ》して、力強い声音にかく言った。――

「いざ！　かくしてあるもはや之が終りである。さらば、わが弟子たちよ、われら相共によき饗宴《きょうえん》をなすべく、即刻に配慮せよ！　之によってわれ、悪しかりし夢の償いとなそう！

予言者も共に来たって、わが側《かた》えに坐して、飲みかつ啖えよ[28]。まことに、われは彼に、彼が溺《おぼ》れ死ぬるを得べきほどの、深い海を示そうと思う！」

ツァラトストラはかく語った。されど、彼は、かの夢を解いた弟子を、しばしじっ

とその顔をうち眺め、――頭を振った。(29)

(1)一人の予言者がその絶望的厭世《えんせい》観をのべ、一切の終末を予言する。彼は意志沮喪《そそう》した頽唐《たいとう》の人、末人である。このとき、ツァラトストラの心境もまた絶望に近かった。彼は病み、夢みた。この夢の中に彼はある一つの新らしい思想の暗示をうけた。永劫《えいごう》回帰の思想が之《これ》である。この思想によって彼は癒《い》えた。――しかし、之は未《いま》だ彼自身にとっても明確な形をとっていないし、彼の弟子はもとより之を知ることができない。――この予言者は第四部に至ってふたたび出てくる。
(2)文化的成果。
(3)(月の露から毒薬魔薬を製するという。)収穫を害する毒ある露でも降りてきたのであろうか。
(4)南欧の迷信に、「悪《あ》しき眼尖《まなざし》」を持った人間に見られると、不幸が来るという。
(5)われらは屍灰《しかい》と化した。激情が来たっても、灰のごとく四散するのみである。火すらわれらを燃えたたす力がない。
(6)われら変質し退化した人間は死ぬことができない。一六七頁《ページ》をみよ。
(7)ツァラトストラは己が理想の行われないのに意気沮喪している。――やがて文化の大暗黒時代が来るであろう。われはわが理想の光をその時代が過ぎるまで保存せねばならぬ。
(8)以下のツァラトストラが見た夢に於《おい》て、永劫回帰の思想の啓示が述べられる。之が彼を回復蘇生《そせい》せしめたのであるが、ツァラトストラ自身すらいまだこの夢の意味を充分はっきりと判断することができない。
(9)死の勝利の記念、すなわち屍体。三一七頁七行をみよ。
(10)標本化された過去の記念物となって。
(11)生命虚脱感、意志力喪失、――しかして之より来る歴史的知識(ニーチェの意味に於ける)のみによって充《み》たされた文化と生活に取繞《とりま》かれて、われは生きていた。

(12)いまは単なる死んだ知識と化し了《おわ》った偉大なる過去の事物。

(13)錆《さ》びた鍵《かぎ》とは之まで考えられざりし哲学的思想であり、軋《きし》む門とは開かれ得なかった認識の入口である。この鍵によってこの門をひらいて、ツァラトストラが永劫回帰の思想を解明したことをいう。(ナウマン)

(14)永劫回帰はおそろしい思想である。その最初の印象は圧迫的な苦痛に充ちたものだった。鳥は門扉《もんぴ》のこと。

(15)永劫回帰の思想を感得した後しばらくは、そのおそろしさの為《ため》、人語の絶えた沈黙の孤独にあって心戦《おのの》いた。

(16)三度という数には、神秘化以上にはおそらく意味はないであろう。

(17)ツァラトストラは、おのが灰を山に運ぶ者——新らしく生れんがために自己の過去を葬《ほうむ》る者が来たることを期待する。(一四頁九行を見よ。)すなわち、ツァラトストラは自己が新生し来たれるを予期する。アルパとは何を意味するか不明。恐らく α の聯想《れんそう》があり、神秘奇異の語音のために置かれたのであろう。

(18)激しい生命力、創造力が来たって、ツァラトストラが最後的にこの恐ろしい認識の門をひらくのを助けた。

(19)柩《ひつぎ》はこの夢の初めにあった如《ごと》くに、生命力を梗塞《こうそく》する歴史的知識、意志力なき文化意識。この柩が裂けて、中から悦《よろこ》ばしき知識が溢《あふ》れ出た。

(20)大小善悪の諸理想、無邪気な信仰から衒学《げんがく》的な学問にいたるまで、われを刺戟《しげき》し、働きかけ、振《ふる》い立たしめた、——の意か。(永劫回帰の思想によれば、一切の低卑弱小なるものまでが復活してその意義を有すべきである。)

(21)以下この弟子はツァラトストラの夢を解くが、彼はツァラトストラの心中に湧《わ》きおこりつつある永劫回帰の思想の予感を知らないので、真実を摑《つか》むことができない。

(22)弟子はいまだ一切の卑小までが再生する、というおそるべき思想を知らないので、すべての強大な力はすなわちツァラトストラ自身である、と解する。ツァラトストラは死の城を吹きはらう、生命の嵐《あらし》である。——(次段)また、モラリストの絢爛《けんらん》たる皮肉な懐疑的な智慧《ちえ》と、善と悪とを入れた容器である。
(23)すべて憂鬱《ゆううつ》な生命否定的なものを嘲笑《ちょうしょう》し克服しつつ。
(24)一旦《たん》この生命否定的な力に敗北しながらも、ふたたび回復する力があった。これによっても、かの生命否定を克服するツァラトストラの支配力を知る。——の意か。
(25)三一七頁一二〜一三行を見よ。
(26)死の城によって象徴される生命否定に、夢の中で直面したのだ。
(27)なんじの敵もまたなんじの説く生命肯定の命令に従うに至るであろう。
(28)さきに予言者は彼には死ぬべき深い海がない、と言ったが(三一七頁四行)、われはやがて彼に、彼及び人類がその中に没落しうべきほどの深刻なる人生観を示してやろう、と思う。之すなわち永劫回帰の思想である。
(29)弟子が彼の真意を悟りえずにいる故《ゆえ》に。

救　済(1)

或日《あるひ》、ツァラトストラが大いなる橋(2)を越えて行ったとき、不具乞丐《こつがい》の群が彼をとり囲んだ。その中の一人の傴僂男《せむしおとこ》がかく語りかけた。──「みよ、ツァラトストラよ！　民衆もなんじより学び、なんじの教義を信ずるに至った。されど、民衆をしてなんじを全く信じ得しめんがためには、さらになお一つの事があらざるをえぬ。──すなわち、なんじはまずわれら不具者を説伏せねばならぬ！(3)いま、なんじにとって選択は思うがままである。まことに、なんじの捉《とら》えうる機会は、その前髪ただ一摑《つか》みのみではないのだ！(4)　なんじは盲者を癒《いや》すこともできる。(5)足痿《あしな》えを歩ましむることもできる。(6)また、傴僂からその背の贅肉《ぜいにく》のいささかは取り去ることもできる。(7)──癈疾の徒をしてツァラトストラを信ぜしむべく、これぞそのよき手段であろう！」

かく言いし者に、ツァラトストラは答えた。「傴僂の人間よりその傴僂を取り去るは、彼の精神を奪い去るに等しい。──之《これ》ぞ民衆の教養である。(8)盲目の人間に眼を与うるときは、彼はこの地上に悪を見ることあまりに多過ぎ、彼を治癒した者を呪詛《じゅそ》するに至る。(9)さらに、足痿えをして歩ましむる者は、彼に最大の害を加うるものだ。何となれば、彼歩みいずるや否《いな》や、彼の背徳もまた彼と共に奔《はし》るからである。(10)──之ぞ、不具者についての民衆の教義である。しかして、民衆がツァラトストラより学ぶときに、いかにして、ツァラトストラが民衆より学ぶべからずという事があろうぞ？(11)

われ人間の間に交ってより、かかる事を見聞した。――すなわち、『ある者には一眼が欠け、ある者には一耳が欠けている。また、ある者は脚を持たず、さらには、舌、鼻、ついには頭をも喪失した者がある。』――さあれ、かくの如《ごと》きは、わが見聞の中の些《さ》末事《まつじ》に過ぎない。(12)

かくの如きよりなお悪《あ》しき事を、われは見聞した。また、多くの種類の真に厭悪《えんお》すべきものをも見聞した。われはもはや、その一々について語るを欲しない。さらに、その幾つかについては黙するをだに欲しない。――他にあらず、ある人間はある一物に於《お》いて多く有する代りに総《すべ》てに於て欠けている、という、この事である。かかる人間は一つの大いなる眼か、一つの大いなる口か、または一つの大いなる腹、或《あるい》は他に何らかの大いなる物である。(13)――われはかかる人間を呼んで逆の不具者と名づける。

われわが寂寥《せきりよう》を出で来《い》たり、はじめてこの橋を越えたとき、――われはわが眼を信じなかった。しかして、と見つこう見つして、遂《つい》に言った。『おどろくべき耳かな！人間と等身の大いさの耳である！』――われはなおよく熟視した。まことに、この耳の下には蠢《うご》めく何物かがあった。之は哀《あわれ》むに堪えて小さく、見窶《みすぼ》らしく、かつ枯れ痿えていた。まことに、この巨大な耳は、小さく瘠《や》せた茎の上についていた。――この茎が人間であったのである！　眼鏡を以《もつ》て視《み》る者は、さらに小さな妬《ねた》ましげな顔をすら認め得、またこの茎の下に膨れたる魂が吊下《つりさが》っているのをも認め得た。しかるに、民衆の称するところによれば、この大いなる耳は単に一個の人間であるばかりではない、また偉人である。実に天才である。――さあれ、民衆が偉人について喋々《ちようちよう》するとき、われいまだ之を信じたことがない。――われはわが信念を堅持して、断じたのである、――之も、総てに於て持つことあまりに尠《すくな》く、一物に於て持つことあまりに多いところの、一個の逆の不具者である」、と。(14)

ツァラトストラは傴僂男と、またこの人を口上者・代言者とするところの不具者らとに対して、かく語った。さて、次に己の弟子たちに向って、深い鬱憂《うつゆう》を以て言った。「まことに、わが友よ、われ人間の間を彷徨《ほうこう》して、さながら人間の破片と断片との間を彷徨する心持である。(15)

われは、戦場か屠殺場さながら、人間が寸断せられ散乱しているのを見た。之まことに、眼を覆《おお》わしむる光景である。

わが眼現在より過去へ逃避するとも、映ずるはつねに等しき光景である。破片と、断片と、畏怖《いふ》すべき偶然と、(16)――さあれ、一人の人間をも見るをえない！

地上に於ける現在と過去と――。ああ！　わが友よ、之ぞわが最も堪え難きものである。(17)もしわれにしてやがて来るべき者の予見者ならざらましかば、われはまことに生きる術《すべ》を知らぬであろう。

一人の予言者、一人の意欲者、一人の創造者、一個の未来それ自身、また未来への一個の橋梁《きょうりょう》、しかもさらに、ああ、みずからもまたこの橋のほとりの一人の不具者、――ツァラトストラは如上《じょじょう》のすべてである(18)。

なんじらはしばしば自問している。『そもツァラトストラは何人であるか？　われらは彼をば何と呼ぶべきであるのか？』と。しかして、なんじらが得た答とは、わが得たる答と同じく、ただ問いの言葉に過ぎなかった(19)。

彼は約束する者であるのか？　実現者であるのか？　征服者であるのか？　継承であるのか？　秋であるのか？　犂頭《すきがしら》(20)であるのか？　医者であるのか？　または快癒者であるのか？

彼は詩人であるのか？　真実なる者であるのか？　解放者であるのか？　束縛者であるのか？　善人であるのか？　または悪人であるのか？

われは人間(21)の間を彷徨して、未来の断片の間を彷徨すると考える。わが看取する未来のそれである。

いま断片であり謎《なぞ》であり畏怖すべき偶然であるところのものを、一に凝集せしめ集成すること、――これぞ、わが一切の創作であり、努力である。

人間は創作家であり、解謎者《かいめいしゃ》であり、偶然の救済者である。もし然《しか》らずとせば、いかにしてわれ人間たるに堪え得ようぞ！

過ぎ去れるものを救済し、一切の『かくありき』を『われかく欲したりき』に創造し変えること、——之をしも、われは救済と呼ぶ(22)！

意志、——解放者と歓喜を齎《もたら》す者とはかく呼ばれる。——わが友よ！　われは之をなんじらに教えた。今はさらにこの一事をも学べ、——すなわち、意志自身すらなお一人の囚人である(23)。

意欲は解放する(24)。——しかるに、この解放者をもなお鎖に繋《つな》ぐものがある。之はそもそも何と名づくべき？

『かくありき。』——之が、意志の切歯と寂寥たる悲哀との異名である(25)。意志は、既に行われたところのものに対しては、無力に、——一切の過ぎ去りし物に対しては、ただ悪意ある傍観者である。

意志は過去に遡《さかのぼ》って意欲しえない。意志は時間を摧《ひし》ぐことはできない。時間の欲望を摧ぐことはできない。——これぞ意志の寂寥を極むる悲哀である。

意欲は解放する。かかる悲哀より脱《のが》れて、その牢獄《ろうごく》を嘲笑《ちょうしょう》せんとする。このとき、意欲はいかなる方法を考え出すのであるか(26)？

ああ、囚人はすべて痴人に化する！　かくて、囚《とら》われた意志もまた、痴《たわ》けたる方法によって、自らを救わんとする。(27)——

時間は逆《さかさ》まに帰り来たることがない。——この事が意志の怨恨《えんこん》である。

『かくありしもの』——之ぞ、意志が転じえざる岩である。

かくて、意志は怨恨と憤怒《ふんぬ》よりして岩を転ぜんとする。しかも、忿懣《ふんまん》と瞋恚《しんい》とを彼と等しく感ぜざる者に対して、復讐《ふくしゅう》する。(28)

かかる経路によって、解放者たる意志は、ついに転じて加害者となる。かくして、自己が過去に溯《さかのぼ》りえざることの怨恨を、苦悩しうる一切の者に対して、復讐する。之ぞ、げに之のみぞ、真の復讐である。時間に対し、また時間の『かくありき』に対する、意志の反感である。

まことに、われらの意志には大いなる痴愚が潜んでいる。しかも、この痴愚がついに精神をわが有とし了《お》えたこと、之ぞ、一切の人間性に対しての呪詛となったのである！(29)

復讐の精神——。わが友よ、之ぞ人類の今日に至るまでの最大の瞑想《めいそう》であった。苦《く》艱《かん》のあるところ、そはつねに刑罰としてのみ在った。(30)

されば、——復讐はつねに『刑罰』と自称する。かかる虚言によって、復讐はその良心に不安なきを誇示する。[31]

過去に溯って意欲することが不可能である故《ゆえ》に、意欲する者は自己の中に苦痛を蔵している。——されば、意欲することとそれ自体と、すべて生きてあることとが、とりも直さず、——刑罰とせらるるに至ったのだ[32]！

いまや、精神の上に、雲また雲が渦巻いて来たった。かくてついに、かの狂気[33]が説教し始めたのである、——『万有は滅亡する。この故に、万有は滅亡に価《あたい》する！』と。

また説教した、——『時はおのれの生める子らを啖《く》らわねばならぬ[34]。之ぞ正義である。之ぞ時の法則である。』と。

また説教した、——『万有は、正義と刑罰とに従って、道徳的に秩序づけられている。おお、事物の流れからの救済はいずくにあるのであるか？　また「存在」ちょう刑罰からの救済はいずくにあるのであるか[35]？』と。

また説教した。——『もし永遠の法にして存するならば、救済はありうるでもあろう。ああ、「かくありき」の岩は転じ能《あた》わざるものだ。されば、すべての刑罰もまた永遠に在らねばならぬ[36]！』と。

さらに、『いかなる行為も、之をふたたび無に帰せしむることはできぬ。刑罰とて之を取消しえぬ。存在は行為と罪過たるを永遠に繰り返さねばならぬが、——この一

事こそ、「存在」ちょう刑罰に於ける永遠である！(37)

ついには意志が自己を救済するに非《あらず》んば——、しかして、意欲が非意欲に変ずるに非んば——。(38)』ああ、わが同胞よ、なんじらはすでにこの狂気の荒唐の歌を知っている！

曩《さき》にわれはなんじらに『意志は創造者である』と教えた。(39) かのときに、われはなんじらをこの荒唐の歌より救い出した。

一切の『かくありき』は断片であり、謎であり、戦慄《せんりつ》すべき偶然である。——之に対して、創造的意志はかく言って、之を否定した、——『さあれ、われはかくあるを欲した！』と。

——創造的意志はかく言って、之を否定した、——『さあれ、われはかくあるを欲する！(40) かくあるを欲するであろう！』と。

果して、意志はかく言ったであろうか？ 何時《いつ》言ったであろうか？ 果して、意志はその自己の痴愚から蟬脱《せんだつ》しえたろうか？

意志は自己の救済者、また歓喜を齎す者となったであろうか？ 意志は復讐の精神と、あらゆる切歯とを忘却したのであろうか？

意志に時間との和解を教え、また、すべての和解より高いものを教えた者が、誰かあったろうか(41)?

意志は権力への意志である。かかる意志はすべての和解より高いものを意欲せねばならぬ。――さあれ、かくあるには如何《いか》にすべき? 意志に、時間を溯って意欲する(42)を教えた者が、誰かあったのであるか?」

――説き来《きた》ってここに及んだとき、ツァラトストラは突如口を噤《つぐ》んだ。しかも、甚《はなは》だしき恐怖に襲われたる者のごとくであった。驚駭《きょうがい》の眼を瞠《みは》って、彼は弟子たちを眺めた。その眼尖《まなざし》は矢のごとく、かれらの思想と思想の背後とを穿《うが》った。しかし、しばしして後、はや彼は笑い、いと穏かに言った。

「人間と共に生きるは、難しとする。沈黙が難い故である。まして語るべきこと多き者には、容易ではない(43)。」――

ツァラトストラはかく語った。傴僂男は面を蔽《おお》ったまま彼の言葉を聞いていたが、いまツァラトストラが笑うを耳にして、好奇の眼をもたげて、ゆるやかにかく言った。

――

「そも何故にツァラトストラは、彼の弟子に語るがごとくには、われらには語らないのであるか?」

ツァラトストラは答えて言った。——「それに何の怪しむべきことがあるのか！　傴僂に向っては、ただ傴僂のごとくに語るべきだ！」

「よし。」と傴僂男は言った。「さあれ、弟子に向っては、ただ安んじて吐露すべきではないか。

さるを、ツァラトストラが弟子に向って語るや、なお、自己に語るがごとくではない。——そも何事があるのであるか？[44]」

(1)永劫《えいごう》回帰説の前奏。——この章の構成については三三八頁《ページ》の註をみよ。

(2)人間から超人へ至る過程。二四頁一五行をみよ。

(3)なんじの教えが全人類によって信奉されんがためには、人間の中の病弱者をも救って、(かつてキリストの為《な》せし如《ごと》くに)多くの追従者を持つものであらねばならぬ。

(4)いかようにも機会をとらえて、救済の実をあげることができる。

(5)民衆を啓蒙《けいもう》することもできる。

(6)進歩せしむることもできる。

(7)被抑圧者から圧迫を除くこともできる。

(8)病弱の人間にはその病弱性を残しておくがよい。かれらはその欠陥の故《ゆえ》に、生存に堪えるべき何らかの方法を発見している。その欠陥を救済することは、このかれらの特長を奪い、凡庸化し、無駄な欲望を起さしめて、かえって害悪を生ずる所以《ゆえん》である。(民衆は本能的に之《これ》を知っていて、不具者を迫害するという智慧《ちえ》を持っている。)

(9)「凡庸な人間から人生の虚偽を奪ってみたまえ。すなわち幸福を奪うことになるんだぞ。」——イプセン「野鴨《のがも》」をみよ。
(10)素質劣悪な人間を解放すれば、その悪質な部分のみが社会の表面に横行するにいたる。
(11)民衆は病者を迫害する本能を持っている。この智慧をツァラトストラは民衆より学ぶ。
(12)観察力とか、理解力とか、進歩する力とか、あるいは審美力、知力、――その一つを欠いた人間は多くいるが、之はいまだ大なる害悪ではない。
(13)一つの性質能力だけが変則的に大きな発達をとげた人間がいる。
(14)ことに近代の人間には不具的発達を遂げた者が多い。たとえば感受性に於《お》いて非常な能力を有しながら、人格としては侏儒《しゅじゅ》の如き芸術家もいる。世人は彼を天才と呼ぶが、ツァラトストラにとってはかかる人間は不具にすぎない。
(15)全人を見いだしえない。
(16)一八一頁三行を見よ。
(17)超人。
(18)右に述ぶる如く、人間はいまだ変則畸形《きけい》な発達をして断片的な存在にすぎないが、之に反して、ツァラトストラは多方面な全人 l'uomo universale である。全人類の未来を一身に負った創造者であり、しかもなお未《いま》だ不完全な存在でもある。
(19)なんじらにとってと同様、われにとってもわが本質は謎《なぞ》である。(われはなお多くの発展の可能性を蔵して、あまりの多面性の故に苦しんでいる。)二六頁二行との比較。
(20)収穫と種蒔《たねまき》。あるいは、二一七頁一三行をみよ。
(21)以上のごとくわれツァラトストラの本質は複雑にして断定しがたいが、いずれにせよ、われは人間を以《もっ》て未来の理想的形態(超人)の断片、之を生むべき素材と考え、――(次段)現在の人間を超人にまで牽《ひ》き上げることを以て、わが使命とする。
(22)過去をして、単なる偶然に支配された事実としての過去たらしめず、人類向上のために計画せられた有意義なる創造の過程として生かすこと、(二六頁一一行、三三二頁七行をみよ。)——之が真の人類救済である。

(23)かく、意志は創造する救済者であるが、この意志を制約するものがある。

(24)一九九頁七行をみよ。

(25)厳然たる過去の客観的事実、之が現実を決定する。之に直面して、意志は無力を感じ阻害されて苦しむ。

(26)かかる回避すべからざる現実を克服せんとして意志はいかに働くか。

(27)阻害された意志は変態的な方向に奔《はし》って、復讐《ふくしゅう》の精神と化する。六七頁四行、八五頁一行をみよ。

(28)意志は過去に遡及《そきゅう》して改革し、変更することができない故に、八当りして、過去に対して従順な現在に復讐し、現実否定の傾向をもつに至る。

(29)この復讐心が精神的領域に入りこんで、そこに様々な害悪を生んだのである。たとえば、罪の教えとか、同情とか——。之みな阻害された意志が変質して破壊的要素に化したものである。

(30)かかる意味での復讐心が、瞑想《めいそう》的な教理に変じ、ついに一切の苦痛は之が人間に下る当然の刑罰であって、人間は之を甘受すべし、と説くようになった。(たとえば旧約ヨブ記?)

(31)復讐は元来が歪《ゆが》められた意志の変態的な産物であるにもかかわらず、自己を公明正大なものとして示そうとして「刑罰」の名を借りる。そして、他者に対する自分の加害を正当化する。二三二頁四行をみよ。

(32)仏教、またはキリスト教の原罪の思想のごときが之である。

(33)ショペンハウエルその他の厭世《えんせい》哲学を指す。三一六頁八行をみよ。

(34)時が一切の存在を虚無の中に呑《の》みこむ。

(35)かかる厭世的思想家たちは、なお宇宙の道徳的秩序の存在を説いて、窮極に於ては之と合致すべしと教えながら、生々流転《るてん》するこの存在そのものが人間に科せられた刑罰であるとして、之よりの解脱《げだつ》を求めている。（自己矛盾であるにもかかわらず。）

(36)現実は意志を以てしてはいかんとも動かすべからざるものであり、この状態は永遠に存続する。されば、この現実から救済されるためには、やはりある永遠に効果ある法則が必要である。すなわち、この現実世界を以てわれらに科せられた刑罰と考える、――之が永遠に続かねばならぬ。

(37)存在はつねに行為――すなわち贖《あがな》いがたき罪過をくりかえす。この事は永遠に続く。故に刑罰も永遠である。

(38)かかる哲学はついには、救済は意志否定によって得られるとなす。

(39)一九九頁七行、二六五頁二～三行をみよ。

(40)わが創造的意志は、現実を超人への創造の過程たらしめたることによって、之を肯定したが、――この意志はさらに或《あ》る形而上学《けいじじょうがく》を獲得しなければならぬ。永劫回帰説が之である。以下、ツァラトストラの心中にこの思想が抱懐されつつあるを、暗示する。

(41)永劫回帰の思想によって、意志は「かくありしもの」を肯定し、さらに之を希求する。――之を意志は学んだか。

(42)永劫回帰の思想によれば、一切の存在は同じ姿とその経過をくりかえす。故に、生命を愛する意志が、ある存在の未来を愛するは、すなわちその存在の過去を意欲することである。

(43)彼が抱懐するあたらしい思想、永劫回帰を洩《も》らしそうになる故に。（二〇六頁六行を見よ。）

(44)傴僂男《せむしおとこ》のみがツァラトストラの心中の秘密を幾分か看破した。

（三三五頁註(1)の補足）――この章は五の部分から成っている。一、三二八頁六行まで、――三三五頁註(8)・三三六頁註(14)をみよ。二、三三〇頁四行まで、――かかる偶然的存在たる人間を創造的意義を以て克服せよ。三、三三三頁四行まで、――三三七頁註(25)(28)。四、三三四頁四行まで、――三三八頁註(40)。五、以下――。

対人的狡智《こうち》(1)

絶頂にはあらず、斜面こそおそるべきかな(2)！

斜面にあっては、眼尖《まなざし》は下に注がれ、手は上へと伸びる。この二重の意志のために、心は眩暈《めまい》する。

ああ、友よ、なんじらはわが心のこの二重の意志を、よく測りうるか？

わが眼尖は頂上を望み、わが手は谷底に突いて身を支えんとしている。――之《これ》ぞ、わが斜面であり、危険である。

わが意志は人間に執着する。われは自己を鎖をもって人間に結びつける。之すなわち、われには今一つ他の意志があって、上へ、超人へとわれを牽《ひ》くからである。

さればこそ、われは盲《めし》いとなって人間の間に生き、人間を知らざるごとくに振舞う。

かくして、わが手をして、動《ゆる》ぎなきものに触れいるの信頼を失わざらしめんとする(3)。

われはなんじら人間をば知らぬ。この闇黒《あんこく》と慰藉《いしゃ》とが、しばしばわれを繞《めぐ》って立ち罩《こ》めている。

われはあらゆる奸佞《かんねい》の人の往来する門のほとりに坐《ざ》して、言う、——何人にもせよ、われを欺《あざむ》く者あればあれよ、——と。

われはわれを欺く者を警戒したくない。われを欺くままに委《ゆだ》ねる。——之、わが対人的狡智のまず第一歩である。

ああ、もしわれにして常に人間を警戒したりとせば、人間は、もはやわが浮標をつなぐ錘《おもり》(4)ではなくなるであろう！　浮標はわれをいと軽く上へ、あらぬ方へと牽き去るであろう！

われは慎重たることを許されぬ。——之、わが運命に懸る摂理である。

人間の間にあって餓《う》え渇《かつ》せざらんとねがう者は、いかなる杯からも飲むことを学ばねばならぬ。人間の間にあって純潔にあらんとする者は、汚れた水をもって浴《ゆあ》みすることをも学ばねばならぬ。

かくて、われはしばしば自らにかく言って慰めた。——「よし、よし、懐《なつ》かしのわが心よ！　かにかくに、なんじは一つの不幸をば免がれて来たのだ。之をなんじの幸福として楽しめよ！」

さらに、わが対人的狡智の第二は次の如《ごと》くである。——われは矜持《きょうじ》ある者に対してはむしろ酷《きび》しく、虚栄ある者に対してはより寛大である。傷《きず》つけられた虚栄心こそ、一切の悲劇の母ではないか？　しかるに、矜持が傷けらるるとき、そこにはおそらく、矜持より優れたものが発生する。

人生が楽しく観劇せられんがためには、その演技は優れていなくてはならぬ。優れた演技のためには、優れた俳優を要する。

われわれは発見した、虚栄心を持てる者はすべて優れた俳優であるのを。(5)　かれらは、人によって楽しく観劇せられんがために、演技し意欲する。——かれらの精神はことごとくこの意欲の中に存する。

かれらは舞台に登り、自らの仮想の姿を描きいだす。かれらの近くにあって人生を観劇することは、わが楽みである。——以《もっ》て鬱《うつ》を散ずるに足る。

この故に、われわれは虚栄心ある者に対しては寛容である。かれらはわが憂鬱の医者であるからだ。また、われわれを人間に執着せしめて、さながら演劇を観《み》るの思《おもい》あらしむるからだ。

さらに、虚栄心ある者は謙抑である。この謙抑の本体をば誰か知るものぞ！　その謙抑の故《ゆえ》に、われわれは虚栄心のある者に寛《ゆるや》かに、また憐憫《れんびん》を寄せる。

この人はなんじらによって、自己への信仰を獲得せんとしている。なんじらの眼尖によって、身を養っている。また、なんじらの手から賞讃《しょうさん》をとって啖《くら》う。

もしなんじらがこの人に快く偽わるときは、この人は虚偽といえども信ずる。なんとなれば、この人は実は秘奥に於《おい》て嘆息しているからだ、——「われは何物であろうか？」と。

己がしかくあるところのものについて意識せざるときにのみ、真の道徳があるとせらる。いま、かかる虚栄の人は、おのれが謙抑については、意識していないのだ(6)——！

さらに、わが対人的狡智の第三は、曰《いわ》く、——われは、なんじらの怯懦《きょうだ》を見ることによって、かえって、悪を見ることを厭《いと》わぬに至った。(7)

灼熱《しゃくねつ》の太陽が孵化《ふか》せしむるところの奇跡、——虎《とら》と、椰子《やし》と、がらがら蛇。かかるものを知るとき、われは喜悦を感ずる。(8)

人間の中にもまた、灼熱の太陽の美しき種属と、悪人に於ける無数の驚異とがある。

敢《あえ》て言う、——なんじらの中の最も賢明とせらるる者すら、われにはさまで賢明とは思われなかったが、——なんじらの邪悪もまた、その名声の如くには邪悪ではない。われは之を発見した。(9)

われはしばしば懸念《けねん》の頭を振りながら問うた、——いかなれば、がらがら蛇よ、なんじはしかく喧《かまび》すしく尾を鳴らすのか？　と。

まことに、悪のためにもなお一つの未来がある！　しかも、人間のために、いまだ酷暑の南国は発見されてはいない(10)！

わずか十二尺の幅を持ち、三箇月の長さを持つに過ぎないものが(11)、今日、いかにしばしば極悪と呼ばれていることであろう！　さあれ、いつの日か、はるかに大いなる龍がこの世に出現するであろう。

超人が来たらんがために、龍が——彼に相応《ふさわ》しき超龍が出現せねばならぬ。このためには、湿潤の原生林の上に、なお多くの灼熱の太陽が燃えねばならぬ(12)。なんじらの野猫は長じて虎とならねばならぬ。なんじらの毒蟇《どくがま》は長じて鰐《わに》とならねばならぬ。なんとなれば、よき猟のなきところに、よき猟夫もないからである！

まことに、なんじら善き者、義しき者たちよ！　なんじらには多くの笑うに堪えたところがある。ことに、これ迄《まで》「悪魔」と呼ばれたものに対する、なんじらの恐怖は何たることだ(13)！

なんじらの魂は偉大さを知らぬ。されば超人は、その温和を以てして、なおなんじらにとって恐怖すべき者であるだろう！

超人はよろこんでその裸体を智慧《ちえ》の炎日に沐《ゆあ》みする。しかるに、なんじら賢人よ、知者よ、なんじらはこの炎日から逃れ去る！

なんじら、わが眼の往《ゆ》き遭う最高の人々よ！　われは推測するが、なんじらはわが超人を——悪魔と呼ぶであろう！　われ之をなんじらに疑い、われ之をなんじらに対する隠密《おんみつ》の笑となす。

ああ、われはかかる至高至善の人々に飽いた。かれらの「高さ」から、われはより上に、より外に、より遠く、超人に——行かんと冀《ねが》う！

われかつてこれらの至善の人々の赤裸々を見たことがあった。そのとき、戦慄《せんりつ》がわれを捕えた。はろけき未来へと翔《かけ》り去るべき翼が、われに生じた。

いざ、いまだいかなる造形家も夢みたることなき、はろけき未来へ、より南方の南国へ——。かなた、神々がすべて衣をまとうを羞《は》ずる世界へ——！

しかはあれど、なんじら隣人よ、同胞よ、われはなんじらをむしろ仮装したままで見ていたい(14)。充分に扮飾《ふんしょく》して、虚栄的に、威風堂々と、かつかの「善き者、義しき者」としているのを見ていたい。——

しかして、われ自身も仮装したまま、なんじらの間に坐《すわ》っていたい(15)。——之によって、なんじらとわれ自らとを、共に謬《あやま》り見んがためである。之をすなわち、わが最終の対人的狡智となす。——

ツァラトストラはかく語った。

(1)前章に於《おい》てツァラトストラは、「われ人間の間を彷徨《ほうこう》して、さながら人間の破片と断片との間を彷徨する心持である」と言ったが、かかる人間の間に生きながら、なお人間に対して信頼を持ち、超人への理想を失わない為《ため》に、ツァラトストラは人間に対して四つの故意に自己欺瞞《ぎまん》的な態度を持する。

(2)谷底（人間）から絶頂（超人）へと登攀《とうはん》しつつ、ツァラトストラはその中途の斜面に於て困難を経験する。

(3)人間を確乎《かっこ》たるものと感じ、以《もっ》て理想実現の可能に対する信頼を失わざらんがために、不完全な人間の実体をあまりに明らかに見るを避ける。一三〇頁《ページ》九行及びその前後をみよ。

(4)人間に対して充分の信頼を持たなければ、自分の理想は現実の人間との関聯《かんれん》を失って、単なる夢想に化してしまう。

(5)以下、――かかる小人物共を道化役者として、一種の人生の娯楽として見て楽しむ。

(6)かれはなんじの賞讃《しょうさん》によって自信を得んがために謙遜《けんそん》である。しかし、かれはこの動機を自覚していない。この故《ゆえ》に、かれのこの態度は真実の道徳に称《かな》う、という皮肉。

(7)小人の怯懦《きょうだ》卑屈に接していると、かえって悪人を見るのがよろこばしくなる。悪人には、超人の形式にとって価値ある多くの素質が内在する。

(8)熱帯地方に産する危険な強烈な野生的な生物は、その生命力の故にわれをよろこばす。

(9)悪もより強烈に旺盛《おうせい》にあるべきである。悪に於てすら、凡庸微温的なるがいやしむべきである。

(10)悪は、その強烈な意志の故に、退嬰《たいえい》的な道徳より以上に未来を蔵する。――人間はいまだ南国の強烈、危険、野生に達していない。二〇六頁二行をみよ。

(11)せいぜいがらがら蛇程度の悪人。

(12)超人が出現するには、彼にふさわしき敵も不可欠である。龍——超龍とは創造精神を阻《はば》む障害。五三頁五行、二七〇頁一二行をみよ。——弱者の充満しているこの社会を、たとい悪人であってもよいから、強者の意志が燃えねばならぬ。

(13)なんじら凡庸の道徳の人々は悪を恐怖しているが、その悪たるや何たる低卑な情熱なきものであるか。

(14)三三九頁見出し以下をみよ。

(15)一二九頁一二行をみよ。

静かなる時(1)

何事がわれに起ったのであろう、わが友よ？　なんじらは見るであろう、われが惑乱し、追われ、反抗しつつ従順に、往《ゆ》くべく心決めたのを——。ああ、なんじらから去るべく心決めたのを！

げに、ツァラトストラはいま一度彼の孤独へ帰らねばならぬ。さあれ、熊《くま》がその洞に帰るや、この度は纍々然《るいるいぜん》たるものがある！

何事がわれに起ったのであるか？　何人が之《これ》を命ずるのであるか？　――ああ、わが女の支配者は忿《いか》って之を命ずる。われにかくせよと言う。この女の支配者の名を、われはなんじらに告げたことはなかったか？

わが静かなる時(2)――。これぞ、わが恐るべき女の支配者の名である。――彼女は昨日の黄昏《たそがれ》、われに言葉をかけた。

之によってかくはなったのだ。――われがかく急遽《きゆうきよ》なんじらを見棄《みす》て行くことの故に、なんじらの心が硬からざらんがために、ここにわれは一切を言おう！

なんじらは眠りに入る者の驚愕《きようがく》を知っているか？――

彼は足指の先まで驚愕する。彼の立つ大地が退き、そこに夢が始まる。

われ之をなんじらに比喩《ひゆ》として言う。――昨日、静かなる時に、わが立つ大地が退き、そこに夢が始まった(3)。

指針は進んだ。わが生命の時計は息を衝《つ》いた。――いまだ曾《かつ》てわれは、わが周囲にかかる静寂を聞いたことがなかった。この故《ゆえ》に、わが心臓は畏怖《いふ》した。

この時に、ある声(4)が声なくしてわれに語った。「ツァラトストラよ、なんじは知っているのではないか――。」

この囁《ささや》きを聞いて、われは恐れのあまり叫んだ。わが顔からは血が退《ひ》いた。――しかもなお、われは黙していた。

この時に、ふたたび、その声が声なくしてわれに語った。「ツァラトストラよ、なんじは知っている。しかも語らないのか——。」

ついに、われは反抗するが如《ごと》くにかく答えた。——「そうだ、われは知っている。しかし、語ることを欲しない！」

この時に、ふたたび、その声が声なくしてわれに語った。「ツァラトストラよ、なんじ欲しないと言うのか？　はたして之も真実であるのか？　なんじはその反抗の裏に、自らを匿《かく》しているのではないか！」

われは小児のごとく哭《な》き、慄《ふる》え、言った。——「ああ、われは之を言おうとはした。さあれ、いかに言いえよう！　宥《ゆる》せ、之はわが力を超えている！」

この時に、ふたたび、その声が声なくしてわれに語った。「ツァラトストラよ！　なんじの一身がそも何であるか！　なんじの言葉を言え、そして破滅せよ！」

われ之に答えて言った。——「ああ、果してそはわが言葉であろうか？　われは何者であろう？　われはわれより価値大いなる者を待っている。われは、その人のために破滅するだに価《あたい》せざる者だ。(5)」

この時に、声なき声はふたたびわれに言った。「なんじの一身が何であるか？　なんじはしかく謙抑でない。謙抑はきわめて硬い皮を持っている。(6)」

われ之に答えて言った。──「わが謙抑の皮はこれまですべてに堪えて来たではないか！　われはいまわが高山の麓《ふもと》に棲《す》んでいる。わが高山の山高はいくばくであろう？　──之をわれに教えた者はいまだ無いのである。しかも、われはわが谷をよく弁《わきま》えている。(7)」

この時に、声なき声はふたたびわれに言った。「おお、ツァラトストラよ、山を移さんとする者は、谷をも、また凹地《くぼち》をも移す。(8)」──

われ之に答えて言った。──「わが言葉はいまだ山を移したことがない。わが語ったところのものは、人間にまで到達していない。われは人間へと行ったけれども、いまだ人間にまで到達はしなかった。(9)」

この時に、声なき声はふたたびわれに言った。「それについて、なんじがそも何を知ると言うのか！　思え、夜が最も静まる時に、露《みい》は草の上に下りるではないか。(10)」

われ之に答えて言った。──「われわが道を見出でて、之を往ったとき、人々はわれを嘲弄《ちょうろう》した。真実を言えば、かの時わが足は慄えたのである。

人々はわれに言った、──なんじは正道を失った、なんじは歩むことすら忘れた、と。(11)」

この時に、声なき声はふたたびわれに言った。「人々の嘲弄が何であるか！　なんじは服従することを忘れた人間の一人ではなかったか！　いざ、命令せよ！

いま人類に最も必要なる一事は何であるか？　之を知っているか？　――そは偉大なる事の命令者である(12)。

偉大なる事業を遂行する、もとより易《やす》しとせぬ。さあれ、偉大なる事を命令するは、より難い。

なんじは力を持っている。しかも、支配するを欲せぬ。之、なんじの恕《じょ》し難きところである。」

われ之に答えて言った。――「われは命令すべき獅子《しし》の咆哮《ほうこう》を有さぬ(13)。」

この時に、声なき声は囁くごとくにわれに言った。「よく暴風雨を齎《もたら》すは、いと静かなる言葉である。鳩《はと》の脚して翔る思想は、世界を率いる(14)。

おお、ツァラトストラよ、なんじ、やがて来たるべき者の影として行け。されば、なんじ命令せよ、命令しつつ先行せよ。」

われ之に答えて言った。――「われは恥ずる(15)。」

この時に、声なき声はふたたびわれに言った。「なんじ小児となれ。羞恥《しゅうち》を去れ。なんじなお青春の矜持《きょうじ》を持っている。なんじは晩《おそ》く若者となった。しかも、小児とならんと冀《ねが》う者は、その青春をも克服せよ(16)。」

ここに、われ永く沈思して戦慄《せんりつ》した。ついにわれはわが最初に言いし言葉を繰返した。――「われは欲せず。」

このとき、わが周囲に哄笑《こうしょう》が起った(17)。いたましいかな、この哄笑がいかにわが腸《はらわた》を引き裂き、わが心臓を破ったことぞ！

この時に、かの声なき声は最後にわれに言った。「おお、ツァラトストラよ、なんじの果実は熟している。ただ、なんじがなんじの果実に対して熟していないのだ(18)。されば、なんじふたたび寂寥《せきりょう》の中に帰りゆけよ。かくて、成熟せよ！」――

このときに、哄笑はあらたに起り、逃げ去った。その後は、わが周囲は音もなく、前に倍する静寂に充《み》ちていた。われは土の上に横《よこた》わり、五体よりは汗が流れた。

――いま、なんじらは一切を聞いた。何故にわれが寂寥へ帰りゆかざるべからざるか、を聞いた。わが友よ、われはなんじらに何事も秘さなかった。

あらゆる人間の中、そも何人が最も緘黙《かんもく》の人であり、――またあらんと欲するか(19)――、この事をも、われはなんじらに秘しはしなかった。

ああ、わが友よ！　われはなんじらに言うべき、なお何物かを持っている！　われはなんじらに与うべき、なお或物《あるもの》(20)を持っている！　さるを、何が故にわれは与えないのであるか？　そもわれは吝嗇《りんしょく》であるか？——

ツァラトストラがこの言葉を言い了《お》えたとき、苦痛の力は彼を襲い、友よりの目前の別離は彼の心を動かした。ここに、彼は声を挙げて慟哭《どうこく》し、何人も彼を慰める術《すべ》を知らなかった。夜ともなれば、かれ孤《ひと》り立ち去り、友らを後に残したのである。

(1)「舞の歌」、「大いなる事件」、「予言者」、「救済」等の諸章は、ツァラトストラが新らしい思想——永劫《えいごう》回帰——を獲得したことの神秘的な暗示で終っていた。いま、彼の内部の声は、彼にこの思想を布告すべしと命ずる。ツァラトストラはなお躊躇《ちゅうちょ》する。之《これ》をなすべく、いまだ彼は成熟していない。成熟すべく、彼はふたたび寂寥《せきりょう》の中へ帰る。

(2)いまツァラトストラは心中に湧《わ》き起った新らしい思想——永劫回帰とさし向っている。この充実した孤独の静けさを指す。三一〇頁《ページ》七行をみよ。

(3)昨日、自分が自分のあたらしい思想と共にのみあった時に、自分は現実から離れて、ある夢現の境に入った。

(4)新らしい思想を心の中に抱きながら、之を敢《あえ》て口になしえないでいる。

(5)この新らしい思想はわが言葉もて語るべくあまりに偉大である。われは超人の告知者にすぎない。二七頁八行をみよ。

(6)真に謙抑の精神は「三態の変化」に於ける駱駝《らくだ》のごとくに、黙々として困難を堪え忍ぶ。(五一頁八行を見よ。) なんじはいまだかの駱駝の精神をも体得していない。

(7)われは超人への道を行く。行手の困難は測り知れない。しかも自分はなお自己に潜む「人間的な、あまりに人間的な」弱点をも知っている。

(8)なんじの如《ごと》く大なる改革、大なる事業を志すものは、低卑なる弱点をも変ぜしめえねばならぬ。

(9)自分はいまだ高い人間に働きかけたこともなく、低い現実の人間に接触して真の影響を及ぼしたこともない。

(10)未来を育成する力に富んだ教説は、それを説く人すら知らぬ間に、力強い結果を生むものだ。三一〇頁八行をみよ。

(11)なんじは健全な思索を忘れている。思索することすらできなくなっている。精神錯乱している。

(12)凡庸化され水準化された今日の社会に、最も必要なのは大なる命令者である。二七〇頁五行をみよ。

(13)われは夢みる詩人、静かな思想家である。大行為者でもなく、狂信者でもない。

(14)二一六頁一五行をみよ。

(15)ツァラトストラは永劫回帰の思想を予感しながら、未《いま》だなお之を充分展開しえないでいる。彼は自己の教養の知的基礎づけの可能に対して疑いをもっている。そして嘲笑《ちょうしょう》をおそれている。

(16)青年は懐疑的で、憂鬱《ゆううつ》で、狐疑し、嘲笑に傷《きず》きやすい。(二二八頁二行を見よ。)小児は自由な創造的精神である。(五四頁一六行を見よ。)

(17)自己嘲笑と解すべきか。

(18)なんじの新らしい思想はすでに熟しているのに、之を述べるべく、なんじ自身に用意ができていない。

(19)すなわちわれツァラトストラである。

(20)すなわち、永劫回帰の思想。

(下巻に続く)

本作品中には、今日の観点からみると差別的表現ととられかねない箇所が散見しますが、作品自体のもつ文学性ならびに芸術性、また訳者がすでに故人であるという事情に鑑み、原文どおりとしました。

（新潮文庫編集部）

この人を見よ
ニーチェ
西尾幹二訳

ニーチェ発狂の前年に著わされた破天荒な自伝で、〝この人〟とは彼自身を示す。迫りくる暗い運命を予感しつつ率直に語ったその生涯。

善悪の彼岸
ニーチェ
竹山道雄訳

「世界は不条理であり、生命は自立した倫理をもつべきだ」と説く著者が既成の道徳観念と十九世紀後半の西欧精神を批判した代表作。

幸福について
—人生論—
ショーペンハウアー
橋本文夫訳

真の幸福とは何か？　幸福とはいずこにあるのか？　ユーモアと諷刺をまじえながら豊富な引用文でわかりやすく人生の意義を説く。

哲学入門
ヤスパース
草薙正夫訳

哲学は単なる理論や体系であってはならない。実存哲学の第一人者が多年の思索の結晶と、〈哲学すること〉の意義を平易に説いた名著。

ソークラテースの弁明・クリトーン・パイドーン
プラトーン
田中美知太郎
池田美恵訳

不敬の罪を負って法廷に立つ師の弁明「ソークラテースの弁明」。脱獄の勧めを退けて国法に従う師を描く「クリトーン」など三名著。

饗宴
プラトーン
森進一訳

酒席の仲間たちが愛の神エロースを讃美する即興演説を行い、肉体的愛から、美のイデアの愛を謳う……。プラトーン対話の最高傑作。

フロイト
高橋義孝訳
夢判断（上・下）
日常生活において無意識に抑圧されている欲求と夢との関係を分析、実例を示して詳しく解説することによって人間心理を探る名著。

フロイト
高橋義孝
下坂幸三 訳
精神分析入門（上・下）
自由連想という画期的方法による精神分析の創始者がウィーン大学で行なった講義の記録。フロイト理論を理解するために絶好の手引き。

ルソー
青柳瑞穂訳
孤独な散歩者の夢想
十八世紀以降の文学と哲学に多大な影響を与えたルソーが、自由な想念の世界で、自らの生涯を省みながら綴った10の哲学的な夢想。

サン＝テグジュペリ
堀口大學訳
夜間飛行
絶えざる死の危険に満ちた夜間の郵便飛行。全力を賭して業務遂行に努力する人々を通じて、生命の尊厳と勇敢な行動を描いた異色作。

サン＝テグジュペリ
堀口大學訳
人間の土地
不時着したサハラ砂漠の真只中で、三日間の渇きと疲労に打ち克って奇蹟的な生還を遂げたサン＝テグジュペリの勇気の源泉とは……。

サン＝テグジュペリ
河野万里子訳
星の王子さま
世界中の言葉に訳され、60年以上にわたって読みつがれてきた宝石のような物語。今までで最も愛らしい王子さまを甦らせた新訳。

シュリーマン
関 楠生 訳
古代への情熱
—シュリーマン自伝—
トロイア戦争は実際あったに違いない——少年時代の夢と信念を貫き、ホメーロスの事跡を次々に発掘するシュリーマンの波瀾の生涯。

トルストイ
原 卓也 訳
人生論
人間はいかに生きるべきか？ 人間を導く真理とは？ トルストイの永遠の問いをみごとに結実させた、人生についての内面的考察。

フルトヴェングラー
芳賀 檀 訳
音と言葉
ベルリン・フィルやヴィーン・フィルでの名演奏によって今や神話的存在にまでなった大指揮者が〈音楽〉について語った感銘深い評論。

ルナール
岸田国士 訳
博物誌
澄みきった大気のなかで味わう大自然との交感——真実を探究しようとする鋭い眼差と、動植物への深い愛情から生み出された65編。

カポーティ
佐々田雅子 訳
冷血
カンザスの片田舎で起きた一家四人惨殺事件。事件発生から犯人の処刑までを綿密に再現した衝撃のノンフィクション・ノヴェル！

カポーティ
川本三郎 訳
夜の樹
旅行中に不気味な夫婦と出会った女子大生。人間の孤独や不安を鮮かに捉えた表題作など、お洒落で哀しいショート・ストーリー9編。

カミュ
清水徹訳
シーシュポスの神話

ギリシアの神話に寓して"不条理"の理論を展開、追究した哲学的エッセイで、カミュの世界を支えている根本思想が展開されている。

カミュ・サルトル他
佐藤朔訳
革命か反抗か

人間はいかにして「歴史を生きる」ことができるか――鋭く対立するサルトルとカミュの間にたたかわされた、存在の根本に迫る論争。

ボーヴォワール
青柳瑞穂訳
人間について

あらゆる既成概念を洗い落して、人間の根本問題を捉えた実存主義の人間論。古今の歴史や文学から豊富な例をひいて平易に解説する。

A・M・リンドバーグ
吉田健一訳
海からの贈物

現代人の直面する重要な問題を平凡な日常生活の中から取出し、語りかけた対話。極度に合理化された文明社会への静かな批判の書。

カフカ
高橋義孝訳
変身

朝、目をさますと巨大な毒虫に変っている自分を発見した男――第一次大戦後のドイツの精神的危機、新しきものの待望を託した傑作。

カフカ
前田敬作訳
城

測量技師Kが赴いた"城"は、厖大かつ神秘的な官僚機構に包まれ、外来者に対して決して門を開かない……絶望と孤独の作家の大作。

D・ウィリアムズ
河野万里子訳
自閉症だったわたしへ

いじめられ傷つき苦しみ続けた少女は、居場所を求める孤独な旅路の果てに、ついに「生きる力」を取り戻した。苛酷で鮮烈な魂の記録。

G・G＝マルケス
野谷文昭訳
予告された殺人の記録

閉鎖的な田舎町で三十年ほど前に起きた幻想とも見紛う事件。その凝縮された時空に共同体の崩壊過程を重層的に捉えた、熟成の中篇。

R・カーソン
青樹簗一訳
沈黙の春

自然を破壊し人体を蝕む化学薬品の浸透……現代人に自然の尊さを思い起させ、自然保護と化学公害告発の先駆となった世界的名著。

ヘレン・ケラー
小倉慶郎訳
奇跡の人 ヘレン・ケラー自伝

一歳で光と音を失い七歳まで言葉を知らなかったヘレンが、名門大学に合格。知的好奇心に満ちた日々を綴る青春の書。待望の新訳！

S・シン
青木薫訳
暗号解読（上・下）

歴史の背後に秘められた暗号作成者と解読者の攻防とは。『フェルマーの最終定理』の著者が描く暗号の進化史、天才たちのドラマ。

S・シン
青木薫訳
フェルマーの最終定理

数学界最大の超難問はどうやって解かれたのか？ 3世紀にわたって苦闘を続けた数学者たちの挫折と栄光、証明に至る感動のドラマ。

ゲーテ
高橋義孝訳

若きウェルテルの悩み

ゲーテ自身の絶望的な恋の体験を作品化した書簡体小説。許婚者のいる女性ロッテを恋したウェルテルの苦悩と煩悶を描く古典的名作。

ゲーテ
高橋義孝訳

ファウスト（一・二）

悪魔メフィストーフェレスと魂を賭けた契約をして、充たされた人生を体験しつくそうとするファウスト——文豪が生涯をかけた大作。

高橋健二訳

ゲーテ詩集

人間性への深い信頼に支えられ、世界文学史上に不滅の名をとどめるゲーテの、抒情詩を中心に代表的な作品を年代順に選んだ詩集。

高橋健二編訳

ゲーテ格言集

偉大な文豪であり、人間的な魅力にもあふれるゲーテ。深い知性と愛情に裏付けられた言葉の宝庫から親しみやすい警句、格言を収集。

T．マン
高橋義孝訳

魔の山（上・下）

死と病苦、無為と頽廃の支配する高原療養所で療養する青年カストルプの体験を通して、生と死の谷間を彷徨する人々の苦闘を描く。

T．マン
高橋義孝訳

トニオ・クレーゲル
ヴェニスに死す
ノーベル文学賞受賞

美と倫理、感性と理性、感情と思想のように相反する二つの力の板ばさみになった芸術家の苦悩と、芸術を求める生を描く初期作品集。

ヘッセ
高橋健二訳
知と愛

ナルチスによって、芸術に奉仕すべき人間であると教えられたゴルトムント。人間の最も根源的な欲求である知と愛を主題とした作品。

ヘッセ
高橋健二訳
クヌルプ

漂泊の旅を重ねながら自然と人生の美しさを見出して、人々に明るさを与えるクヌルプ。その姿に永遠に流浪する芸術家の魂を写し出す。

ヘッセ
高橋健二訳
荒野のおおかみ

複雑な魂の悩みをいだく主人公の行動に託し、機械文明の発達に幻惑されて己れを見失った同時代人を批判した、著者の自己告白の書。

ヘッセ
高橋健二訳
デミアン

主人公シンクレールが、友人デミアンや、孤独な神秘主義者の音楽家の影響を受けて、真の自己を見出していく過程を描いた代表作。

ヘッセ
高橋健二訳
郷愁

都会での多くの経験の後で、自然の恵み深い故郷の小さな町こそ安住の地と悟った少年に、作者の自画像を投影させたヘッセの処女作。

ヘッセ
高橋健二訳
幸福論

多くの危機を超えて静かな晩年を迎えたヘッセの随想と小品。はぐれ者のからすにアウトサイダーの人生を見る「小がらす」など14編。

新潮文庫最新刊

宮木あや子著
手のひらの楽園
長崎県の離島で母子家庭に生まれ育った友麻。十七歳。ひた隠しにされた母の秘密に触れ、揺れ動く繊細な心を描く、感涙の青春小説。

中山祐次郎著
俺たちは神じゃない
―麻布中央病院外科―
生真面目な剣崎と陽気な関西人の松島。確かな腕と絶妙な呼吸で知られる中堅外科医コンビがロボット手術中に直面した危機とは。

梶尾真治著
おもいでマシン
―1話3分の超短編集―
クスッと笑える。思わずゾッとする。しみじみ泣ける――。3分で読める短いお話に喜怒哀楽が詰まった、玉手箱のような物語集。

彩藤アザミ著
エナメル
―その謎は彼女の暇つぶし―
美少女で高飛車で天才探偵で寝たきりのメルとその助手兼彼氏のエナ。気まぐれで謎を解く二人の青春全否定・暗黒恋愛ミステリ。

百田尚樹著
成功は時間が10割
成功する人は「今やるべきことを今やる」。社会は「時間の売買」で成り立っている。人生を豊かにする、目からウロコの思考法。

穂村弘
堀本裕樹著
短歌と俳句の五十番勝負
詩人、タレントから小学生までの多彩なお題で、短歌と俳句が真剣勝負。それぞれの歌と句を読み解く愉しみを綴るエッセイも収録。

Title : ALSO SPRACH ZARATHUSTRA
Author : Friedrich Nietzsche

ツァラトストラかく語《かた》りき(上)

新潮文庫　ニ－1－1

昭和二十八年一月十日　発行
平成十九年八月二十五日　六十一刷改版
令和四年六月二十日　六十七刷

訳者　竹《たけ》山《やま》道《みち》雄《お》
発行者　佐藤隆信
発行所　株式会社　新潮社

郵便番号　一六二―八七一一
東京都新宿区矢来町七一
電話　編集部(〇三)三二六六―五四四〇
　　　読者係(〇三)三二六六―五一一一
http://www.shinchosha.co.jp

価格はカバーに表示してあります。

乱丁・落丁本は、ご面倒ですが小社読者係宛ご送付ください。送料小社負担にてお取替えいたします。

印刷・大日本印刷株式会社　製本・加藤製本株式会社

ISBN978-4-10-203501-6　C0110